LA RESURRECCIÓN DE JESÚS

Conociendo el mensaje transformador
de la resurrección desde la sepultura
hasta la ascensión

LA RESURRECCIÓN DE JESÚS

Conociendo el mensaje transformador de la resurrección desde la sepultura hasta la ascensión

«Pues sin la resurrección, vana sería nuestra fe»
1 Corintios 15:14

Por. Dr. Manuel Bello

Eliud A. Montoya, editor

PALABRA PURA
palabra-pura.com
2024

La Resurrección de Jesús

Copyright © 2024 por Dr. Manuel Bello
Todos los derechos reservados
Derechos internacionales reservados
ISBN: 978-1-951372-45-3

A menos de que se indique algo distinto, las Escrituras contenidas en este libro fueron tomadas de La Biblia de las Américas® (LBLA®), Copyright © 1986, 1995, 1997 por The Lockman Foundation. Usadas con permiso.

A reserva de algunas citas breves en libros, artículos y críticas literarias (mencionando la fuente), ninguna parte de este libro puede ser reproducida en ninguna forma por medios mecánicos o electrónicos, incluyendo almacenaje de información y sistemas de reproducción sin permiso previo por escrito del autor. Apreciamos mucho HONRAR los derechos de autor de este documento y no retransmitir o hacer copias de éste en ninguna forma (excepto para el uso estrictamente personal). Gracias por su respetuosa cooperación.

Editor: Eliud A. Montoya
Diseño de portada y contenido: Sweet Sardaneta
Editorial: Palabra Pura, www.palabra-pura.com
CATEGORÍA: Religión / Cristología

Editado en Frederick, OK
Impreso en Estados Unidos de América
Printed in the United States of America

Contenido

Sinopsis ix
Biografía xi
Dedicación xi
Prólogo xiii
Introducción a la resurrección de Jesús 1
Revelación de la muerte y la resurrección de Jesús............. 13
El entierro de Jesús 23
El día de resurrección.. 35
La primera aparición de Jesús... 51
El reporte de los guardias 65
El testimonio de las mujeres 81
Los discípulos de Emaús 95
La primera aparición 159
A sus discípulos 159
La incredulidad de Tomás... 183
La aparición en el mar de Tiberias 199
La aparición sobre el monte en Galilea 227
La ascensión... 241

Sinopsis

La resurrección de Jesús es uno de los eventos más importantes encontrados en la Biblia. Es el evento que separa al cristianismo de todas las demás religiones, de las que existen, han existido y existirán. Aunque haya ciertos mitos y creencias religiosas que relaten la resurrección de sus líderes (p. ej. Krishna, Osiris, Quetzalcóatl, y otros), ninguno tiene la evidencia que la palabra de Dios muestra acerca de la resurrección de Jesús. Aun con el cumplimiento de todas las profecías mesiánicas, y del plan de Dios respecto a Cristo en su nacimiento, vida y crucifixión de manera perfecta, si Él nunca se hubiera levantado de la tumba, hoy en día posiblemente el cristianismo no existiría, o bien, sería tan solo la historia de un hombre que dijo que Él era el Hijo de Dios. En tal caso sus discípulos se hubieran dispersado, y ninguno hubiera osado en dar su vida por aquel que no pudo levantarse de la muerte.

El propósito de este libro es describir detalladamente cada evento inmediato anterior a la resurrección de Jesús: desde su entierro hasta que ascendió al cielo, y en estos eventos observar las importantes interacciones que Él tuvo con sus discípulos. Se seguirá un orden cronológico de estos eventos, utilizando los cuatro evangelios y el libro de Hechos, y se dará solución a las posibles «contradicciones» que se podrían encontrar en tales lecturas.

En este libro se podrá observar con detenimiento el gran amor de María Magdalena por su Salvador; el gran dolor que sintió Tomás cuando su Maestro fue tomado; la restauración de Pedro por haber negado a Cristo; el encuentro del Señor con los discípulos de Emaús, y muchas otras interacciones más. Asimismo, se podrá ver en perspectiva cómo el cristiano se ve reflejado en los discípulos (especialmente en un tiempo cuando la incredulidad se apoderó de sus corazones), y apreciar, al mismo tiempo, la hermosa gracia y paciencia que Cristo les mostró.

Pido a Dios que este libro impacte tu vida —así como a mí me ha impactado— y que inspire tu corazón para que tus ojos nunca se aparten de Cristo, quien resucitó de la muerte para mostrar a todos que Él es el Autor de la vida: el mismo que ha prometido que un día todos los que le servimos también resucitaremos de la muerte, para servir y reinar con Él por la eternidad.

Biografía

Manuel Bello es actualmente un médico internista y endocrinólogo que reside en los Estados Unidos. Nació el 10 de junio de 1985, en Boston, Massachusetts, y creció desde pequeño en la Republica Dominicana. Es graduado de la Universidad Iberoamericana del Caribe (UNIBE) en medicina general, e hizo su especialidad de medicina interna en Mount Sinai Medical Center. Posteriormente, terminó también su especialidad en endocrinología en la Universidad de Mississippi Medical Center. Manuel vino a los pies de Cristo en el 2005, a la edad de 20 años. Actualmente, Manuel Bello está casado, y reside con su esposa Pamela, y sus tres hijas, Amelia, Annabelle y Nicole.

Dedicación

Esta obra está dedicada a nuestro Señor Jesucristo, al cual agradezco entrañablemente el gran amor con que nos ha amado. Le agradezco el haberse humillado hasta la muerte por mi pecado, amarme incondicionalmente, y mostrarme tanta paciencia y gracia a través de los años, a mí, siendo un pecador que no merecía su amor.

Prólogo

Antes de que comiences a leer este libro, solo quiero confesarte que yo no soy un erudito de las Escrituras, ni tampoco un gran teólogo, ni uno que haya estudiado teología en las mejores universidades de Estados Unidos, o del resto del mundo. Tampoco soy pastor de una iglesia o anciano. Soy tan solo un hombre que ama a Jesús y a su Palabra. No soy más que otro ser humano indigno de su gracia y perdón; con luchas, pecados y tentaciones, uno que busca con ahínco ser guiado por la palabra de Dios cada día y ser cambiado por su amor y gracia.

Quiero pedirte perdón si algo de lo que está plasmado en este libro resulta errado para tu forma particular de pensar, pues confieso que, aunque mi pensamiento esté basado en la palabra de Dios, y que de corazón me haya esforzado por mantenerme siempre fiel a su consejo, no soy sino un hombre, y como todos los hombres, falible. No obstante, he pedido a Dios que las palabras plasmadas aquí sean lo más apegadas posibles a Su verdad, ya que, por ningún motivo quisiera desviar a un creyente de la verdad del evangelio.

En verdad no busco títulos, ni popularidad, ni halagos, ni que mi nombre se vuelva reconocido por esta obra. Mi mayor deseo es simplemente que este libro te ayude a conocer y amar más a Cristo. Mi deseo es que su contenido te ayude a ver con más claridad la importancia cardinal de la resurrección de Jesús, y que en esta explicación encuentres aplicación a tu vida. Pido a Dios que Él use este libro para tocar no solo tu corazón, sino los corazones de muchas personas que necesitan del amor de Dios y de su perdón, y que te anime a escudriñar las Escrituras.

Pido a Dios también que este libro transforme tu vida, así como transformó la mía a medida que estudiaba cada pasaje, y que cada día tú y yo seamos más como Jesús. Que seas ayudado a ver y a palpar su resurrección como si tú mismo lo hubieras visto con tus ojos, y que puedas sentirte identificado con estos hombres y mujeres que en aquel entonces le vieron vivo; seres humanos ciertamente caídos y pecadores, pero a la vez confrontados por Jesús y por su resurrección. Hombres y mujeres que fueron transformados y restaurados para llevar el evangelio de salvación al mundo después de haberle visto. Después de ver a Jesús resucitado sus vidas jamás volvieron a ser las mismas.

Quiera Dios que mientras vayamos avanzando en el conocimiento de los hechos de su resurrección, podamos conocer más a Cristo mismo, tal y como si hubiésemos físicamente comido con Él como lo hicieron sus discípulos; y que la realidad y el poder de su resurrección sea tal como fue para ellos.

> «Jesús le dijo: ¿Porque me has visto has creído? Dichosos los que no vieron, y sin embargo creyeron» (Juan 20:29).

Dr. Manuel Bello

INTRODUCCIÓN A LA RESURRECCIÓN DE JESÚS

Sin importar en que parte del mundo vivas, si das una mirada introspectiva al mundo en que vivimos, te podrás dar cuenta del dolor y del sufrimiento constante que prevalece por doquier. Nadie se escapa del sufrimiento mientras esté en esta tierra. Todo aquel que nace ya está muriendo, y solo es cuestión de tiempo para que la muerte llegue. Sin embargo, la raza humana no fue concebida para morir, sino para tener vida eterna en la presencia de Dios; es por ello que la idea de morir siempre nos choca, nos es aborrecible; no obstante, es inevitable y lo queramos o no esta nos sorprenderá un día; y si no lo crees, basta con dar un vistazo a la estadística de los millones de personas que mueren cada año.

El sufrimiento está presente en todo ser humano de una manera u otra. Lo vemos en los padres, cuando enferman o fallecen; en el accidente que se lleva al hijo fuera de tiempo, o en la noticia de un cáncer terminal. Lo vemos en los desastres naturales, los cuales cobran la vida de miles de personas. Diariamente mueren unas 150 mil personas en el mundo; es decir, de 50 a 60 millones cada año; no obstante, aun así, nos resistimos a pensar en ello; y esto es razonable, ya que la muerte, en verdad, no tiene nada de hermoso o deseable. La muerte es, y continuará siendo, algo chocante, repulsivo, repugnante, algo que repelemos por naturaleza; es aquello que nos despoja de las personas que hemos amado por siempre. Amado lector, algo es seguro: en algún momento la muerte tocará a mi puerta, pero también a la tuya, pues ¿quién puede salvarse de ella?

¿Cómo puede un mundo como este tener algún tipo de esperanza? El aguijón de la muerte se clavará y todo lo acumulado en esta tierra, ¿de quién será? Por más que luchemos, nuestras memorias terminan con nuestros nietos, y después de ahí, pasamos a ser quizás un nombre más, uno que quizás nadie recuerde, entonces, después de todo, la mayoría pasamos al olvido. La verdad es que esta vida es dura y sentenciosa. Desde el momento que nacemos, ya estamos muriendo.

Este mundo fue creado por Dios para que estuviera lleno de vida y de su presencia. El Señor lo diseñó para ser un mundo sin guerras, sin hambrunas, sin plagas ni desastres naturales; sin odios, sin mentiras. Un mundo carente de rencillas, robos, asesinatos, trastornos sexuales, adulterio, infidelidad; carente de todos esos males nefastos que aquejan a la raza humana. Dios hizo un mundo sin muerte para el hombre; uno en que cada persona habría de amarse entrañablemente, y donde la gloria de Dios llenara cada rincón; uno en donde todos los vivientes alabaran al único y verdadero Dios.

La muerte no es más que un recordatorio perpetuo de la consecuencia eterna del pecado. Dios quiere dejar claro que la vida sin Él tiene un solo destino: la muerte. Sin Él, salir de la tumba es imposible, y fuera de Él no hay esperanza. Dios quiere que toda la humanidad perciba esto: que la muerte es inevitable y de ella nadie escapará.

«Porque la paga del pecado es muerte, pero la dádiva de Dios es vida eterna en Cristo Jesús nuestro Señor» (Romanos 6:23).

Casi todos los hombres que han pasado por esta tierra han fallecido, incluyendo los más grandes hombres en la fe. Sabemos que los patriarcas (Abraham, Isaac, Jacob) murieron. También murió Moisés, José, Josué, Eliseo,

Daniel, Ezequiel, Jonás, Juan el bautista, Pablo, Simón Pedro, etc. También los hombres de Dios de la era moderna, tales como Martin Lutero, Juan Calvino, y la lista podría ser interminable. Pero la pregunta sería: ¿Acaso están verdaderamente muertos?

Dice la Biblia que Dios no es Dios de muertos, sino de vivos (Mateo 22:32; Lucas 20:38; Marcos 12:27). Aquellos que mueren en la fe, solo duermen, esperando resucitar en el día postrero, cuando Cristo vuelva en su segunda venida.

La Palabra de Dios dice que, desde antes de la creación, antes de que existieran los cielos y la tierra; antes de que el sol, la luna y las estrellas fueran creadas; y antes de que Dios creara al hombre, la condenación del mundo por el pecado ya le era conocida. La entrada del pecado a la creación de Dios no fue algo que le tomó por sorpresa, ya que, desde la eternidad pasada ya Él había concebido un plan para redimir a aquellos que se había propuesto amar (Efesios 1:3-4).

Aquellos que fueron moldeados por su mano, y fueron creados a su imagen. Aquellos a los cuales Él les dio todo lo que necesitaban para subsistir. Aquellos a los cuales dio vida con su propio soplo y aliento. Él los plantó en un hermoso jardín para que lo cuidaran; les dio autoridad sobre todo lo creado en la tierra. Pues ellos son la creación más excelente de Dios en el mundo que había creado, ya que fueron creados a su imagen. No obstante, esta creación se reveló en contra Él, cometiendo un acto que traería muy graves consecuencias.

La desobediencia de Adán y Eva constituye el mayor símbolo de rebeldía y ofensa ante Dios (un Dios santo), cosa que trajo sobre este mundo una catástrofe, es decir, *la muerte*, algo que todavía ejerce sus estragos sobre todo lo creado hasta hoy. Dios había dicho a Adán que la paga del pecado era la muerte (Génesis 2:17); así, cuando él desobedeció a Dios, su primera muerte fue espiritual, ya que el Señor apartó o separó al hombre de Él (ellos fueron expulsados del huerto en donde le había puesto, esto es, de la presencia continua de Dios; y la relación entre Dios y el hombre fue quebrantada). También, eventualmente, ellos murieron físicamente.

Adán había pecado, no había creído a la voz de Dios, y esto trajo la condenación del mundo. Su desobediencia confirió la muerte a billones de personas que han nacido a través de los siglos. La violencia, el desenfreno, y la enfermedad ahora reinaban sobre esta tierra, mientras que la paz, la buena voluntad y la obediencia a Dios —cosas que antes fueron la norma— serían ahora abiertamente rechazadas. La imagen de Dios en el hombre, aunque presente, se había corrompido. Adán, debido a su pecado, aunque creado para vivir eternamente en la presencia de Dios, murió por su desobediencia; y esta semilla de corrupción de Adán y Eva pasó a toda la raza humana.

> «Por tanto, tal como el pecado entró en el mundo por un hombre, y la muerte por el pecado, así también la muerte se extendió a todos los hombres, porque todos pecaron» (Romanos 5:12).

El único camino para entender cabalmente la resurrección es entender la promesa que Dios dio desde un principio a Adán y Eva. Estando en Edén Dios prometió que no condenaría perpetuamente a toda la raza humana a la muerte eterna, sino que había una esperanza de vida. Dios aseguró a la humanidad que no todo estaba perdido. Él prometió que mandaría a un Salvador a restaurar Su imagen en el hombre, corona de la creación. Una promesa que tendría su cumplimiento a través de la simiente de la mujer, la cual sería su instrumento para traer al Salvador al mundo.

> «Y pondré enemistad entre tú y la mujer, y entre tu simiente y su simiente; él te herirá en la cabeza, y tú lo herirás en el calcañar» (Génesis 3:15).

Adán creyó a esta promesa, fue por eso que llamó a su mujer Eva. Después de que ellos causaron la muerte a todos sus descendientes, Adán llamó a su mujer Eva, que significa «la que da vida» o «madre de los vivientes», porque de su descendencia vendría Aquel que daría una vez más vida a todo el mundo. Desde la caída del hombre, Dios comenzó a revelar su plan de redención, plan que tuvo su culminación con la persona de Jesús, Dios encarnado en un Hombre, quien dio su vida por nosotros.

La resurrección de Jesús nos da la seguridad, la certeza y la confianza de que verdaderamente tenemos vida en Dios. La muerte quedó totalmente abolida para todos aquellos que ponen su fe y confianza en Jesús. La resurrección de Jesucristo es nuestra esperanza, y sin ella no existiría el evangelio. Sin la resurrección, la muerte de cada uno de los apóstoles y discípulos (y de los que dieron su vida por Cristo) hubiese sido en vano.

> «Y si Cristo no ha resucitado, vana es entonces nuestra predicación, y vana también vuestra fe» (1 Corintios 15:14).

Su muerte y resurrección fue un misterio oculto en el Antiguo Testamento, revelado poco a poco y de muchas maneras a través de siglos. Era un misterio porque nadie sabía que Dios mismo tomaría forma de hombre para dar vida al mundo al morir por la humanidad. Esto es un concepto prácticamente imposible de creer: que el Dios santo se haría Hombre, y pagaría con su justicia la gran deuda que le debíamos a Él mismo. Aunque fue claramente revelado, estas profecías no eran claras hasta que vino Jesús al mundo y murió en una cruz, una muerte terrible y cruel. Jesús vino a salvar al hombre de la condenación eterna, y a restaurar la relación del hombre con Dios. Vino a restaurar vidas, a cambiar corazones y a mostrarnos como Dios quiere que vivamos en la tierra.

En la iglesia de Corinto, no todos creían que era posible la resurrección de los muertos. Esto parecía ser algo inverosímil para ellos. Por eso Pablo les escribió, explicándoles la importancia de la resurrección. Para Pablo era de vital importancia creer en Cristo, y en el Cristo que había resucitado de los muertos, sin lo cual, todavía estuviéramos todos viviendo bajo el juicio de Dios, y no bajo su gracia (1 Corintios 15:17).

La iglesia de Corinto tenía dudas sobre la resurrección (1 Corintios 15:12); sin embargo, Pablo claramente les dice que, sin la resurrección de Jesús, la resurrección futura del pueblo de Dios y el evangelio mismo no tienen sentido (1 Corintios 15:14). También, que, si la resurrección de Cristo no hubiera ocurrido, ninguno de nosotros fuera salvo (1 Corintios 15:15). De no haber una resurrección, entonces este libro no tiene tampoco ningún sentido. Mejor sería salir, divertirnos y hacer nuestra vida sin miedo a una consecuencia eterna por nuestro pecado y simplemente disfrutar el día a día hasta que llegue la muerte. Por eso Pablo dice entonces, que si no hay resurrección «Comamos y bebamos que mañana moriremos» (1 Corintios 15:32).

Sin embargo, para que podamos resucitar, primero tenemos que morir. Este cuerpo terrenal que ha sido corrompido por el pecado debe morir, a fin de poder recibir un cuerpo espiritual, el cual pueda habitar en la presencia de Dios por la eternidad. Pablo habla claramente cómo seremos en este cuerpo espiritual.

> «Así es también la resurrección de los muertos. Se siembra un cuerpo corruptible, se resucita un cuerpo incorruptible; se siembra en deshonra, se resucita en gloria; se siembra en debilidad, se resucita en poder; se siembra un cuerpo natural, se resucita un cuerpo espiritual. Si hay un cuerpo natural, hay también un cuerpo espiritual» (1 Corintios 15:42-44).

¿Qué es lo que Pablo está queriendo decir con esto? Lo que está diciendo es que no habrá más enfermedad y muerte en nuestro *cuerpo incorruptible*; que ya no habrá más vergüenza por el pecado (pues *resucitará en gloria)*; que ya no habrá más tentación, por consiguiente, este nuevo cuerpo *resucitará en poder*. Con el *cuerpo espiritual* no tendremos los límites de un cuerpo natural, con el cual ahora no podemos ver o apreciar lo espiritual como deberíamos. La bendición de la resurrección es que estaremos equipados por la eternidad con un nuevo cuerpo para vivir en la presencia de un Dios santo. ¡Aleluya!

Llegará el día en el que Dios nos llevará a su presencia. Un día en que aquellos que murieron en Cristo se levantarán de sus tumbas, en un abrir y cerrar de ojos (1 Corintios 15:52). Así, nuestros ojos por fin verán a Cristo, al Cordero de Dios, y estaremos con Él por la eternidad. No sé tú, pero yo anhelo con todo mi corazón que llegue este día. Un cristiano que conoce a su Salvador no tiene temor a la muerte, pues sabe que ese día será el día más hermoso de su vida.

> «Porque el Señor mismo con voz de mando, con voz de arcángel, y con trompeta de Dios, descenderá del cielo; y los muertos en Cristo resucitarán primero. Luego nosotros los que vivimos, los que hayamos quedado, seremos arrebatados juntamente con ellos en las nubes para recibir al Señor en el aire, y así estaremos siempre con el Señor» (1 Tesalonicenses 4:16-17).

La fe de Pablo en la resurrección fue tal, que se burlaba de la muerte como si fuera una abeja que había perdido su aguijón. Veía la muerte como una abeja que no tiene la capacidad de defenderse o causar más dolor. La muerte sobre nosotros, los creyentes, ya ha perdido su potestad, y nosotros tenemos que saber que, aunque muramos, ya estamos totalmente seguros en Cristo.

> «Pero cuando esto corruptible se haya vestido de incorrupción, y esto mortal se haya vestido de inmortalidad, entonces se cumplirá la palabra que está escrita: Devorada ha sido la muerte en victoria. ¿Dónde está, oh muerte, tu victoria? ¿Dónde, o sepulcro, tu aguijón? El aguijón de la muerte es el pecado, y el poder del pecado es la ley» (1 Corintios 15:54-56).

Cuando Cristo vino a la tierra, nos mostró cómo sería el reino de Dios. Un reino donde no habría más enfermedad, dolor o sufrimiento. Un reino lleno de justicia, paz y gozo. Jesús dijo en Mateo 12:28, «Pero si yo expulso los demonios por el Espíritu de Dios, entonces el reino de Dios ha llegado a vosotros». ¿Qué es el reino de Dios?, ¿que quiso decir Jesús con eso de que *el reino de Dios ha llegado a vosotros*? Pablo describe de una manera clara y precisa lo que es el reino de Dios.

> «Porque el reino de Dios no es comida ni bebida, sino justicia, paz y gozo en el Espíritu Santo» (Romanos 14:17).

Pablo nos dice claramente que el reino de Dios no son cosas tangibles tales como la comida o la bebida. Es claro al decir que el reino de Dios se muestra en la tierra, no mediante cosas materiales o perecederas, sino a través del Espíritu Santo. El reino de Dios no se hace evidente en mi vida porque me vaya bien en el trabajo, o por la familia que tengo, o por los bienes que haya acumulado en la tierra; tampoco por cualquier provisión material que Dios me haya otorgado.

El reino de Dios se evidencia en vidas transformadas por el poder de su Palabra; vidas que han decidido confiar en Dios y seguirle, amarle y obedecerle con todo el corazón, independientemente de las circunstancias que les toque vivir en esta tierra. El reino de Dios en la tierra consiste en la santidad de Jesús, en la justicia y la paz que se manifiestan a través de Él.

Ahora en Cristo, nosotros podemos también disfrutar del beneficio de una vida justificada por su sangre preciosa.

Veámoslo un poco más a detalle. ¿Qué significa exactamente esto de que el reino de Dios se manifiesta en justicia, paz y gozo?

El reino de Dios se manifiesta en justicia

Al analizar lo que significa la justicia divina, y pensar en el justo juicio de Dios por nuestro pecado, esto se traduce en que nosotros deberíamos de ser muertos en la cruz y no Jesús. Lo justo sería que yo pagara mi deuda ante Dios; que yo mismo fuera condenado eternamente por la maldad de mi corazón, y no que otro pagara por mi pecado y rebeldía contra Dios.

Nuestro Señor y Salvador fue condenado por nuestra maldad. Él fue condenado por ti y por mí. Fue escupido, desnudado, torturado, desfigurado, y clavado en una cruz por amor a nosotros. La crucifixión, la humillación que pasó Jesús es lo más cercano al infierno aquí en la tierra.

La deuda eterna que teníamos con Dios era una deuda humanamente impagable, la cual demandaba la muerte y la condenación eterna. Esta deuda fue la deuda que Cristo Jesús saldó con su propia sangre preciosa a fin de que tú y yo *no* tengamos que recibir la justa condena por el pecado. La justicia divina cayó sobre el único inocente que ha caminado en esta tierra, y que voluntariamente se entregó por personas malagradecidas que lo odiaban y rechazaban. Personas quienes continuamente —incluso muchas que profesan ser creyentes—, continúan deshonrando el nombre de Dios con su pecado.

Entonces, ¿por qué Jesús tuvo que morir por nosotros? Por la depravación total del hombre, y por su imposibilidad de salvarse así mismo. Si hubiera otra manera de salvar a la humanidad no tuviéramos la necesidad de creer en Jesús. Si hubiese otro camino para llegar a Dios, entonces Jesús sacrificó su vida en vano.

La Biblia nos muestra que, desde la caída de Adán, toda la raza humana ha pecado, y todos nos hemos apartado de Dios. La depravación de la raza humana fue total, y no ha existido un solo ser humano, excepto Jesús, quien que no haya sido pecador. Todos llevamos la semilla del pecado de

Adán en nuestro ser; aún el hombre más santo y moral que exista en tierra es digno de condenación.

> «Por cuanto todos pecaron, y no alcanzan
> la gloria de Dios» (Romanos 3:23)

Todo aquel que piensa que puede salvarse así mismo ya ha sido condenado porque no ha creído en la palabra de Dios. Si crees que, por tus buenas obras, por tus bondades, por tus dádivas, Dios tendrá piedad de ti, no has entendido el mensaje del evangelio. Cristo Jesús es aquel que ha dado su vida para que el injusto sea tenido por justo ante Dios. Cristo Jesús tomó su propia justicia y me la otorgó a mí, y llevando sobre sí mi injusticia, pagó el precio sacrificando su vida para que yo tenga vida eterna en Él. Esta es la justicia del reino de Dios.

> «Porque también Cristo murió por los pecados una sola
> vez, el justo por los injustos, para llevarnos a Dios, muerto
> en la carne, pero vivificado en el espíritu» (1 Pedro 3:18).

El reino de Dios se manifiesta en paz

¿Por qué el reino de Dios se manifiesta en paz? ¿Qué es lo que significa esto? La justicia de Cristo dada a nosotros por su muerte trajo la reconciliación del hombre para con Dios. La raza humana ha estado en guerra con Dios desde la caída de Adán, volviéndose en su enemiga (Romanos 5:10) al no querer honrarlo como Dios soberano. La creación de Dios se rebeló, se apartó del Dios santo y fue cegada por el pecado. La humanidad ha vivido en guerra con Dios desde entonces, buscando distintas alternativas para tener la vida eterna sin honrar al verdadero Dios. De esta manera ha traído sobre sí la justa condena del Todopoderoso.

La humanidad ha adorado a los animales, a las estrellas, a otras personas; al sol, a la luna, al agua, a los insectos y a muchas otras cosas. Los humanos han inventado sus propios rituales, y su propia forma de buscar lo espiritual, cegando aún más sus ojos, y despreciando al Dios que los creó. Hoy en día las personas adoran a las estrellas de cine, a los músicos y otras figuras públicas. Ponen su confianza y su fe en otra persona para una y otra vez ser decepcionados y defraudados por ellos. La humanidad, profesando ser sabia, se ha vuelto necia al despreciar el consejo de Dios (Romanos 1:21).

La justificación de Cristo por su sacrificio sustitutorio fue lo que me trajo paz con Dios. Su muerte injusta me otorgó una inmerecida justicia a fin de ser perdonado por Él. La muerte de Jesús apaciguó la ira de Dios respecto a aquellos que le creen, y produce paz con Él, poniendo fin a la guerra entre Dios y aquellos que han creído en su Hijo.

Esta paz no se refiere a estar tranquilo en la casa un domingo por la tarde, por ejemplo; tampoco es la paz que se tiene cuando estás de vacaciones, sin ninguna preocupación; no es vivir exento de todo dolor o sufrimiento. Más bien, la paz de la que estamos hablando aquí es la reconciliación de Dios y con el hombre. Por eso dice la palabra en Isaías 53:5 «El castigo de nuestra paz fue sobre El». Esta es la verdadera paz que «... sobrepasa todo entendimiento» (Filipenses 4:7). A nadie se le ocurriría dar su vida por aquellos que buscan hacerle daño, que le insultan, le difaman y le ultrajan, por eso esta paz verdaderamente sobrepasa cualquier comprensión o entendimiento que pueda haber.

Esta es la paz que debería reinar en nuestros corazones: «Porque si siendo enemigos, fuimos reconciliados con Dios por la muerte de su Hijo, mucho más, estando reconciliados, seremos salvos por su vida» (Romanos 5:10).

Cristo nos enseñó cómo debemos mostrar a otros esta reconciliación o paz que hemos obtenido. Él es el modelo de cómo se debe amar a los demás. Cristo dijo: «Pero a vosotros los que oís, os digo: amad a vuestros enemigos; haced bien a los que os aborrecen; bendecid a los que os maldicen; orad por los que os vituperan» (Lucas 6:27-28); y debemos hacerlo porque esta es la manera cómo Dios nos ha amado.

No debería sorprendernos que los creyentes somos llamados a ser pacificadores. En Mateo 5:9 Cristo dijo en el sermón del monte: «Bienaventurados los que procuran la paz, pues ellos serán llamados hijos de Dios». Nosotros los creyentes fuimos llamados a traer las buenas nuevas del evangelio a las naciones, a fin de lograr la reconciliación entre los pecadores y Dios, ya que, a través de Cristo, tenemos paz para con Dios.

El reino de Dios se manifiesta en gozo

Esta justicia que me ha dado Cristo por su sacrificio, la cual me ha traído paz y reconciliación para con Dios, debe ser mi mayor fuente de gozo. Debe ser la fuente de inspiración que me motive a vivir diariamente a los pies de Cristo. Debe ser lo que guíe cada pensamiento en mí, a fin de que mi mente sea restaurada y transformada por el poder de su Palabra. El saber que tenemos una eternidad asegurada a los pies del gran trono de Dios, para adorarle y alabarle por siempre, debido a su gracia y amor, debe ser el motivo más grande que tenemos para vivir gozosos cada día. Por ello, debemos levantarnos por la mañana dando gracias a Dios, porque Él, en su misericordia, pasó por alto nuestros pecados; y todo por la preciosa sangre de su Hijo Jesús.

Cuando perdemos el enfoque, el brillo, y el disfrute de tan maravilloso favor de Dios, entonces el evangelio parece no brindar completa satisfacción al alma. Esto es porque nos olvidamos de asombrarnos cada día a lo que verdaderamente merecemos y no hemos recibido; cuando nos olvidamos del alto precio que pagó Jesús por nuestra maldad. Es entonces cuando, eventualmente se enfría el corazón y sucede lo que a la iglesia de Éfeso, la cual, intelectualmente conocía la verdad de Dios, pero su corazón se había desviado, y dejando de amarle de todo corazón (Apocalipsis 2:4), terminó enfriándose y finalmente murió y desapareció.

El gozo de la verdad de su Palabra se había perdido en esta iglesia. Así también, cuando alguno pierde el disfrute que hay en la obediencia y en la presencia de Dios, lo que sigue es caer en el pecado y afrontar sus consecuencias.

Este gozo no significa estar felices en todo momento de la vida. No significa que no lloraremos, que no sufriremos, o lamentaremos en múltiples ocasiones; tampoco significa que debamos fingir alegría ante Dios. Este gozo en un gozo anclado en Cristo, es decir, que, aunque las circunstancias de la vida traigan dolor y tristeza, sabemos que nuestra vida ha sido justificada en Cristo, y que hemos sido reconciliados con Dios. Sabemos que, sin importar las dificultades, las dolencias temporales y pérdidas terrenales, nuestro corazón en última instancia está confiado, descansado gozoso en el Dios que nos sostendrá en medio de todas esas dificultades.

Este gozo no es algo que se pueda aprender. Más bien, es un regalo de Dios para sus hijos; un don dado por su Espíritu a los suyos.

> «Mas el fruto del Espíritu es amor, gozo, paz, paciencia, benignidad, bondad, fidelidad, mansedumbre, dominio propio; contra tales cosas no hay ley» (Gálatas 5:22-24).

Le pido a Dios que, a través del estudio de este libro, la realidad del padecimiento de Jesús y la gloria de su resurrección puedan confrontar tu vida. Que seas inspirado por la hermosa revelación de su Palabra. Que este libro te ayude a traer la vida de Jesús a tu mente y corazón al meditar sobre el significado y las implicaciones que tuvo su resurrección en cada uno de nosotros.

Capítulo I

REVELACIÓN DE LA MUERTE Y LA RESURRECCIÓN DE JESÚS

La llegada del Mesías no fue un evento que debió haber tomado por sorpresa a los judíos. Ellos tenían siglos esperando la llegada de un Redentor supremo; esperaban a un hombre que vendría a librarlos de la opresión política, a fin de que la nación israelita volviera a vivir la gloria que tuvo en los días de los reyes David y Salomón; días cuando eran una nación independiente, y envidiados por las demás naciones. Ellos deseaban poder tener la bendición material de Dios, pero no estaban interesados en un despertamiento espiritual.

A pesar de conocer las profecías acerca del Mesías, ellos no esperaban a uno como Jesús. Las profecías del Mesías prometido dicen que Él sería uno que predicaría buenas nuevas a los abatidos; que vendaría a los quebrantados de corazón; que haría libres a los cautivos y daría vista a los ciegos (lee Isaías 61:1-3). Ellos no esperaban al siervo de Jehová que trajese la restauración espiritual de Israel, sino un líder cuya restauración fuese meramente política y económica. Mucho menos esperaban a un Mesías sufriente, tal como lo profetizó Isaías 53. Los israelitas rechazaban rotundamente la idea del Mesías pobre, el cual sería contado con los inicuos y llevaría los pecados de todos.

Más bien, ellos esperaban a un rey glorioso, nacido en un palacio; uno que cumpliera con todos los anhelos de gloria de Israel, y no un pobre hombre, cuya mayor parte de su vida la hubiese vivido en una de las regiones de menor prestigio de todo Israel: Nazaret. Ellos no querían ser confrontados por la Palabra, estaban felices en su falsa religiosidad; lo que ellos querían era continuar fingiendo ser creyentes, viviendo una vida de pecado.

> «Y este es el juicio: que la luz vino al mundo, y los hombres amaron más las tinieblas que la luz, pues sus acciones eran malas» (Juan 3:19).

¿Acaso la muerte de Jesús fue algo totalmente inesperado? ¿Acaso los hombres pudieron luchar con Dios y ganar al clavarlo en la cruz? En este capítulo daremos un vistazo a la evidencia profética de la muerte y resurrección de Jesús. Creo que es muy importante, antes de sumergirnos en los detalles de la resurrección contenidos en el Nuevo Testamento, que analicemos lo que dice la palabra de Dios respecto a la muerte y resurrección de Jesús en el Antiguo Testamento.

En el Antiguo Testamento se había predicho ya el sufrimiento y la muerte del Mesías prometido. Respecto a esto, es fácil mirar en retrospectiva, y con el conocimiento que hoy tenemos, culpar a los judíos de cerrazón espiritual e intelectual por no entender las profecías mesiánicas; pero recordemos algo: Dios fue revelando las Escrituras de manera progresiva hasta el tiempo de los apóstoles. Por tanto, nadie sabía exactamente quién sería ni cómo sería este Mesías, ni los milagros circunscritos a su advenimiento a esta tierra.

Ver a Jesús caminando en este planeta, trabajando como un carpintero, y por 30 años viviendo como un ciudadano regular (sin hacer un solo milagro), sino tan solo en espera de su tiempo para revelarse al mundo como el Dios encarnado, no fue algo fácil de creer. Incluso ni sus propios hermanos creían en Él inicialmente (Juan 7:5). No obstante, la muerte de Jesús fue predicha desde el libro de Génesis.

En Génesis 22 se relata la historia de Abraham e Isaac. Ahí Dios le pide a Abraham que sacrifique a su hijo para Él. Este era el hijo de la promesa, de quien Abraham tendría una descendencia incontable e innumerable, la cual traería bendición al mundo entero por todas las generaciones. Por tanto, que Dios le pidiera que lo sacrificara en el altar parecía ser algo totalmente irracional y devastador. Sin embargo, Abraham decidió poner toda su confianza en Dios, el mismo que le había dado milagrosamente a su hijo (ya que era humanamente imposible que Sara pudiera embarazarse, lee Génesis 18:11). Sin embargo, Abraham sabía que Dios tenía el poder incluso para levantar a Isaac de entre los muertos (Hebreos 11:19). Así de grande fue la confianza que él tuvo en Dios, que jamás dudó en obedecer la voz del Todopoderoso. El resultado de su fe fue este: justo antes de que Abraham clavara el cuchillo a su hijo, una voz del cielo lo detuvo; y luego, entre los matorrales, encontró un carnero (el macho de la oveja) que ofreció en sacrificio, en sustitución de Isaac (v.13).

¿Qué es lo que Dios quiere mostrarnos aquí? Esta historia nos lleva a la cruz. Abraham representa a Dios, quien está a punto de juzgar con justo juicio a los pecadores. Isaac representa a todos los pecadores, listos para recibir la justa condena por su pecado. El carnero representa a Aquel que un día vendría, el que es llamado «el cordero de Dios, que quita el pecado del mundo» (vea Isaías 53:7, Juan 1:29), el cual daría su vida por nosotros los pecadores. Este inocente animalito no merecía morir en lugar de Isaac, pero su vida fue salva por causa de la sangre derramada de su sacrificio. Los cuernos del carnero trabados entre los espinos representaban la corona de espinas que llevó Jesús como burla y humillación puesta por los soldados romanos (Mateo 27:29).

En el Antiguo Testamento está descrito el sufrimiento de Jesús antes de su muerte. La profecía dice que sus manos y sus pies serían traspasados («...me han traspasado las manos y los pies», Salmo 22:16b). En ese mismo salmo se menciona lo que sucedería a sus ropas: «Ellos reparten mis vestidos entre sí, y sobre mi ropa echan suertes» (Salmo 22:18). El profeta Isaías —el profeta mesiánico— escribió más profecías sobre Jesús que ningún otro profeta en el Antiguo Testamento. Este describió claramente cómo el Mesías sufriría por nosotros. Alrededor de 700 años antes de que Jesús naciera, el profeta Isaías nos reveló el cruel, terrible e inimaginable sufrimiento de nuestro Salvador.

Isaías profetizó que el Mesías llevaría nuestras enfermedades, soportaría nuestros dolores (Isaías 53:4a), Él sería «... herido por nuestras transgresiones, molido por nuestras iniquidades. El castigo, por nuestra paz, cayó sobre Él, y por sus heridas hemos sido sanados» (Isaías 53:5). Él iba a ser aprehendido, juzgado injustamente y luego asesinado (Isaías 53:8), y a través de todo este sufrimiento, Él iba a pagar con nuestros pecados y nos haría inmerecidamente justos delante de Dios (Isaías 53:11b).

A Jesús la muerte no le tomó por sorpresa. Él sabía que había venido como ese Cordero sustitutorio a morir por nuestros pecados. Es importante notar que Él no ocultó a sus discípulos la muerte que habría de sufrir. En múltiples ocasiones Jesús predijo su propia muerte (Mateo 16:21, Mateo 17:23, Mateo 20:19, Lucas 13:32, Lucas 18:33, Lucas 24:7). En Mateo 16:21 Jesús declaró a sus discípulos que debía ir a Jerusalén a sufrir y ser muerto para luego resucitar al tercer día. En Mateo 17:22-23 Él declaró lo mismo, aunque aquí añade que Él sería «entregado». En Mateo 20:18-19 una vez más les habla de lo mismo, aunque esta vez dice que lo condenarían a muerte, se burlarían de Él, le azotarían y le crucificarían (esta última vez habla de la manera en que iba a morir,: *crucificado*).

> «He aquí, subimos a Jerusalén, y el Hijo del Hombre será entregado a los principales sacerdotes y escribas, y le condenarán a muerte; y le entregarán a los gentiles para burlarse de Él, azotarle y crucificarle, y al tercer día resucitará» (Mateo 20:18-19).

En ningún momento Cristo dijo que solo moriría; más bien, Él siempre declaró su muerte *junto* con su resurrección. El Hijo de Dios siempre afirmó que sería muerto, pero también afirmó su *poder* sobre la muerte. Y de esta manera el Señor consolaba a sus discípulos diciéndoles que la muerte no lo podría retener; sin embargo, ellos no entendían este mensaje. Quizás pensaban que su resurrección sería en el día postrero, pero Cristo claramente dijo en cada ocasión que Él resucitaría al tercer día. *¿Qué hombre sobre esta tierra ha tenido jamás el poder de hacer una declaración de esta magnitud y cumplirla?* Solamente Jesucristo.

Jesús no solo profetizó su muerte a sus discípulos, sino también a los fariseos. Por eso, estos últimos, después de la muerte de Jesús, pidieron a Pilato que asegurara la entrada de la tumba para que nadie se atreviera a robar el cuerpo y luego decir que Él había resucitado (Mateo 27:63). Los fariseos sabían exactamente que una historia como la de la resurrección de Jesús haría que el pueblo judío creyera en las enseñanzas que Él dio, y así se apartaría de la enseñanza de ellos, quitándoles el poder religioso que tenían sobre el pueblo.

No solo la pasión y muerte de Jesús fueron predichas en el Antiguo Testamento, sino también su resurrección. El libro de Job habla de un Redentor que iba a morir para luego resucitar. Job afirmó: «Yo sé que mi Redentor vive, y al final se levantará sobre el polvo» (Job 19:25). Aun la visita de Jesús al Seol para anunciar su victoria sobre la muerte había sido ya declarada en el Antiguo Testamento, ya que las Escrituras dicen «Pues tu no abandonarás mi alma en el Seol, ni permitirás a tu santo ver corrupción» (Salmos 16:10).

El profeta Oseas también profetiza la resurrección de Jesús cuando dice: «Nos dará vida después de dos días; en el tercer día nos resucitará, y viviremos delante de Él» (Oseas 6:2). Claramente, el Antiguo Testamento dice que la muerte no podría retener al Hijo del Dios Todopoderoso, digno de recibir el poder, la honra y el honor por los siglos de los siglos.

La otra pregunta que debemos hacernos es esta: ¿Por qué es importante que Cristo resucitara? La respuesta a esta pregunta es que Cristo nos ha demostrado que Él tiene dominio sobre la muerte. La condenación del pecado trae muerte a los seres humanos, y nadie se escala de ella; sin embargo, Jesucristo es la resurrección y la vida (Juan 11:25).

Durante su ministerio, Jesús demostró su poder sobre la muerte al devolver la vida al menos a tres personas (de otras resurrecciones que haya efectuado Jesús, no tenemos evidencia bíblica). Le devolvió la vida a Lázaro (Juan 11:43-44), a la hija de Jairo (Mateo. 5:41-42) y al hijo de la viuda de Naín (Lucas 7:11-17). Así que, cuando Cristo decía que Él iba a morir y resucitar, ya Él había dado la evidencia que respaldaba aquello que estaba profetizando. Y si Cristo resucitó a aquellas personas, y también Él mismo resucitó, ¿quién soy yo para dudar de la veracidad de la Palabra cuando dice que resucitaremos con Él en su segunda venida? Por tanto, recordemos que estas resurrecciones no fueron simbólicas ni figuradas, sino literales, palpables y a la vista de todos.

Jesús nos ha dicho que no temamos a la muerte (Mateo 10:28), por cuanto Él es nuestra vida. ¿Cómo pudiéramos creer en Cristo como nuestro Salvador si Él no se hubiera levantado de la tumba? ¿Cómo podría creer en Cristo, que Él es la resurrección y la vida, si sus restos estuvieran presentes hoy en una tumba de Palestina?

La tumba de Mahoma, el líder de la religión musulmana, está en Arabia Saudita y ahí yacen sus restos. Los faraones egipcios eran considerados dioses y preparaban para ellos hermosos sepulcros: ellos creían que un día regresarían de ultratumba. Una de las más famosas de estas tumbas es la de Tutankamón. Esta tumba fue encontrada en Egipto, en el valle de los reyes, el 1 de noviembre de 1922; ahí es donde yacen los restos de este famoso faraón. La tumba de Mahatma Gandhi está en Delhi, India. La tumba de Joseph Smith, el líder de los mormones está en Nauvoo, Illinois. La tumba del líder de los testigos de Jehová, Charles Taze Russell, está en Pittsburgh, Pensilvania. Y así, podemos ir mencionando muchos nombres más; pero la tumba de Jesús ya tiene 2,000 años vacía; y permanecerá así, porque la muerte jamás volverá a tener dominio sobre Él. Y esta victoria sobre la muerte está reservada también para todo aquel que ponga su fe y confianza en Jesús, y le acepte como su Señor y Salvador personal.

Otro punto importante es que el sacrificio perfecto de Jesús, es decir, su muerte en la cruz fue planificada por Dios para que sucediera en el tiempo de su perfecta voluntad. Es imposible que el hombre pueda matar a Dios ya que Dios es eterno, o sea no tiene principio ni fin. En varias ocasiones intentaron apedrear a Jesús, o arrojarlo de un precipicio, pero Él siempre escapó de estos intentos de asesinato. Aún despojado de su gloria, vulnerable en este mundo, y en un cuerpo corruptible, Jesús siempre tuvo poder sobre su propia vida. Nadie le quitó la vida a Jesús, sino que Él la entregó voluntariamente, ya que Él tenía el poder para volverla a tomar.

> «Nadie me quita la vida, sino que yo la doy por mi propia voluntad. Tengo autoridad para darla y tengo autoridad para tomarla de nuevo. Este mandamiento recibí de mi padre» (Juan 10:18).

Esta es la razón por la cual nosotros debemos creer solo en Cristo. Todo el que diga que hay alguna forma de llegar a Dios fuera de Cristo está condenado a la perdición, y está guiando a otros por el mismo camino. No hay nada que añadir ni nada que quitar al sacrificio perfecto de Jesús. La Palabra claramente muestra que solo Jesús es «... la resurrección y la vida. Cualquiera que crea mí [en Él] aunque esté muerto vivirá» (Juan 11:25).

Entonces, ¿cómo podemos probar que Jesús realmente resucitó? ¿Cuáles son las evidencias que tenemos de la resurrección? Antes que todo debo decir que lo más importante para vivir la vida que Cristo ofrece es tener fe en la palabra de Dios. La Biblia dice que sin fe es *imposible* agradar a Dios (Hebreos 11:6); por tanto, el estudio de este maravilloso tema requiere de fe en la poderosa palabra de Dios, y este es un ingrediente indispensable, dado que, para el mundo, el que alguien haya resucitado de los muertos es una locura, algo ilógico; algo que no puede probarse mediante la ciencia, y si no puede probarse mediante la ciencia, entonces no existe. Y en el caso de la resurrección de nuestro Señor, se trata de algo todavía más peculiar, de manera que es un hecho único y no replicable en toda la historia humana. Por tanto, la resurrección es algo que solo el Espíritu de Dios puede mostrarnos, ya que desafía toda lógica humana.

En cuanto a mí, yo no necesito más evidencia de la que Dios ha decidido dejarnos en la Biblia para estar convencido de la veracidad de la resurrección. Su Palabra debe ser suficiente para aquel que realmente ha creído en Cristo. Si necesito algo fuera de la Palabra para estar convencido de la resurrección de Jesús, entonces su palabra no es suficiente para mí, y esto es grave, puesto que estaría poniendo en duda la veracidad del Dios que inspiró la Biblia.

No obstante, en las Escrituras (y fuera de ellas) existen varios razonamientos que satisfacen la lógica humana. ¿Cómo puedo sustentar lógicamente la resurrección de Jesús? ¿Qué evidencias históricas descritas en la Palabra me llevan a mí a creer que la resurrección es la única opción lógica? Quiero mencionar cuatro importantes evidencias concernientes a su resurrección. (A medida que avancemos en este libro estaré añadiendo más información a cada una de ellas, básteme por ahora comentarlas brevemente).

La tumba vacía

En primer lugar, no podemos negar la tumba vacía. Muy pocas veces en la historia se ha visto que una tumba fuese tan protegida ante posibles profanadores. Esta tumba tenía el sello de la autoridad de Roma, y nadie podía entrar a ella sin violar este sello, es decir, sin quebrantar gravemente la ley. Si alguien violaba este sello romano, se acarrearía terribles consecuencias, incluso, posiblemente, sería condenado a muerte. El sepulcro también tenía una guarda de soldados, de manera que si alguien se atrevía a tratar de mover la piedra que cubría la entrada del sepulcro habría sido detenido de inmediato y los soldados romanos tenían autoridad para matarlo. Sin embargo, aún con toda esta protección, Dios abrió la tumba y puso un ángel sobre la piedra que cubría la entrada (Mateo 28:2) para que nadie se atreviera a cerrarla; así, todos podrían cerciorase de que la tumba estaba vacía.

Los soldados romanos

La segunda evidencia importante de la resurrección del Señor fue el testimonio de los soldados romanos (Mateo 28:11-15). Estos soldados, los que estaban al cuidado de la tumba, eran personas en general sin ningún escrúpulo; de sangre fría, desalmados. Estos hombres eran impíos, crueles, despiadados, y además, politeístas; a ellos no les interesaba en lo absoluto la religión judía ni mucho menos seguir a Jesús. No obstante, estos cayeron, y de miedo se quedaron como muertos al ver al ángel sobre la roca (Mateo 28:4). Luego corrieron y contaron a los sacerdotes lo sucedido y aceptaron un soborno para mentir respecto a lo ocurrido, diciendo que los discípulos habían robado el cuerpo. Estos hombres no creyentes atestiguaron de haber visto algo sobrenatural.

Los testigos oculares

La tercera evidencia es el testimonio de los testigos oculares de la resurrección. Esto es importante, porque ninguno de los seguidores de Cristo creyó que Él resucitaría. Absolutamente todos los seguidores del Señor Jesús, incluyendo a María, su madre, no creían que Cristo realmente resucitaría al tercer día. Más bien, cuando Jesús murió, todos sus discípulos (incluyendo sus apóstoles) salieron huyendo por miedo a sufrir la misma suerte de su Maestro; sin embargo, después de la resurrección, estos mismos apóstoles de Cristo estuvieron dispuestos a morir por el evangelio, y todos ellos vivieron una vida de persecución por amor a su Señor, y casi todos, a excepción de Juan, murieron como mártires de la iglesia. Por cierto, la Biblia también menciona a más de 500 personas, las cuales vieron a Cristo resucitado (1 Corintios 15:6).

Estos testigos oculares dieron testimonio de aquello que habían visto, y llevaron las enseñanzas de Jesús a los confines de la tierra. Ellos hablaron de aquello que habían visto, tocado, palpado y oído; ellos fueron testigos de primera mano, y no contaban de la experiencia de otro, sino de la suya propia. Por esto el apóstol Juan comienza su carta diciendo: «Lo que era desde el principio, lo que hemos oído, lo que hemos visto con nuestros ojos, lo que hemos contemplado y palparon nuestras manos tocante al verbo de vida» (1 Juan 1:1). También Pedro, en su primer sermón en el día del pentecostés dijo: «A este Jesús resucitó Dios, de lo cual todos nosotros somos testigos» (Hechos 2:32).

La muerte de los apóstoles

La cuarta evidencia importante de su resurrección es la muerte de los apóstoles. ¿A quién se le ocurriría morir por una mentira? ¿quizás a uno, quizás a dos o tres de los apóstoles? Solo había dos opciones posibles para explicar la tumba vacía: o se robaron el cuerpo, o Cristo resucitó. Supongamos que los discípulos robaron el cuerpo. Los 11 apóstoles se pusieron de acuerdo para robar el cuerpo de Jesús, inventarse esta historia de la resurrección, para después salir huyendo asustados, soportar peligros de persecución y muerte. Todo simplemente para crear una falsa esperanza en las personas de que el Mesías estaba vivo. ¿Tenían ellos alguna ganancia personal en ello? ¡No! Sino todo lo contrario. Es ilógico que 11 hombres murieran por una mentira que tan solo les acarreó sufrimiento el resto de su vida. No obstante, ninguno de los apóstoles se retractó de lo que predicaban, ellos predicaban con gozo al mundo entero que Jesucristo había resucitado.

La verdad es que estos hombres no tenían el valor siquiera para estar *cerca* de un soldado romano, y prueba de ello es que todos (excepto Juan) abandonaron a Jesús después de su arresto. Luego se reunieron, pero estaban escondidos, llenos de temor. Tenían miedo de que los sacerdotes y líderes religiosos también los arrestaran a ellos y los crucificaran o apedrearan por ser seguidores de Cristo. De estos hombres ninguno tenía la fuerza, y mucho menos la valentía para enfrentar una guarda romana y robarse el cuerpo. La verdad es que ellos probablemente ni siquiera sabían que existía una guarda romana cuidando la entrada del sepulcro. Sin embargo, después de ver a Cristo resucitado, todos dieron su vida por amor a Él y por el evangelio. Estos hombres incrédulos y temerosos —ya que no les bastó la palabra de Cristo para creer en su resurrección—, al ver al

Señor vivo fueron transformados para nunca más apartarse de Cristo, y cumplir así su mandato de llevar el evangelio a los confines de la tierra.

Cómo murieron los apóstoles y discípulos

¿Cómo murieron estos apóstoles después de ver a Cristo resucitado? Después de haberlo negado y de huir de su presencia; después de ser incrédulos y encerrarse a piedra y lodo por temor a los enemigos de Jesús, cuando fueron confrontados por la verdad de la resurrección de Cristo, su vida fue transformada. Según la tradición, Marcos fue arrastrado por las calles de Alejandría hasta la muerte; Pablo fue decapitado en Roma, después de haber sido perseguidor de la iglesia; Lucas fue colgado en un árbol de olivos; Tomás fue atravesado con una lanza y tirado al fuego; Juan fue puesto en un caldero de aceite hirviendo y desterrado a la isla de Patmos. Este Juan fue el único que no murió martirizado (por la tradición sabemos que murió de vejez, y no en Patmos); sin embargo, él también sufrió muchísimo por el evangelio. Felipe fue azotado y crucificado; Bartolomé fue despellejado vivo y crucificado; Mateo fue decapitado; Jacobo fue arrojado desde el techo del templo y asesinado a golpes; Tadeo fue asesinado con flechas; Andrés fue crucificado en una cruz; Jacobo fue decapitado, y Pedro fue azotado y crucificado de cabeza.

Mi pregunta es esta: ¿Acaso todos estos (y muchos otros) dieron su vida por una mentira? Yo creo que esta es una de las evidencias más emocionantes y de mayor peso de la resurrección, ya que ninguno de estos hombres jamás se retractó de su fe en Cristo ni de aquello que predicaban. Por tanto, si todos estos hombres vieron a Cristo resucitado y dieron su vida por el evangelio, yo debo dar gracias a Dios todos los días por ellos; ya que Dios quiso que ellos murieran como mártires para que yo hoy pudiera estar totalmente convencido de la realidad de la resurrección; para que no quedara en mí ni una sombra de duda de que Cristo realmente se levantó de los muertos y venció la muerte.

Capítulo II

EL ENTIERRO DE JESÚS

A partir de este capítulo, y en los subsecuentes, estaré hablando de la historia de la resurrección —y hasta la ascensión— comenzando por el entierro de Jesús. Haciendo uso de la evidencia de los Evangelios, recopilaré cronológicamente los eventos de la resurrección de Jesús y entraré en algunos detalles importantes circunscritos. Es muy importante entender el entierro como un preámbulo a su resurrección debido a que todo lo que ocurrió previamente a la resurrección de Cristo es una clara evidencia de la imposibilidad de que Jesús *no* haya resucitado. Parte de la evidencia de su resurrección la vemos precisamente en los hechos ocurridos antes del domingo que Jesús se levantó de la tumba.

¿Cómo ocurrió la crucifixión de Jesús?

Este fue un evento jamás antes visto en la historia y que jamás se volverá a repetir. Ahí el Dios hecho carne fue clavado en una cruz por nuestros pecados. Este evento único, en el cual Dios mismo —en la persona del

Hijo— pagó con su sangre nuestra libertad, ofreciéndose en sacrificio una sola vez y para siempre (Hebreos 7:27), ocurrió durante la pascua judía, entre los meses de marzo-abril (que es el mes de Nisán en el calendario judío), alrededor del año 30-33 d.C.

La pascua se celebraba (y todavía es celebrada por el pueblo judío), para recordar la liberación del pueblo de Israel de la esclavitud de Egipto (Éxodo 12:41). En esta fiesta, básicamente el enfoque principal está en la última plaga, aquella en la que murieron todos los primogénitos de los egipcios. En aquella primera pascua los israelitas sacrificaron corderos, y la sangre de estos corderos fue untada con un manojo de hisopo y puesta sobre los dos postes y en el dintel de las casas, y solo aquellas casas que tenían esta sangre fueron pasadas por alto por el ángel de la muerte (Éxodo 12:23). La pascua es una representación perfecta del juicio de Dios. Aquellos que no han creído en el Cordero Inmolado, esto es, en Jesús de Nazaret, serán condenados, pero aquellos que pongan su fe en Cristo, sus pecados serán pasados por alto (Juan 1:29).

Dios estableció la pascua en perpetuidad, para ser celebrada cada año y recordar así la liberación del pueblo de Dios. Esta fiesta es tan importante, que aún la elección del cordero para el sacrificio es algo fundamental. El día de la elección del cordero fue establecida en la ley de Moisés, y tenía que ser el día 10 del mes de Nisán (Éxodo 12:3). Este mismo día —en el cual se escogía el cordero para el sacrificio— fue el mismo en que Cristo entró montado en un pollino en su entrada triunfal. Ese fue el día en el que todos gritaban ¡hosanna!; y quisieron hacerlo rey sobre Israel.

> «Y las multitudes que iban delante de Él, y las que iban detrás, gritaban, diciendo: "Hosanna al hijo de David, bendito el que viene en el nombre de Dios, Hosanna en las alturas» (Mateo 21:1-10).

La palabra *hosanna* significa ¡sálvanos! ¡La salvación viene del trono de Dios!, pero estas mismas personas que alababan a Jesús cuando entraban en Jerusalén y le pedían que los salvara (aunque no de sus pecados, sino de la opresión del imperio romano), fueron las mismas que después gritaban: ¡*crucifíquenle*!, solo cinco días después.

Imagínate el panorama: era la época de la pascua judía, el cordero tenía que elegirse el día 10 de Nisán (el mismo día que Cristo entró a Jerusalén);

por tanto, debía haber miles y miles de corderos ingresando por esas mismas puertas para venderse. Todos estos debían ser corderos jóvenes, perfectos, sin tacha y sin mancha, especialmente preparados para el sacrificio de la pascua.

Se estima que entre 100-150 mil corderos se sacrificaban en una pascua judía. El mismo día en que los judíos compraban su cordero para el sacrificio, Jesús, el Cordero de Dios que quita el pecado del mundo, el cordero perfecto elegido y preparado por Dios, entraba voluntariamente para ser sacrificado. Dios mismo trajo el Cordero para el sacrificio (Uno que fue sin tacha y sin mancha), para ser sacrificado por el pecado del mundo. A fin de que, a través de su sangre, se efectuara el perdón de pecados de todos aquellos que pusieran su confianza en Él.

Era así como los judíos compraban su cordero el día 10 (que debió haber sido un lunes) y se quedaban con él hasta el día 14 de Nisán (que debió haber sido un viernes). Este cordero era entonces sacrificado el día 14 de Nisán para la preparación de la pascua judía. La cena se preparaba durante ese día antes de que bajara el sol, porque en el *shavat*, que comenzaba después de la puesta del sol del viernes (alrededor de las 6 pm), no les era permitido preparar comida debido a que esta acción era tomada como un trabajo. El sábado para los judíos comienza el viernes en la noche después de la caída del sol. Los días en el sistema horario judío cambian después que baja el sol, y no a las 12:00 a. m. (como es para nosotros en el sistema horario que se usa en el mundo hoy). Por ejemplo, para ellos el lunes comienza el domingo a las 6 p. m. aproximadamente.

Jesús es ese Cordero de Dios que quita el pecado del mundo (Juan 1:29). Notemos algo: Dios siempre hace las cosas en el tiempo preciso. Así que, Jesús fue sacrificado como el Cordero de Dios el mismo día que los judíos daban gracias a Jehová por haberles liberado de la esclavitud de Egipto. Mientras ellos gritaban ¡crucifíquenle!, mientras le escupían, mientras lo azotaban, y le ponían la corona de espinas, mientras Él cargaba su cruz para luego ser clavado en ella, mientras todo esto ocurría, los judíos preparaban el festejo para la cena del cordero dando gracias a Dios por haberles sacado de la esclavitud Egipto. Este mismo día, nuestro Cordero perfecto, enviado por Dios mismo, fue sacrificado para dar libertad al mundo de la esclavitud del pecado, y lo hizo una vez y para siempre.

Estos corderos que los judíos sacrificaban, los cuales eran hermosos, puros, limpios, perfectos, no tenían ninguna culpa, es decir, no merecían morir. No eran estos corderitos los que debían morir, sino los judíos que los mataban, ya que ellos eran los culpables de su pecado. Ellos asesinaban a estos corderitos cruelmente todos los años para cubrir el pecado que *ellos* cometían contra Dios. Ellos depositaban en este corderito la culpa y lo presentaban en sustitución por ellos mismos ante Dios. De esta forma abusiva, cruel e injusta fue que Cristo fue clavado en una cruz y, siendo juzgado injustamente, padeció un sufrimiento que no merecía padecer. Fue así como el Cordero perfecto de Dios fue sacrificado por el pecado del pueblo al cual Él vino a rescatar.

> «Fue oprimido y afligido, pero no abrió su boca;
> como cordero que es llevado al matadero, y como
> oveja que ante sus trasquiladores permanece
> muda, no abrió Él su boca» (Isaías 53:7).

Los romanos eran asesinos expertos. Ellos habían perfeccionado el «arte» de la tortura y la muerte maximizando el dolor y la agonía de la víctima. Ellos perfeccionaron la crucifixión que probablemente fue heredada de los medo-persas y de los griegos. En este método la muerte era lenta y dolorosa en extremo, pero los romanos sabían también cuando el ajusticiado ya había muerto. Fue así que ellos, en el caso de Jesús, no tuvieron duda de que Él había muerto. Normalmente los soldados romanos quebraban las piernas de los crucificados si ellos querían agilizar el proceso de muerte (como hicieron con los ladrones que estaban al lado de Cristo), pero en el caso del Señor, ellos supieron que ya había muerto, tan solo seis horas después de haber sido crucificado. Con todo, para que no hubiera ninguna duda, confirmaron la muerte de Jesús clavándole una lanza en el costado (Juan 19:34; Zacarías 12:10).

José de Arimatea

Veamos ahora en detalle lo que dice la Palabra en relación al entierro de Jesús, y conozcamos a dos personajes que jugaron un rol muy importante en este. El entierro de Jesús está descrito en Mateo 27:57-61, Marcos 15:42-47, Lucas 23:50-56, y Juan 19:38-42. Te exhorto a que tomes unos minutos, y leas lo que dicen estos cuatro pasajes para tener una idea detallada de este importante evento.

Esto es un evento muy importante ya que los cuatro evangelios hacen referencia él. Los cuatro evangelistas entendían la importancia medular de esta historia. Fue por ello que incluyeron suficientes detalles, ya que estos detalles son parte del sustento bíblico de la narrativa de la resurrección de Jesús. Tomemos la referencia de Juan para describir el entierro del Señor:

> «Después de estas cosas, José de Arimatea, que era discípulo de Jesús, aunque en secreto por miedo a los judíos, pidió permiso a Pilato para llevarse el cuerpo de Jesús. Y Pilato concedió el permiso. Entonces él vino, y se llevó el cuerpo de Jesús. Y Nicodemo, el que antes había venido a Jesús de noche, vino también, trayendo una mezcla de mirra y áloe como de cien libras. Entonces tomaron el cuerpo de Jesús, y lo envolvieron en telas de lino con las especias aromáticas, como es costumbre sepultar entre los judíos. En el lugar donde fue crucificado había un huerto, y en el huerto un sepulcro nuevo, en el cual todavía no habían sepultado a nadie. Por tanto, por causa del día de la preparación de los judíos, como el sepulcro estaba cerca, pusieron allí a Jesús» (Juan 19:38-42).

¿Quién fue este José de Arimatea? Todos los evangelios mencionan a José de Arimatea y cada uno menciona algún detalle de él. José de Arimatea era un miembro prominente del Sanedrín (Mateo 15:43); un hombre descrito como discípulo de Jesús (Juan 19:38); sin embargo, seguía al Señor en secreto porque tenía miedo de los sacerdotes y líderes religiosos.

José de Arimatea simpatizaba con Jesús, pero todavía, hasta ese momento, amaba más su posición en el concilio que al Maestro. No estaba dispuesto a dejar los beneficios que le traía el ser un miembro prominente del selecto club —digámoslo así— del Sanedrín. Los miembros del Sanedrín eran personas respetadas, religiosos que tenían seguidores, y adineradas, cuyos negocios los mantenían en esa oligarquía. Eran personas de conocimiento y alto prestigio. Mientras que, seguir a Jesús significaría renunciar a su prestigio, a su comodidad, a la confianza de su ingreso y al respeto público. Esto no era algo a lo que los fariseos estarían jamás dispuestos. José de Arimatea sería expulsado no solo del Sanedrín, sino aun de la sinagoga si se identificaba como seguidor de Cristo.

Él debía tener una muy buena posición económica, ya que tenía lo suficiente como para costear una tumba excavada en la roca; este tipo de tumbas era sumamente costosa. También, es posible que José de Arimatea fuese una persona de edad avanzada, ya que tenía una tumba preparada para su propia sepultura.

Por Juan 19:38 sabemos que este era un discípulo secreto de Jesús; sin embargo, después de su muerte, él decidió hacer pública su decisión por Cristo. La Palabra dice que él se llenó de valor, es decir, dejó a un lado el miedo que antes tuvo de los judíos. Sus compañeros miembros del Sanedrín habían juzgado y matado a Jesús como un criminal, pero a él ahora no le importaba nada, él estaba dispuesto a dejarlo todo por Cristo Jesús.

> «Vino José de Arimatea, miembro prominente del concilio, que también esperaba el reino de Dios; y llenándose de valor, entró adonde estaba Pilato y le pidió el cuerpo de Jesús» (Marcos 15:43).

José de Arimatea terminó haciendo pública su fe en el Señor, ya que los fariseos sabían exactamente dónde estaba enterrado el cuerpo de Jesús, y sabían de quién era esa propiedad. Este hombre tuvo la valentía de ir a Pilato, pedir el cuerpo del Señor, y así poder enterrarle con honor; porque de otra manera, el cuerpo de Jesús hubiese sido simplemente descolgado y tirado a la fosa común de los crucificados. ¿Tendríamos nosotros la misma valentía que tuvo José de Arimatea? ¿Estaríamos dispuestos a arriesgar todo lo que tenemos por amor a Cristo?

Cada uno de nosotros tiene su tiempo de Dios para ser transformado por Él, es decir, el momento en que lo dejamos todo atrás para seguir a Jesús de veras. José de Arimatea era discípulo de Jesús, pero no le seguía abiertamente, debido a que tenía miedo de los demás; así también hay quienes creen que Jesús es el Señor, pero a la vez, tienen temor a padecer persecución por causa de Él. Temen a ser rechazados en su trabajo, con su familia o con los amigos, etc., y por ello ocultan su fe. A otros les da vergüenza que el mundo sepa que son creyentes; por ello, cuando se juntan con los incrédulos, ponen su fe a un lado y no hablan de Cristo.

Sin embargo, el verdadero discípulo de Jesús no puede vivir de esa manera. Para poder tener parte con Cristo tiene que haber un punto en su vida que actúe como José de Arimatea. Debemos tener la valentía que él tuvo. Si estas viviendo ahora un evangelio ligero, un evangelio frío, un evangelio que quiere estar bien con Dios y con el mundo, yo te exhorto a dejar esa vida y decidir de una vez actuar como José de Arimatea. No puedes ser amigo de Dios y a la vez ser amigo del mundo (Santiago 4:4); también, Jesús ha dicho que todo aquel que se avergonzare de Él en esta vida, Él se avergonzará de él en el día postrero (Marcos 8:38). Todo cristiano verdadero confesará a Cristo delante de los hombres. ¡Nosotros somos los que llevamos el evangelio de salvación al mundo!

José de Arimatea, por temor, nunca siguió a Jesús abiertamente y se perdió la bendición de caminar con Él por años. Sin embargo, en un momento como ese, un momento de gran tensión, en donde a los religiosos de la época no les importaba el cuerpo de Jesús, ya que le aborrecían; momento en que los otros discípulos —por temor— jamás se atreverían ni siquiera a bajar el cuerpo de su Señor de la cruz; en ese preciso momento crucial, José de Arimatea decidió arriesgarlo todo: toda su vida, su carrera, su bienestar social y económico, presentarse ante el gobernador Pilato para pedir el cuerpo del Maestro, y tener así el privilegio de dar un entierro apropiado a Aquel a quien él amaba con todo el corazón.

No sabemos qué pasó con José de Arimatea después, pero la Biblia lo reconoce como un hombre de valor y un discípulo de Jesús. Y por esa sola acción, su nombre quedó plasmado por la eternidad en la palabra de Dios. Jesús dijo claramente que en el mundo tendríamos aflicción (Juan 16:33), pero también dijo que todo aquel que fuese insultado o perseguido por su nombre sería bendito (Mateo 5:11). No debemos tener miedo a sufrir las consecuencias de vivir la vida cristiana y de mostrar a los demás nuestra fe en Cristo Jesús.

Nicodemo

Otro personaje que participó en el entierro del Señor es Nicodemo, quien por cierto solo es mencionado en el evangelio de Juan. Nicodemo era un gran maestro, erudito de la ley, prominente entre los judíos (Juan 3:1,10). De este dice la Biblia que ayudó a José de Arimatea a enterrar el cuerpo, y trajo cien libras de especias para ungirlo para su sepultura (Juan 19:39). Estas eran cien libras romanas (las cuales hoy serían unas 70-75 libras o 32-34 kilogramos) —mucho más de lo que se usaba en un funeral común—, y según Josh McDowell, estas especies aromáticas eran tan fuertes, que sofocarían a cualquier persona viva (esta es otra de las pruebas de que Jesús realmente murió).1 La manera en que se enterró a Jesús, con la cantidad de especies aromáticas con que a él fue enterrado, era lo que típicamente se hacía con los reyes (vea 2 Crónicas 16:13-14).

Nicodemo fue discípulo de Cristo desde el comienzo de su ministerio. Él tiene con Cristo una de las conversaciones más impresionantes y largas jamás registradas en la palabra de Dios. En Juan 3 Nicodemo se menciona por primera vez, y ahí, podemos notar que él estaba ya convencido de que Jesús venía de Dios como maestro. Él también tuvo miedo de que los judíos se enteraran de que había comenzado a creer en Cristo, y por eso vino a Él de noche (Juan 3:2). La enseñanza que Jesús le dio aquella ocasión resonaba en su corazón, pero contrastaba enormemente con todo lo que él había practicado y enseñado como fariseo.

En Juan 19 (donde el apóstol narra la crucifixión y el entierro de Jesús), Nicodemo aparece de nuevo. Él está siendo testigo de algo realmente impresionante: el cumplimiento de la profecía de Jesús, la que él declaró personalmente al principio de su ministerio, esto es, que el Mesías debía morir, y por esa muerte, todo el que en Él creyera obtendría vida eterna.

> «Y como Moisés levantó la serpiente en el desierto, así es necesario que sea levantado el Hijo del Hombre, para que todo aquel que cree, tenga en Él vida eterna» (Juan 3:14-15).

¡Qué momento en la vida de Nicodemo! El cumplimiento de lo que Cristo le había dicho estaba ahí, ante sus propios ojos. Me imagino a Nicodemo viendo a Jesús siendo crucificado, y recordando las palabras que Él le dijo aquella noche: que debía ser levantado, para que todo aquel que tuviese fe en Él obtuviera vida eterna. Este acontecimiento tan poderoso debió haber sido detonante para que él, públicamente, se convirtiera en un seguidor de Cristo.

En Juan 3:14-15 Jesús estaba haciendo referencia a la historia de Números 21, donde el pueblo de Israel murmuró contra Dios y contra Moisés diciendo: «¿Por qué nos habéis sacado de Egipto para morir en el desierto?» (v.5), y esto debido a que no tenían agua, ni comida a su gusto. En ese mo-

---

1 Josh McDowell, *Evidence that Demands a Veredict* (San Bernardino, CA: Campus Crusade for Christ, 1972), 207.

mento, ellos, con su actitud, se apartaron del Dios que los creó, Aquel que mediante su poder los había sacado de la esclavitud. Por tanto, Dios envió una plaga de serpientes venenosas para hacerles morir, y por causa de ellas, mucha gente murió (Números 21:6). El pueblo entonces se arrepintió de su pecado (Números 21:7), y Dios mandó a Moisés que hiciera una serpiente de bronce. Le dijo que la pusiera sobre una asta, y toda persona que había sido mordida por una de estas serpientes, únicamente tenía que voltear a mirar a la serpiente de bronce, y era sanado.

Bíblicamente, la serpiente representa el pecado. Este animalito, creado por Dios, fue usado por satanás en el huerto del Edén para engañar a Eva, y traer la muerte a toda la raza humana. Por tanto, la serpiente fue condenada a arrastrarse en la tierra en perpetuidad, como recordatorio a la humanidad del juicio que viene sobre todo aquel que peque contra Dios (Génesis 3:14).

Cristo se compara a sí mismo con esta serpiente de bronce. Así como la serpiente de bronce fue levantada, Cristo fue levantado. Así como la serpiente de bronce salvaba a los mordidos por las serpientes venenosas, Cristo salvaría a aquellos mordidos por el pecado, cargando en Él mismo el pecado de todos nosotros. Pero todo israelita, que, mordido por una serpiente, se rehusaba a mirar a la serpiente de bronce, él o ella moriría irremisiblemente. De la misma forma, el que no viene a Cristo ni busca salvación por la mordedura del pecado (el cual está en toda la humanidad), esa persona no tendrá salvación, ya que el veneno del pecado lo llevará a un juicio eterno (Romanos 6:23).

En esa famosa conversación de Jesús con Nicodemo en Juan 3 se incluye uno de los versículos más citados de la Biblia.

> «Porque de tal manera amó Dios al mundo, que dio a su Hijo unigénito, para que todo aquel que creen en Él, no se pierda, más tenga vida eterna» (Juan 3:16).

En otras palabras, Jesús dijo a Nicodemo: «Yo vine a morir por ti, a sanarte del veneno del pecado, y si tú pones tu fe en mí, si verdaderamente crees en mí, entonces tendrás vida eterna; porque esta es la demostración de que yo te he amado». Toda esta conversación debió haber estado resonando en la mente de Nicodemo mientras este bajaba el cuerpo de Jesús. Él aceptó a Jesús como su Rey, entonces compró las especias para ungirlo como Rey en su sepultura. Normalmente una persona crucificada podría durar días en la cruz. La muerte de cruz era un instrumento de tortura, diseñado para causar una muerte lenta, de gran sufrimiento y vergüenza. Los condenados eran levantados en un madero para que fuesen vistos por todos. Una muerte segura para los ajusticiados, quienes servían de advertencia y terror para los que osaran quebrantar la ley romana.

Antes de entregar el cuerpo a José de Arimatea, Pilato quiso confirmar con el centurión que Jesús realmente estaba muerto; y cuando le dijeron que sí, se sorprendió de que hubiera muerto tan rápido. Jesús duró colgado en la cruz alrededor de 6 horas, desde las 9 a. m. (Marcos 15:24-25) hasta las 3 p. m. (Mateo 27:45). Pero Jesús no murió por los clavos en sus manos y sus pies, ni por los latigazos, ni por deshidratación, o por insuficiencia cardíaca: Jesús mismo fue quien entregó su vida, nadie se la quitó (Juan 10:18).

Al bajarlo de la cruz, envolvieron al Señor en una sábana limpia de lino, y las especias de mirra y aloe fueron echadas sobre él para preservar el cuerpo. En el área del Calvario, donde ocurrió la crucifixión, había un jardín, y en este jardín una tumba nueva excavada en la roca, la cual nunca antes fue usada; esta pertenecía a José de Arimatea (Juan 19:41).

Ellos solo tenían alrededor de tres horas para bajar a Jesús de la cruz, preparar el cuerpo para la sepultura, llevarlo a la tumba y estar en sus casas antes de que comenzara el *Shabbath* para la celebración de la pascua judía esa noche; así que, este fue un entierro apresurado.

Como era el día de la preparación de la pascua judía, y ya estaba oscureciendo, el *Shabbath* estaba por comenzar y ellos no podrían hacer ningún tipo de obra el sábado, no hubo tiempo suficiente para ninguna otra acción respecto a la sepultura del Señor. Por tanto, lo pusieron en esa tumba vacía que estaba cerca del calvario (Mateo 27:60), rodaron una gran piedra, y se fueron a celebrar la pascua judía. Quizá ellos no se estaban dando cuenta, pero nosotros vemos aquí que se cumplió la profecía de Isaías.

> «Se dispuso con los impíos su sepultura, pero con
> el rico fue en su muerte, aunque no había hecho
> violencia, ni había engaño en su boca» (Isaías 53:9).

Además de estos dos hombres, también estuvieron presentes, al pie de la cruz, María su madre, María Magdalena, María la madre de José y Jacobo, y otras mujeres (Mateo 27:55-56; Juan 19:25). Estas mujeres — de las cuales Marcos 15:47 identifica a María Magdalena y a María la madre de José— siguieron a José de Arimatea y a Nicodemo para ver dónde habrían de poner el cuerpo del Señor, y una vez puesta la piedra, se sentaron delante del sepulcro (Mateo 27:61); probablemente inconsolables por todo aquello que acababan de vivir.

Después de todo esto, vemos a los fariseos ir a Pilato a pedir que asegure la tumba por lo menos hasta el tercer día de su muerte. Ellos conocían muy bien las palabras de Jesús. Él había dicho que iba a resucitar al tercer día, por tanto, sus enemigos querían evitar que sus discípulos vinieran a robarse el cuerpo. Ellos pensaban que los discípulos tenían esa intención, para luego decir que Él había resucitado.

> «Al día siguiente, que es el día después de la preparación, se reunieron ante Pilato los principales sacerdotes y los fariseos, y le dijeron: Señor, nos acordamos que cuando aquel engañador aún vivía, dijo: "Después de tres días resucitaré". Por eso, ordena que el sepulcro quede asegurado hasta el tercer día, no sea que vengan sus discípulos, se lo roben, y digan al pueblo: "Ha resucitado de entre los muertos"; y el último engaño será peor que el primero. Pilato les dijo: "Una guardia tenéis; id, aseguradla como vosotros sabéis"» (Mateo 27:62-66).

Solo Mateo, quien fue recaudador de impuestos antes de ser seguidor de Jesús, y el cual antes hubo trabajado para los romanos, es quien registra la petición de los fariseos de resguardar la tumba. Quizás su influencia le ayudó a conocer de esta situación. Jesús anteriormente les había declarado a ellos acerca de su resurrección, y estas palabras no serían algo que un fariseo religioso de la época olvidaría fácilmente. El hecho de que un ser humano tuviera poder sobre la muerte era algo jamás antes dicho por ninguno del pueblo judío.

«En ese momento llegaron unos fariseos diciéndole: Sal y vete de aquí, porque Herodes te quiere matar. Y Él les dijo: Id y decidle a ese zorro: "Yo expulso demonios, y hago curaciones hoy y mañana, y al tercer día cumplo mi propósito". «Y después de azotarle, le matarán, y al tercer día resucitará» (Lucas 13:31-33; 18:33).

Ellos entendían la gran trascendencia que tendría en el pueblo si este se enterara que el cuerpo había desaparecido y el rumor de la resurrección se diseminaba por el pueblo. Tenían temor de que los discípulos robaran el cuerpo y luego proclamaran que Él había resucitado al tercer día como dijo. Fue por ello que cuando Pilato les facilitó la guarda que ellos querían, fueron, aseguraron la tumba con un sello, y dejando los guardas delante de ella, fueron a sus casas a celebrar la pascua.

Esta protección, humanamente hablando, no hubiera podido ser derrotada fácilmente. Estamos hablando de soldados entrenados para la tortura de los ciudadanos. Estos eran maestros de la muerte y suficientes para proteger efectivamente la tumba de Jesús. Además de eso, la tumba tenía el sello romano, y romperlo significaría un desafío abierto en contra de la autoridad del imperio, y su castigo podría ser, incluso, la muerte misma. Estos guardias debían permanecer delante de esta tumba hasta que la orden fuese cumplida a cabalidad. Si ellos fallaban en su misión, las repercusiones sobre ellos podrían ser terribles. Mas adelante conoceremos más sobre estos soldados y sobre el testimonio que ellos dieron a los del sanedrín.

Capítulo III

EL DÍA DE RESURRECCIÓN

A manera de recapitulación, en los capítulos anteriores hemos venido aprendiendo por qué Jesús tuvo que morir por nosotros. Hablé de la imposibilidad de nuestra propia salvación y cómo todos hemos pecado simplemente por ser descendientes de Adán y Eva. También, cómo es que, por causa del pecado, todos fuimos destituidos de la gloria de Dios (Romanos 3:23).

Hemos visto como Jesús predijo su propia muerte múltiples veces, no solo a sus discípulos sino también a los fariseos (Lucas 13:31-33). Jesús, quien sabía perfectamente los acontecimientos respecto a su muerte, sabía lo que harían estos sacerdotes cuando escucharan de sus labios esa profecía. Él sabía que pedirían a Pilato soldados para proteger la tumba a fin de que nadie pudiera entrar o salir; sin embargo, los guardas que Pilato les proporcionó, en lugar de ayudar al propósito de estos fariseos, fueron una evidencia más a favor de la resurrección de Jesús.

LA RESURRECCIÓN DE JESÚS

Otro punto importante que hemos visto hasta ahora es que a Jesús nadie le quitó la vida, sino que Él la entregó voluntariamente. Jesús dijo en Juan 10:18 que a Él nadie le quitaba la vida, sino que Él tenía el derecho para darla y para volverla a tomar; y eso fue lo que sucedió cuando resucitó de la muerte al tercer día.

Hablamos de Jesús como el Cordero perfecto, inmolado, preparado para el sacrificio por el pecado de la humanidad, y cómo Dios lo trajo durante la pascua —en el tiempo perfecto— para que fuese sacrificado por nosotros, pues de esta manera se cumplirían las profecías de que el Mesías habría de morir, y que el castigo de nuestra condenación caería sobre Él (Isaías 53:5).

Conocimos a dos discípulos de Cristo, a José de Arimatea y a Nicodemo, que eran ambos miembros del sanedrín, y que, por miedo a perder su posición social, lo seguían a escondidas, pero que después de su muerte tuvieron la valentía de darle un entierro apropiado, mostrando públicamente el amor y la fe que tenían en Jesús. Todo esto ocurrió antes de que empezara el *Shabbath*, por lo cual tuvieron mucha prisa para enterrar a Jesús.

Por último, en la última sección explicada hasta aquí, estuve haciendo algunos comentarios respecto a los fariseos que pidieron a Pilato protección para la tumba, para que nadie robara el cuerpo de Jesús (Mateo 27:62-66); sobre cómo ellos pusieron la guarda romana proporcionada y sellaron la tumba. Estos guardias romanos estuvieron custodiando la tumba de Jesús hasta el domingo, y podemos estar seguros de que nadie entró ni salió de esta tumba hasta ese día.

En este capítulo conoceremos la importancia de creer en la fidelidad de Dios, la importancia de creer en su palabra y las consecuencias de dudar de ella. Es importante recalcar que nadie, absolutamente nadie creyó, ni una sola persona en la tierra pensó que Cristo iba a resucitar de entre los muertos.

Si en algún momento te sientes «orgulloso» por creer en Cristo, recuerda que estos hombres y mujeres *incrédulos* fueron los que eventualmente transformaron el mundo por la predicación del evangelio. No cabe duda de que cada uno camina con Dios de maneras diferentes, y Él puede transformar a tu hermano dudoso y de poca fe en un gran hombre de Dios;

asimismo, Él también puede humillar y avergonzar a aquellos que están enaltecidos debido a sus conocimientos de la Palabra. Debemos siempre permanecer humildes sin importar cuánto conocimiento de la Palabra tengamos, ya que la verdadera sabiduría proviene de Dios, y no de nosotros.

En estos próximos capítulos conoceremos a una mujer que antes de conocer a Jesús estuvo llena de demonios, esta fue la persona que Dios escogió para ser la primera en ver a Jesús resucitado. Su nombre quedó para siempre registrado en la palabra de Dios para servirnos de ejemplo; para mostrarnos que el Señor acepta y exalta aun a aquellos que han llevado las peores vidas, aquellos que consideraríamos indignos, aquellos que han sido desechados de la sociedad.

La palabra de Dios enseña que antes de que Adán fuese formado del polvo de la tierra ya Dios tenía un plan de redención para la humanidad. Dios pensó en nosotros de antemano, aún antes de crear a los ángeles, a la tierra, al sol, a la luna, a todos los seres vivientes, y al universo entero, Él quiso salvarnos. El eterno amor de Dios concibió un plan de redención para su creación más especial: el ser humano. Su plan de salvación ya había sido concebido en su mente, y en su omnisciencia, Él sabía que íbamos a pecar y aun así decidió crearnos, sabiendo el costo que tendría que pagar por nosotros.

> «Según nos escogió en Él antes de la fundación del mundo, para que fuésemos santos y sin mancha delante de Él» (Efesios 1:4).

Este Ser increado, infinitamente santo, de incomparable hermosura y de gloria majestuosa, creó un ser con cualidades semejantes pero finitas, y puso su imagen en Él (Génesis 1:26); aun sabiendo de la perversidad en la que este ser creado incurriría. Él sabía de antemano de todo su pecado, de su impureza y maldad, que se volvería su enemigo y llegaría a blasfemar de Él. Pero Dios no solo vio nuestro pecado, sino también nuestra impotencia para volver a Él por nuestras propias fuerzas. Dios sabía que, aunque mandara profetas, jueces y aun seres angelicales; que, aunque Él mismo hablara al hombre desde el cielo, nuestra corrupción y odio hacia Él jamás permitiría que le siguiéramos de todo corazón. Él sabía que, aunque viniera Él mismo (encarnado en la persona de Cristo Jesús), nosotros lo habríamos de odiar y rechazar (Juan 1:11), y eventualmente, asesinar, tal como sucedió con los otros profetas que Él había enviado.

Sin embargo, Dios (en la persona de Jesús) tomó todo nuestro odio hacia Él. Los miles de años de abusos, los millones de pecados, y toda nuestra maldad; tomó toda la corrupción que nos había estado separando de su presencia, nuestra infidelidad y todas nuestras obras dignas de muerte —de muerte eterna—, y lo cargó todo sobre sí cuando murió por nosotros en la cruz. Este plan de redención le fue revelado a la humanidad aún desde el preciso evento de la caída de Adán y Eva (Genesis 3:15). Desde entonces Dios prometió al mundo que mandaría un Salvador, y esta promesa fue cumplida miles de años después, en la persona de Cristo Jesús.

En el evangelio de Lucas está la genealogía de Jesús desde José hasta Adán (Lucas 3:23-38), ¡este es el cumpliendo de la promesa de Dios a Adán y Eva! El arzobispo de la Iglesia de Irlanda Santiago Ussher (1581-1656) calculó 77 generaciones desde Adán hasta Cristo usando las referencias encontradas en 1 Crónicas 1 y Mateo 1; y él mismo hizo un cálculo aproximado de 4,000 años desde Adán hasta Cristo; y si hacemos un análisis cuidadoso, también hay 77 generaciones en la referencia de Lucas. Por tanto, el cumplimiento de la promesa mesiánica de Génesis 3:15 tuvo su cumplimiento 4,000 años después de ser pronunciada.

Durante este tiempo Dios preparó todo en la tierra para la llegada de su Hijo, dándonos palabra profética respecto a cómo sería, cómo sufriría por nosotros, que este Mesías sería Dios hecho hombre (Isaías 9:6), etc. Ese Salvador tendría que cargar con el pecado del mundo, ser juzgado injustamente, y morir en nuestro lugar.

> «Palabra fiel y digna de ser aceptada por todos: Cristo Jesús vino al mundo para salvar a los pecadores, entre los cuales yo soy el primero» (1 Timoteo 1:15).

El precio que pagó Jesús por mi pecado es incalculable. La verdad es que nadie nunca sabrá la profundidad, ni lo que significa ese pago; nadie jamás podrá sopesar el verdadero valor de esa deuda, por cuanto es impagable. Es maravilloso pensar que vivimos aquí en la tierra libre de esa terrible condenación eterna producto del pecado, ya que gracias al perdón que Cristo nos ha dado, iremos a morar a la presencia de Dios por la eternidad. ¡Gloria a Dios!

Ni tú ni yo no merecemos el perdón de Dios, nadie lo merece, y por más que escudriñemos su Palabra, jamás entenderemos ese perdón tan maravilloso. Yo nunca conoceré el dolor que Cristo sufrió en la cruz, ni el dolor de todos aquellos que mueren sin Cristo, aunque lo imagine y aunque lo lea en la Palabra. Cada día doy infinitas gracias al Señor porque yo nunca viviré esa condenación, ya que Él nos compró con precio de sangre, y esa es la única sangre inocente que ha pasado por este mundo. Esa es la sangre que fue derramada por nosotros y es la única que pudo lograr nuestra salvación.

«Sabiendo que no fuisteis redimidos de vuestra vana manera de vivir heredada de vuestros padres con cosas perecederas como oro o plata, sino con sangre preciosa, como de un cordero sin tacha y sin mancha, la sangre de Cristo» (1 Pedro 1:18-19).

Esta es la sangre que quitó la culpa de mi pecado, y a través de ella tengo acceso al trono de Dios. Ahora puedo venir a Él, y humillar mi corazón, escuchar su voz, entender su Palabra y conocer que Él es un Dios real. Un solo sacrificio fue necesario para que la esperanza de salvación llegara a todo el mundo. En Israel se hicieron millones de sacrificios a Dios a través de los siglos sin que estos pudiesen aplacar la ira de Dios hasta que Cristo vino y dio su vida. Él fue el sacrificio perfecto para expiar o borrar la culpa de nuestros pecados. La idea del perdón de Dios mediante una víctima sustitutoria estaba en el corazón del pueblo judío, sin embargo, con todo, ellos no pudieron entender el mensaje de Dios.

«Porque también Cristo murió por los pecados una sola vez, el justo por los injustos, para llevarnos a Dios, muerto en la carne, pero vivificado en el espíritu» (1 Pedro 3:18).

Jesús sufrió una muerte terrible, inimaginable; Él soportó un dolor que solo el que pasaba por una crucifixión podría conocer. La palabra para describir este dolor en el latín es *«excruciare»* que significa «agudísimo, enloquecedor, crucificar o atormentar»; en otras palabras, no había forma de describir un dolor tan grande, por lo cual, los romanos inventaron esta palabra para describir el sufrimiento de los crucificados.

Aquel viernes por la noche, después de la muerte de Jesús, cuando los judíos celebraban la pascua, aquellos que amaban al Señor lamentaban profundamente su muerte. Este día debió haber sido uno de los días más deprimentes y sin esperanza en la historia de sus vidas. Las mujeres que

LA RESURRECCIÓN DE JESÚS

seguían a Cristo no podían contener su llanto, pues aún tenían fresca en su mente la imagen del Señor colgado del madero y agonizando. La esperanza de haber encontrado a su Mesías parecía haberse perdido. Los discípulos perdieron a su Maestro y —según ellos pensaban— la esperanza de reinar con Él cuando derrotara al Imperio romano de una vez por todas, cuando, mediante su liderazgo, Israel se convirtiera en una nación independiente con dominio universal, se había ido. Los apóstoles y discípulos de Jesús se sentían derrotados.

El sufrimiento de María, la madre de Jesús debió haber sido terrible. Su madre vio a su Hijo desfigurado y colgado en la cruz. Ella no estuvo ahí el domingo esperando la resurrección, ni fue con las mujeres a la tumba en la mañana cuando esto ocurrió; inclusive, ella no se menciona sino hasta Hechos 1:14, cuando desciende el Espíritu Santo sobre los discípulos en el día de Pentecostés. No sabemos dónde estuvo María en esos días, quizás se sentía tan destrozada, que no tenía fuerzas para salir.

Ese viernes, mientras celebraban la pascua, la esperanza de liberación del Imperio romano parecía estar destruida, pero eso no era todo. Los discípulos de Jesús no creyeron a la Palabra que Jesús dio acerca de su resurrección; sin embargo, aunque nosotros no creamos, Dios es fiel y siempre cumple lo que promete. A pesar de que los discípulos habían visto tantos milagros en el ministerio de Jesús, ellos no creían que Él resucitaría. Aunque el Señor había dado vista a los ciegos; a los mudos les hizo hablar, y a los sordos oír, había hecho caminar a los paralíticos; revivió a los muertos, calmó la tempestad con la palabra de su boca, caminó sobre las aguas, se transfiguró delante de Juan, Pedro y Jacobo; sanó a los leprosos e hizo muchos otros milagros; sin embargo, la resurrección literal y corporal de Jesús no estaba en sus mentes, no era algo que ellos creyeran.

Quizás los discípulos de Jesús estuvieron pensando como Marta, la hermana de Lázaro: que Cristo resucitaría de los muertos en el día postrero. Ella sabía de la resurrección del día postrero, pero no creyó que Jesús tenía el poder para resucitar a Lázaro después de cuatro días de muerto (Juan 11:24). De manera similar, los discípulos nunca imaginaron que al tercer día Jesús verdaderamente iba a resucitar. Aquí podemos ver que todos pusieron en duda la palabra de Jesús aun después de que Él les dijera lo mismo en múltiples ocasiones (Mateo 16:21; Marcos 8:31; Lucas 24:46)

Estos discípulos dudaron de las palabras de Cristo, y si yo hubiera estado ahí, yo hubiera actuado exactamente igual. Nosotros nunca debemos poner en duda lo que Dios nos ha dicho en su palabra. En la Biblia se mencionan varios ejemplos de personas que pusieron en duda la palabra de Dios, y esto nunca resultó en algo bueno porque es una ofensa grave para Dios que dudemos de su Palabra.

Adán y Eva dudaron de la palabra de Dios y por eso toda la raza humana fue condenada a la muerte. Los contemporáneos de Noé no creyeron a la advertencia del diluvio, y se estima que perecieron de 2 a 4 billones de personas. El pueblo judío dudó de la palabra de Dios y no le obedecieron y por ello fueron llevados cautivos, los del reino del Norte a Siria, y los del Sur a Babilonia, estos últimos por 70 años. Después de esto los judíos volvieron a su tierra, pero no fueron una nación independiente sino hasta la era moderna; desde el año 587 a.C. hasta mayo del 1948 d.C. (más de 2,500 años). Aún después de esa fecha (1948), la tierra prometida ha estado invadida constantemente por otras naciones y ellos solo tienen una pequeña parte de lo que Dios les había prometido.

Los judíos dudaron de las palabras de Jesús, lo rechazaron y lo mataron; así, 40 años después de su muerte, vino el juicio sobre esta nación, y el emperador romano Tito, en el año 70 d. C., destruyó a Jerusalén, el templo de Herodes y persiguió a los judíos. Desde entonces fue un pueblo nómada del mundo por casi dos mil años.

Hoy mismo muchos ponen en duda que Cristo volverá por segunda vez, pero la Biblia dice que Él volverá para gobernar en esta tierra, y que todo ojo le verá cuando Él vuelva (Apocalipsis 1:7). Muchas personas creen que hay muchas formas de llegar al cielo, y creen que por sus buenas obras serán salvos, estos dudan de las palabras de Jesús cuando dijo:

> «Yo soy el camino, y la verdad, y la vida; nadie viene al Padre sino por mí» (Juan 14:6).

Pero ¿qué pasa cuando uno decide confiar en la palabra de Dios? ¿Cuáles son las consecuencias de honrar y obedecer al Todopoderoso? Abraham se convirtió en el padre de la fe al dejarlo todo atrás para confiar únicamente en Dios. José, luego de ser vendido por sus hermanos, esclavizado, y hecho un prisionero, Dios le convirtió en el segundo en el trono, después de Faraón. Moisés lideró a más de dos millones de esclavos, y mediante la ayuda divina, los llevó a la libertad del gobierno egipcio. Josué derribó las murallas de Jericó y guio al pueblo a la tierra prometida. David mató a un gigante que desafiaba al Dios de Israel con una sola piedra, y este llegó a ser rey de Israel. Daniel, al ser echado al foso de los leones, debido a las tretas de sus enemigos, salió de ahí ileso. Los amigos de Daniel (Sadrac, Mesac y Abdegnego) fueron librados por Dios después de ser lanzados a un horno de fuego ardiendo, y su liberación fue tal, que ni olor a humo tuvieron al salir de ahí.

¿Porque es importante creer en la fidelidad de la palabra de Dios? Porque, para creer en la resurrección, tenemos primero que creer que lo que dice la Biblia es verdad. Que todo el consejo de la Palabra de Dios es cierto. La resurrección de Cristo es un milagro inexplicable, un tipo de milagro que nunca antes había ocurrido; y que únicamente puede aceptarse mediante la fe en Dios. La evidencia presentada delante de mí en los Evangelios solo me deja tres alternativas posibles: o resucitó, o se robaron el cuerpo, o todo es una mentira.

¿Como fue que ocurrió la resurrección?

La verdad es que nadie estaba presente dentro del sepulcro cuando ocurrió la resurrección excepto Cristo. Solo Dios sabe el tiempo exacto en que ocurrió, pero sabemos que fue de madrugada, el domingo, siendo aún oscuro (Juan 20:1), probablemente entre las 6 y las 6:30 de la mañana. Pablo describe la resurrección futura como algo que ocurrirá en un abrir y cerrar de ojos. Un abrir y cerrar de ojos toma alrededor de tres décimas de segundo; en otras palabras, la resurrección de Jesús, probablemente, ocurrió en un instante.

> «En un momento, en un abrir y cerrar de ojos, a la final trompeta, porque se tocará la trompeta, y los muertos serán resucitados incorruptibles y nosotros seremos transformados» (1 Corintios 15:52).

La piedra que obstruía la entrada a la tumba fue removida por un ángel antes del amanecer, no para que Jesús pudiera salir, sino para que los testigos pudieran entrar; para que ellos pudieran ver con sus propios ojos la tumba vacía, que Cristo realmente resucitó y que la muerte no le pudo contener. Si la piedra *no* hubiese sido removida, nadie hubiera podido entrar a la tumba, mucho menos estando los guardas romanos ahí. De hecho, la tumba necesitaba quedar abierta, tanto, que Dios envió a un ángel para que se sentara sobre la piedra, esto a fin de que a nadie se le ocurriera cerrarla otra vez (como si nada hubiera ocurrido).

¿Cómo ocurrió la primera aparición de Jesús?

Podemos encontrar la primera aparición de Jesús a las mujeres en Mateo 28:1-10; Marcos 16:1-8; Lucas 24:1-12; y Juan 20:1-10. Te exhorto que leas estos versículos en los evangelios para entender mejor lo que iremos desglosando ahora.

Vimos que Jesús fue enterrado el viernes en la tarde, antes de que el *Shabbath* comenzara, y ahora estas mujeres se reunieron el sábado en la noche —cuando había pasado el *Shabbath*—, y fueron a comprar especies aromáticas, para luego ir el siguiente día, el domingo, a ungir a Jesús.

> «Pasado el día de reposo, María Magdalena, María la madre de Jacobo, y Salomé, compraron especias aromáticas para ir a ungirle» (Marcos 16:1).

Ellas no habían vuelto al sepulcro desde el comienzo del día de reposo; por tanto, no sabían que habían sido puestos unos guardas romanos para custodiarlo, ni sabían que sería virtualmente imposible entrar ahí para ungir el cuerpo de Jesús debido al sello puesto por la autoridad romana sobre la tumba. En estas circunstancias, vemos que la primera persona en aparecer en la tumba fue María Magdalena, quien llegó al lugar mientras aún estaba oscuro (Juan 20:1). Posteriormente llegaron las otras mujeres, al amanecer (Lucas 24:1). La historia está narrada en los cuatro evangelios, pero repasaremos ahora lo que dice el evangelista Lucas:

> «El primer día de la semana, muy de mañana, fueron al sepulcro llevando las especias aromáticas que habían preparado, y algunas otras mujeres con ellas. Hallaron removida la piedra del sepulcro y, entrando, no hallaron el cuerpo del Señor Jesús. Aconteció que estando ellas perplejas por esto, se pararon junto a ellas dos varones con vestiduras resplandecientes; y como tuvieron temor y bajaron el rostro a tierra, les dijeron: —¿Por qué buscáis entre los muertos al que vive? No está aquí, sino que ha resucitado. Acordaos de lo que os habló cuando aún estaba en Galilea, diciendo: "Es necesario que el Hijo del hombre

sea entregado en manos de hombres pecadores, y que sea crucificado y resucite al tercer día. Entonces ellas se acordaron de sus palabras, y volviendo del sepulcro dieron nuevas de todas estas cosas a los once y a todos los demás. Eran María Magdalena, Juana y María, madre de Jacobo, y las demás con ellas, quienes dijeron estas cosas a los apóstoles. Pero a ellos les parecían locura las palabras de ellas, y no las creyeron. Pedro, sin embargo, levantándose, corrió al sepulcro; y cuando miró dentro vio sólo los lienzos, y se fue a casa maravillándose de lo que había sucedido» (Lucas 24:1-12).

¿Quiénes eran estas mujeres?

La Palabra menciona a María Magdalena; María, la madre de Jacobo (de la cual comentaré más adelante, cuando hablemos de los discípulos de Emaús); Salomé, y Juana, mujer de Chuza (su esposo era intendente de Herodes Antipas, Lucas 8:3). Por cierto, esta Salomé también estuvo presente durante la crucifixión de Jesús (Marcos 15:40).

Estas mujeres jugaron un papel muy importante en el ministerio de Jesús, pues fueron de gran ayuda para su sostenimiento. Ellas compartieron con el Señor generosamente de su tiempo, de su amor, de su servicio y de sus bienes (Lucas 8:3). Habían desarrollado un amor extraordinario por Cristo, el cual, a su vez, había mostrado a todos el verdadero valor que tienen las mujeres, un valor que no era reconocido en lo absoluto (mucho menos en aquel tiempo, hace miles de años). Cristo restauró sus vidas, sus familias, y, sobre todo, su relación con Dios.

Mientras todos los discípulos habían huido (con excepción de Juan, el cual estuvo presente durante la crucifixión, Juan 19:26), estas mujeres estuvieron al pie de la cruz hasta el final, y fueron testigos de la muerte del Señor (Marcos 15:40). Ellas querían honrar a Cristo en todo momento, aún en su sepultura, y por esto siguieron a José de Arimatea y a Nicodemo, para ver dónde pondrían el cuerpo del Maestro (Lucas 23:55).

De entre estas mujeres devotas —las cuales no tuvieron temor a mostrar al mundo su amor por Jesús—, probablemente María Magdalena era la principal. Es posible que ella era líder en el ministerio de las mujeres, ya que en la mayoría de los versículos en que se menciona a las mujeres que seguían a Jesús, ella aparece primero (Marcos 16:1; Marcos 15:40; Mateo

27:56; Mateo 28:1); tal y como Pedro también es mencionado en primer lugar siempre que se menciona el grupo de los apóstoles (Mateo 10:2; Mateo 17:1; Marcos 3:16).

Sabemos entonces que Cristo murió alrededor de las tres de la tarde del viernes (Mateo 27:45); que fue enterrado ese mismo día (unas cuantas horas antes de que comenzara el día de reposo, Marcos 15:42); que las mujeres fueron a ver dónde Cristo fue enterrado, y que luego, ellas se apresuraron para celebrar la pascua en medio de todo esto que habían vivido. ¿Qué pasó después?

> «Pasado el día de reposo, María Magdalena, María, la madre de Jacobo, y Salomé, compraron especias aromáticas para ir a ungirle» (Marcos 16:1).

Ellas esperaron a que pasara el día de reposo, y cuando esto sucedió, fueron a comprar especias aromáticas para que, el domingo por la mañana, muy temprano, pudiesen ir a ungir el cuerpo del Señor Jesús. En ningún otro tiempo sería conveniente ni lícito ir al sepulcro. Así que, para tal efecto, ellas probablemente compraron aloe y mirra, y dispusieron sus corazones para ungir nuevamente el cuerpo del Señor el domingo muy temprano.

Ese día, mientras iban de camino a la tumba, lo último que estaba en sus corazones era encontrar a Jesús resucitado. Normalmente, un cuerpo humano muerto, sin una preparación especial para su preservación, al tercer día estaría desfigurado, maloliente, lleno de líquido, y pasando por un proceso en donde la piel es desintegrada. Pero ellas querían honrar a Jesús hasta el último momento que fuese posible. Sin embargo, tenían un problema: la piedra puesta a la boca del sepulcro era grande y pesada, y seguro ellas no podrían moverla solas, esta era su preocupación; no obstante, con todo, ellas fueron al sepulcro buscando honrar a Cristo.

En la Biblia no vemos ningún indicio de que estas mujeres tuviesen siquiera idea de la existencia de guardas que custodiasen el sepulcro (Mateo 27:62-66), ni de que estuviese un sello del gobierno sobre él, ya que todo esto ocurrió el sábado, cuando los sacerdotes fueron a pedir a Pilato que asegurara la tumba por lo menos durante el sábado y el domingo (por ello, como ya dije, ellos temían que los discípulos hurtaran el cuerpo de Jesús). Si estas mujeres hubieran sabido de la protección que tenía la tumba, probablemente no habrían comprado estas especias aromáticas, ni jamás hubiesen tenido siquiera la intención de ir temprano a la tumba a ungir el cuerpo de Jesús. Ellas no sabían que no se les permitiría entrar al sepulcro, ya que solamente un oficial romano de alto rango podría romper este sello.

Pero Dios ya tenía todo esto planeado desde antes de la fundación del mundo, para que no hubiera duda de que su Hijo, Jesús, se levantó victorioso de la muerte. Dios se encargó de que aquellas mujeres que venían a honrar la sepultura del Señor pudieran ser las primeras en evidenciar que Cristo realmente había resucitado. Entonces, antes de que estas mujeres llegaran, ocurrió un gran terremoto, y un ángel enviado por Dios descendió y rodó la piedra del sepulcro, y se sentó sobre ella.

> «De pronto hubo un gran terremoto, porque un ángel del Señor descendió del cielo y, acercándose, removió la piedra y se sentó sobre ella. Su aspecto era como un relámpago, y su vestido blanco como la nieve. De miedo de él los guardias temblaron y se quedaron como muertos» (Mateo 28:2-4).

Este terremoto ocurrió antes de que llegaran las mujeres a la tumba ya que estos guardias romanos se desmayaron de miedo, y luego, al despertar, ellos seguramente huyeron del lugar porque la Biblia no menciona en ningún momento que las mujeres vieran a estos guardas; cuando ellas llegaron ya no estaban, y la piedra había sido removida (Juan 20:1, Lucas 24:2, Marcos 16:4).

Otra pregunta que debemos contestar es esta: ¿llegaron *todas* las mujeres al mismo tiempo? Para entender esta historia tenemos que leer el relato de los cuatro evangelios, porque cuando lo hacemos así, entonces tendremos un mejor recuento de los hechos ocurridos en la resurrección.

En Juan 20:1 María Magdalena se menciona sola; es decir, el relato parece sugerir que ella llegó primero al sepulcro, antes que sus amigas, y llegó cuando todavía estaba oscuro. Sin embargo, ya para entonces la resurrección había ocurrido, por lo que la piedra no estaba en la boca de la tumba. En el relato de Juan podemos darnos cuenta del amor que María Magdalena tenía por Jesús. Ella estuvo ahí temprano; pues tenía tal amor por el Maestro, que quería honrarlo tanto como ella pudiese. Jesús, su Mesías, había sido su libertador y sanador, y ella estuvo sumamente agradecida desde que el Señor hizo su obra ella.

«El primer día de la semana, María Magdalena fue de mañana, siendo aún oscuro, al sepulcro; y vio quitada la piedad del sepulcro. Entonces corrió, y fue a Simón Pedro y al otro discípulo, aquel a quien amaba Jesús, y les dijo: Se han llevado del sepulcro al Señor, y no sabemos dónde lo han puesto» (Juan 20:1-2).

María Magdalena entró en pánico cuando vio la piedra removida, e inmediatamente pensó que el cuerpo de Jesús había sido robado. En el relato de Juan podemos ver que en ese momento ella no vio a ningún ángel, ni entró a la tumba, sino que corrió a dar aviso a Simón Pedro y a Juan (el discípulo amado) en ese mismo instante. Ella claramente pensó que habían robado el cuerpo de Jesús, y eso fue lo que les dijo a Pedro y a Juan. Debió haber sido un momento terrible para María Magdalena ya que ella pensó que alguien había profanado la tumba del Señor. Por ello, ni siquiera fue a confirmar si estaba ahí el cuerpo o no, sino que simplemente asumió que este ya no estaba en el sepulcro.

Ella sabía —por alguna razón—, quizás por lo temprano que era, que no podría ser otro discípulo de Jesús, por ejemplo, José de Arimatea o Nicodemo, quien había entrado al sepulcro. Ella estaba segura de que no fueron sus amigas ni otros discípulos los que había hecho esto. Fue así que, mientras María Magdalena iba en busca de Simón Pedro y de Juan, llegaron las otras amigas suyas. Recordemos que María Magdalena llegó al sepulcro mientras estaba aún oscuro, y ahora vemos a las otras mujeres llegando al amanecer.

«Muy de mañana, el primer día de la semana, vinieron al sepulcro, recién salido el sol» (Marcos 16:2).

Ellas fueron todas juntas a comprar las especias aromáticas el sábado por la noche (Marcos 16:1), pero Marcos no menciona la llegada de María Magdalena al sepulcro antes que las demás, sino Juan; él conocía la historia perfectamente, pues María Magdalena lo había ido a buscar. Cuando las otras mujeres llegaron, ya María Magdalena se había ido. Estas mujeres, María, la madre de Jacobo, Salomé y Juana de Chuza, acercándose a la tumba abierta, vieron a un ángel sentado sobre la piedra removida, entonces él les dijo:

«No tengan miedo; sé que ustedes buscan a Jesús, el que fue crucificado. No está aquí, pues ha resucitado, tal como dijo. Vengan a ver el lugar donde lo pusieron. Luego vayan pronto a decirles a sus discípulos» (Mateo 28:5-7, NVI).

Después de que ellas entraron, podemos observar que dos de los evangelios tienen versiones aparentemente diferentes de los hechos. En Marcos 16:5 dice que había un joven sentado a la derecha vestido de ropa blanca, mientras que en Lucas 24:4 se describen dos hombres con vestiduras resplandecientes.

«Y cuando entraron en el sepulcro, vieron a un joven sentado al lado derecho, cubierto de una larga ropa blanca, y se asustaron» (Marcos 16:5).

«Aconteció que estando ellas perplejas por esto, se pararon junto a ellas dos varones con vestiduras resplandecientes» (Lucas 24:4).

La discrepancia entre estos dos versículos se debe a que fue uno de los varones quien predominó en la interacción con ellas, y Lucas fue más explícito en su descripción de este evento. El evangelio de Marcos tiende a resumir los eventos de los evangelios, y sus historias son más cortas y concisas; mientras que Lucas, siendo historiador, describe usualmente con lujo de detalles los eventos en su evangelio.

Veamos lo que estos ángeles dijeron a las mujeres:

«¿Por qué buscan ustedes entre los muertos al que está vivo? No está aquí, sino que ha resucitado. Acuérdense de lo que les dijo cuando todavía estaba en Galilea: que el Hijo del hombre tenía que ser entregado en manos de pecadores, que lo crucificarían y que al tercer día resucitaría» (Lucas 24:5-7, DHH).

Estas mujeres salieron inmediatamente de ahí y contaron a los discípulos lo que habían vivido cuando fueron al sepulcro. Cuando ellas se habían ido, llegó Juan primero, seguido por Simón Pedro, pero Juan tuvo temor de entrar al sepulcro; no así con Pedro, quien cuando hubo llegado, entró inmediatamente a la tumba. Luego entró Juan; y estando ellos adentro, vieron los lienzos puestos en donde el cuerpo estuvo recostado, y el sudario doblado aparte. No obstante, el relato de Juan no menciona que estos dos discípulos hubiesen visto a los ángeles que aparecieron a las mujeres (Juan 20:3-10). Así fue que Pedro y Juan vieron la tumba vacía, los lienzos y el sudario, pero, aun así, la resurrección no pasó por sus mentes. Ellos más bien, creyeron a la teoría de María Magdalena, y pensaron que el cuerpo había sido robado (Juan 20:8), y con ese pensamiento regresaron a sus casas.

Esta es una evidencia más que prueba la veracidad de la resurrección de Jesús. Si a alguien se le hubiera ocurrido llevarse el cuerpo, ¿cuál era el propósito de quitarle los lienzos y el sudario (considerando que este era ya el tercer día desde que ocurrió la muerte)? Y si así hubiese sido, es irracional pensar que estas envolturas estuvieses ordenadamente dobladas dentro del sepulcro.

En Lucas 24:12 dice que Pedro se fue maravillado; y Juan 20:8 dice que Juan también entró y creyó. No dice claramente si creyeron al supuesto de María Magdalena (que el cuerpo había sido robado), o si creyeron que Jesús había resucitado; sin embargo, en Juan 20:9, hablando de Simón Pedro y de Juan dice: «Porque todavía no habían entendido la Escritura, que Jesús debía resucitar de entre los muertos». Así que, probablemente, este «creer» no se refiere a la resurrección, sino más bien, a que el cuerpo había sido robado.

Hasta este momento Jesús no se había aparecido a nadie, pero las evidencias de su resurrección ya estaban ahí. Así como en su nacimiento, cuando fue anunciado por ángeles, quienes atestiguaron su llegada primero a su madre María —mediante el ángel Gabriel (Lucas 1:26-31)—, y luego a los pastores; así también su resurrección fue anunciada por ángeles, y este anuncio fue dado primero a las mujeres.

También tenemos la evidencia de la tumba vacía, la cual era imposible que hombre alguno abriera, (estaba resguardada por los guardas romanos); no obstante, Dios mismo la abrió: envió a un ángel para que retirara la piedra, el cual, luego de hacerlo, se sentó sobre ella para que nadie volviera a cerrar la tumba. Este ángel abrió el sepulcro para mostrar al mundo que la tumba estaba vacía, y que Cristo había resucitado. Al abrir la tumba no había un cuerpo dentro de ella, y ya hemos visto la evidencia de los guardas romanos, los cuales no eran creyentes, y que, al ver al ángel, el terremoto y la piedra removida por el poder de Dios, se llenaron de temor. En el próximo capítulo veremos la primera aparición de Jesús a María Magdalena y a las otras mujeres.

Capítulo IV

LA PRIMERA APARICIÓN DE JESÚS

En este capítulo hablaré de aquellos a quienes Cristo eligió para presentarse por primera vez después de haber resucitado. Comentaré la importancia de esto: porqué Cristo decidió presentarse a un grupo de mujeres primero y no a sus discípulos. De todas las personas a las que Jesús se pudo haber presentado vivo, y de todos los discípulos a los cuales Él podía haber elegido, Cristo escogió a aquellas mujeres, cuyo testimonio —delante de los hombres— sería el menos importante. Él se presentó primero a un grupo de mujeres, las cuales, en aquella época, eran consideradas como personas de segunda categoría, como meros objetos de propiedad, y cuyo testimonio no era digno de confianza, ni válido en un proceso legal. Para la época en que estuvo Jesús en la tierra, las mujeres habían perdido grandemente su valor social; y siendo que Cristo vino a este mundo para restaurar a la humanidad, parte de esta restauración consistió en devolver a la mujer el valor que tiene como coheredera de la gracia de la vida (1 Pedro 3:7), y su legítima función dentro del cuerpo de Cristo.

LA RESURRECCIÓN DE JESÚS

La mujer fue creada para ser ayuda idónea del hombre (Génesis 2:18), para que ambos fueran un ejemplo de fe al mundo. La mujer, la cual fue engañada por satanás (Génesis 3:13), había perdido la confianza del varón. Su palabra y su testimonio habían sido quebrantados, y su rol como ayuda idónea había sido reducido y menospreciado. La mujer pasó de ser alguien en quien el hombre debía depositar su amor (Efesios 5:25), a ser objeto de maltrato, abuso y desprecio por siglos; ella era vista solamente como un objeto sexual o como quien tenía solamente la función de la procreación.

No obstante, Cristo vino a deshacer las obras de diablo (1 Juan 3:8); Él vino para restaurar la credibilidad de la mujer, para vindicarla y darle el valor que ella realmente tiene. Cristo eligió a las mujeres para presentarse vivo por primera vez, y para que fuesen ellas quienes llevaran el mensaje de la resurrección de Jesús a los discípulos. Él eligió a las mujeres para restaurar el testimonio de ellas, para demostrar que Él las ama tanto como ama a los hombres, y para volver a colocarlas en el lugar que ellas tuvieron antes de la caída.

La mujer que Cristo escogió para manifestarse vivo por primera vez era, ante los ojos del mundo, la menos digna. Una mujer que una vez estuvo llena de demonios, con un testimonio horrible antes de venir a Cristo; una persona despreciada por la sociedad, pero que había tenido un encuentro con el Salvador: ¡Cristo la hizo libre! Por tanto, esta mujer estaba consciente de los muchos pecados que Jesús le había perdonado, y tenía una profunda gratitud hacia Él. Fue así que, la muerte del Señor fue para ella algo sumamente doloroso; estaba desgarrada, desesperada, abrumada e inconsolable debido a la muerte del Maestro de Galilea.

Esta mujer fue la primera en llegar a la tumba, y vino sola, de madrugada, antes de que saliera el sol, y fue quien se quedó llorando delante del sepulcro después de que Juan y Pedro regresaron a sus casas. Ellos la dejaron ahí, sola, en medio de su dolor. Esta mujer era María Magdalena, y vamos a conocer ahora lo que la Biblia revela de ella.

Podemos leer una descripción más detallada de la primera aparición de Jesús en el evangelio de Juan, pero también Marcos 16:9 confirma que esa ocasión fue la primera en que Jesús fue visto después de su resurrección.

En el capítulo anterior vimos como Juan y Pedro regresaron a sus casas, y como María se había quedado sola. Comenté también que ellos no vieron a los ángeles, ni a Jesús; incluso, tampoco María Magdalena había visto a estos ángeles todavía. Hacía poco que sus amigas se habían ido en busca de los discípulos para obedecer la orden que Dios les dio por boca de aquellos ángeles. Leamos ahora Juan 20:10-18.

> «Los discípulos entonces se fueron de nuevo a sus casas. Pero María estaba fuera, llorando junto al sepulcro; y mientras lloraba, se inclinó y miró dentro del sepulcro; y vio dos ángeles vestidos de blanco, sentados donde había estado el cuerpo de Jesús, uno a la cabecera y otra a los pies. Y ellos le dijeron: Mujer, ¿por qué lloras? Ella les dijo: Porque se han llevado a mi Señor, y no sé dónde le han puesto. Al decir, se volvió a Jesús que estaba allí, pero no sabía que era Jesús. Jesús le dijo: Mujer, ¿por qué lloras? ¿A quién buscas? Ella pensando que era el hortelano, le dijo: Señor, si tú le has llevado, dime dónde le has puesto, y yo me lo llevaré. Jesús le dijo: ¡María! Ella, volviéndose, le dijo en hebreo: ¡Raboní! (que quiere decir, Maestro). Jesús le dijo: Suéltame porque todavía no he subido al Padre; pero ve a mis hermanos, y diles: "Subo a mi Padre y a vuestro Padre, a mi Dios y a vuestro Dios". Fue María Magdalena y anunció a los discípulos: ¡He visto al Señor!, y que Él le había dicho estas cosas» (Juan 20:10-18).

Lo primero que podríamos preguntarnos es quién fue María Magdalena y por qué Cristo se presentó a ella por primera vez, y no a Pedro, siendo Él el líder de los discípulos. Probablemente el testimonio de Pedro hubiera sido más poderoso para los discípulos que el de las mujeres; de hecho, ninguno de los discípulos creyó el testimonio de las mujeres cuando ellas afirmaron que Cristo había resucitado (Marcos 16:11); sin embargo, sí creyeron a Pedro cuando Cristo se le presentó a él a solas y después lo dijo a los otros discípulos (Lucas 24:34).

María Magdalena era una mujer judía. Su nombre se menciona trece veces en los evangelios (más veces que el de la mayoría de los apóstoles). El nombre *María* era uno de los más comunes entre las mujeres en la época de Jesús; significa «excelsa, elegida o amada de Dios», y es un derivado del nombre hebreo *Miriam*, la cual fue hermana de Moisés (Números 26:59).

LA RESURRECCIÓN DE JESÚS

En la época de Jesús no era costumbre usar apellidos, por lo que el segundo nombre normalmente era para asociar esta persona con la ciudad de su procedencia. María era probablemente de Magdala. Esta era una cuidad pesquera ubicada al noroeste de la costa del mar de Galilea, que se encontraba a mitad de camino entre Tiberias (la cual era la capital de Galilea), y Capernaum (de donde era Pedro).

Sabemos que ella viajaba constantemente con Jesús, y que probablemente fue una líder del grupo de mujeres; es decir, posiblemente ella era la encargada de un ministerio exclusivo para las mujeres. La razón por la que podríamos pensar así, como ya dije, es porque casi siempre María Magdalena es mencionada primero cuando se menciona a las mujeres (Mateo 27:56; Mateo 28:1; Marcos 15:40; Marcos 16:1); tal y como Pedro es mencionado primero casi siempre que se menciona a los discípulos varones (Mateo 10:2; Mateo 17:1; Marcos 3:16; Marcos 9:2).

Existe también la creencia —entre muchos cristianos— de que María Magdalena era prostituta, ¿será esto cierto? ¿Por qué se cree esto entre los cristianos? Realmente no existe base bíblica para afirmar que María Magdalena fuera una prostituta. Esta fue una enseñanza que empezó a extenderse en el año 581 D.C., con el papa Gregorio I, cuando la confundió con María de Betania (Lucas 10:39), quien era la hermana de Lázaro; esta última fue la que lavó los pies de Jesús, los secó con sus cabellos, y los ungió con un perfume de mucho precio (Juan 11:2).

María de Betania (quien ungió a Jesús con el perfume), es muchas veces confundida con *otra* mujer que lloró a los pies Cristo en otra ocasión (Lucas 7:26-49). La otra mujer no se menciona por nombre, y tampoco explícitamente se dice que era prostituta, aunque, considerando lo que los fariseos decían de ella, podría ser que lo fuera. Así que, ni María Magdalena, ni María de Betania eran prostitutas; sin embargo, existe en ocasiones esa confusión.

La palabra de Dios menciona que María Magdalena fue liberada de siete demonios, y fue una de las que sostenían económicamente el ministerio de Jesús y sus discípulos (Lucas 8:2-3).

> «Y también algunas mujeres que habían sido sanadas de espíritus malos y de enfermedades. María, llamada Magdalena, de la que

LA PRIMERA APARICIÓN DE JESÚS

habían salido siete demonios, y Juana, mujer de Chuza, mayordomo de Herodes, y Susana, y muchas otras que de sus bienes personales contribuían al sostenimiento de ellos» (Lucas 8:2-3).

Podríamos pensar por esto que ella era una mujer de una buena posición económica. Nunca se menciona si tenía esposo, así que probablemente era soltera. La Biblia no da detalles respecto a los sufrimientos que padecía María Magdalena debido a la posesión de esos siete espíritus malignos, pero sí podemos imaginar que ella vivía atormentada constantemente por ellos. Las posesiones demoniacas causaban grandes alteraciones físicas y emocionales.

Podemos ver muchos ejemplos en la Palabra de lo que causaban estas posesiones demoníacas, y tener una idea de aquello que María Magdalena estaba pasando. Estas posesiones podían hacer que una persona fuese muda (Mateo 9:33); que viviera atormentada (Mateo 15:22); que padeciera convulsiones y perdiera la cordura (Mateo 17:15, Lucas 9:41-43); que tuviese una fuerza sobrenatural, y un comportamiento irracional (incluyendo mutilaciones y griteríos, Marcos 5:3-5), etc. Ahora bien, los demonios no resisten la presencia de Dios (Marcos 5:7), y reconocen a los siervos del Dios Altísimo (Lucas 4:41). Los demonios buscan un cuerpo en donde reposar y subsisten dentro de una persona (Mateo 12:43). A veces salían de las personas con gran violencia sacudiéndoles fuertemente y gritando (Mateo 1:26). Por cierto, la Biblia dice que el espíritu de adivinación es también demoniaco (Hechos 16:16-18).

Dicho todo esto, podemos tener una mejor idea de lo que María estuvo sufriendo hasta el día en que Jesús le hizo libre. Esta era una mujer que estaba dominada por satanás y sus espíritus. Una mujer de perdición, de depravación total, la cual llevaba a los demás a apartarse de Dios. Era una mujer vacía, sin rumbo y sin vida. Un ser humano para el cual no había remedio; una persona totalmente desahuciada. Ella vivía en tinieblas, atormentada, torturada, sacudida, enferma por estos siete espíritus, los cuales dominaban sus pensamientos, sus acciones, y su vida. Ella no tenía paz, no tenía descanso, no tenía reposo, y por meses o años sufrió de esta manera sin ninguna esperanza de salvación. Los fariseos y religiosos de la época seguro la rechazaban y no se atrevían a acercársele, juzgándola de pecadora.

Cuando una persona está poseída por demonios, todos sus sentidos, pensamientos y corazón están totalmente en tinieblas. Toda su vida está dominada por la inmoralidad, y constantemente es entregada a pecados que destruyen su alma. Así también, cuando alguien se deja dominar por la inmoralidad, se expone a que su corazón sea lleno de las cosas de este mundo, a que los espíritus inmundos vean en él o en ella una casa apropiada para habitar, en donde la depravación de su corazón es el ambiente ideal para habitar. Y estando ahí, intensifican en esa persona la pasión por el pecado y multiplican la maldad en su corazón, desfigurando corporal y mentalmente la imagen de Dios debido a los efectos de sus manifestaciones.

La posesión demoniaca no es otra cosa que la expresión más extrema de una vida en la cual el Espíritu de Dios no habita; una vida en donde no existe ni un rayo de luz en el corazón. Ahí se observa una vida totalmente apartada de Dios: Dios ha retirado toda su protección de ella, y la ha entregado para que sea una casa de demonios. ¿Cómo luce una persona de la cual Dios ha retirado su misericordia, y la ha entregado a sus propios deleites? Pablo nos muestra cómo lucen estas personas: ellas están entregadas a una mente reprobada. Muchos de nosotros estuvimos en esta misma condición antes de venir a Cristo.

> «Y como ellos no aprobaron tener en cuenta a Dios, Dios los entregó a una mente reprobada, para hacer cosas que no convienen; estando atestados de toda injusticia, fornicación, perversidad, avaricia, maldad; llenos de envidia, homicidios, contiendas, engaños y malignidades; murmuradores, detractores, aborrecedores de Dios, injuriosos, soberbios, altivos, inventores de males, desobedientes a los padres, necios, desleales, sin afecto natural, implacables, sin misericordia; quienes habiendo entendido el juicio de Dios, que los que practican tales cosas son dignos de muerte, no solo las hacen, sino que también se complacen con los que las practican» (Romanos 1:28-32).

Esto me recuerda a Isaías 5:20 «Ay de los que llaman al mal bien y al bien mal, que tienen las tinieblas por luz y la luz por tinieblas, que tienen lo amargo por dulce y lo dulce por amargo»

Cuando andábamos en pecado nos deleitábamos en él en lugar de disfrutar del gozo que Dios da. El mundo aplaude la fornicación, la inmoralidad sexual, el sexo fuera del matrimonio, etc., mientras que la castidad hasta el matrimonio (o el guardarse para Dios, incluso en el área de los pensamientos) es una aberración. El mundo aplaude el adulterio y dice no a la fidelidad; aprueba el matrimonio homosexual, y le disgusta la idea del matrimonio instituido por Dios, hoy en día el mundo está vuelto un caos.

Aún recuerdo muchas de las conversaciones que tuve antes de ser creyente; de cómo se glorifica la fornicación, la inmoralidad sexual, la pornografía, el adulterio; y mientras uno conversa con los amigos —embrutecidos todos por el alcohol— existe una sensación de gozo y alegría; y uno piensa que eso es lo más divertido y placentero de la tierra.

He conocido sujetos, que, hablando entre hombres, se glorían de ser infieles a sus esposas. Ellos se jactan de sus infidelidades, y entre más mujeres tienen fuera del matrimonio, mejor. Cuando sus esposas se enteran, les rompen el corazón en mil pedazos. Y como a escondidas y en la oscuridad, destruyen sus matrimonios, quebrantan su hogar, empañan los votos que hicieron ante Dios, y profanan la santidad de aquello que Él instituyó desde el principio del mundo. El verdadero amor no se puede fingir; es por ello que estos hombres tienden a ser iracundos y se interesan poco por su esposa y por sus hijos. Son morbosos, falsos, mentirosos, y egoístas. Solo piensan en sus deseos carnales, y no les importa su familia.

En este mundo los pensamientos de los seres humanos están totalmente trastornados, y se complacen en estar lejos de la verdad de Dios. Cuando estábamos en el mundo y nos hablaban de cambiar nuestros caminos, y de venir a Dios, lo único que veíamos en esto era una pérdida de tiempo, ¿no es así? Nuestros ojos estaban en tinieblas, y nuestro entendimiento nublado; no podíamos percibir la realidad, y la necesidad de salvación que teníamos. No sé tú, pero a mí Dios me llamó muchas veces antes de venir a los pies Cristo, y todo aquello que me decían me parecía totalmente absurdo, y lo rechazaba rotundamente. No me interesaba en lo más mínimo, ni siquiera saber lo que significaba ser cristiano. En aquel tiempo no me daba cuenta del profundo amor que tenía por los placeres del mundo, ni de las tinieblas en que me encontraba, tanta era la perdición en la que yo vivía.

> «Y esta es la condenación: que la luz vino al mundo,
> y los hombres amaron más las tinieblas que la luz,
> porque sus obras eran malas» (Juan 3:19).

Esta era la condición de María antes de venir a Jesús. Una vida de densas tinieblas, apartada de Dios, la cual, amando más al mundo, rechazaba el llamado de Dios a su vida. Ella era sorda a la palabra del Señor y no quería venir a la luz (pues los demonios odian la luz de Dios). Pero cuando ella no lo esperaba, ni estando en búsqueda de la luz, Jesús llegó a su vida y fue transformada por Su presencia.

El cambio experimentado por María Magdalena había sido radical: ¡de haber sido poseída por siete demonios, ahora vivía libre debido a la intervención poderosa del Cristo de Galilea! Debido a este gran acontecimiento en su vida, ella ahora vivía agradecida. Sentía por el Maestro un profundo amor, el cual, era tan grande, que ni aún los propios apóstoles lo tenían. Ella había sido perdonada de sus muchos pecados y por esto amaba a Cristo de todo corazón (Lucas 7:42-47). El perdón que ella recibió fue lo más precioso que pudo haber recibido en la vida, y su amor por el Señor era inmenso. Desde entonces le seguía sin mirar atrás; ella nunca dejó de seguir al Señor Jesucristo. ¿Puedes ahora imaginar la desesperante angustia que vivió María Magdalena cuando su Señor murió? Las Escrituras describen esto de alguna manera, aunque no con muchos detalles.

Volvamos ahora al momento cuando María Magdalena estaba junto al sepulcro. Había quedado sola, aquellos discípulos a quienes fue a buscar, Pedro y Juan, en vez de consolarla, la dejaron ahí y se fueron a sus casas; sus amigas tampoco aparecían. Y mientras tanto, los recuerdos de su Maestro muerto la atormentaban. Encima de todo, parecía que no podía continuar honrando la memoria de su Señor en su sepultura, ya que el cuerpo no estaba en la tumba. María Magdalena lloraba pensando que no podría despedirse del cuerpo del Señor por última vez.

Ella pensaba que el cuerpo del Señor había sido robado. ¿Se imaginan ese momento en la vida de María? Mientras ella lloraba en las afueras del sepulcro, desconsolada, y pensando que jamás volvería a ver a su Señor, este se le apareció súbitamente.

«Pero María estaba fuera, llorando junto al sepulcro; y mientras lloraba, se inclinó y miró dentro del sepulcro y vio dos ángeles vestidos de blanco, sentados donde había estado el cuerpo de Jesús, uno a la cabecera y otro a los pies» (Juan 20:11-12).

Simón Pedro no había visto a nadie dentro del sepulcro, y Juan tampoco. Pero, aun así, María, quizá instintivamente, o tan solo por cerciorarse por ella misma, entró al sepulcro. Cuando ella entró, encontró a dos ángeles vestidos de blanco. Entonces ella, en su quebranto y todavía sollozando, no reconoció a estos seres como angelicales. Las otras mujeres inmediatamente se dieron cuenta de que estos seres que encontraron dentro del sepulcro eran ángeles; sin embargo, en el caso de María Magdalena, sus ojos estaban nublados de tanto llorar. Fue en ese momento cuando los ángeles le hicieron una pregunta, una pregunta sumamente interesante.

«Y ellos le dijeron: Mujer, ¿por qué lloras? Ella les dijo: Porque se han llevado a mi Señor, y no sé dónde le han puesto» (Juan 20:13).

No obstante, María no entendió lo que ellos le preguntaban. Ellos sabían exactamente porqué ella lloraba (aunque en realidad no había razón para llorar). Ella lloraba porque su Mesías había muerto, y pensaba que su cuerpo había sido llevado a un lugar desconocido. Los ángeles sabían exactamente porqué ella lloraba; sin embargo, aun así, le preguntaron: «¿Por qué lloras?».

¿Qué era realmente lo que los ángeles estaban preguntando a María cuando le dijeron *¿Por qué lloras?* Lo que el ángel realmente le decía era claro: «María, no tienes ningún motivo por el cual llorar. No existe razón alguna para ponerse triste. ¡Es un momento de gran gozo, de alegría, es momento de alabar al Señor! María, recuerda las palabras del Señor; recuerda que Él dijo que iba a resucitar. ¡Lo ha cumplido, María! ¿Por qué lloras? ¡No hay motivo para llorar!».

Vemos que el mismo Jesús le hizo esta misma pregunta instantes después de que los ángeles se la preguntaran. En ese momento ella estaba dentro del sepulcro, con estos dos ángeles enfrente, y cuando se voltea, encuentra a un Hombre que le hace la misma pregunta.

LA RESURRECCIÓN DE JESÚS

«Al decir esto, se volvió y vio a Jesús que estaba allí, pero no sabía que era Jesús. Jesús le dijo: Mujer, ¿por qué lloras? ¿A quién buscas? Ella, pensando que era el hortelano, le dijo: Señor, si tú le has llevado, dime dónde le has puesto, y yo me lo llevaré» (Juan 20:14-15).

¡Qué momento más impresionante! Para María era un momento de gran desesperación, sufrimiento, dolor, soledad y quebranto. Sus amigos (Pedro, Juan y las otras mujeres) se habían ido, la habían dejado sola en el sepulcro, llorando frente a esta aparente realidad: que nunca más volvería a ver a su Señor. En este momento de tremenda angustia, estando ella llorando y anhelando ver a su Mesías, Jesús se le presenta y le hace la misma pregunta: «¿Por qué lloras? ¿A quién buscas?». Mientras los ojos de María estaban entenebrecidos, empañados por el llanto, Jesús le hace estas dos preguntas, como diciéndole: «María, María ¿Por qué lloras? ¡No hay razón para llorar! ¡Yo estoy vivo! ¡Yo estoy aquí! ¡Yo soy a quien tú estás buscando!»

En ese instante María no fue capaz de reconocer la voz de Jesús, y pensaba que era el jardinero. Tenía la esperanza de que ese hortelano hubiera movido el cuerpo de Jesús a otro lugar. Esto no era nada extraño, ya que en casi todas las apariciones de Jesús los discípulos no le podían reconocer porque su apariencia no era exactamente la misma, y no le reconocían hasta que Él les abría el entendimiento (Lucas 24:31; Juan 21:12). Pero después ocurrió algo espectacular.

«Jesús le dijo: ¡María! Ella, volviéndose, le dijo en hebreo: ¡Raboní! (que quiere decir, Maestro)» (Juan 20:16).

Jesús solo tuvo que pronunciar el nombre de María e inmediatamente ella le reconoció. No había duda de que María era una oveja de Cristo, pues ella pudo escuchar el llamado de su Señor (Juan 20:17). María era una persona privilegiada, ella tuvo el privilegio de ser el primer ser humano en ser testigo ocular del Cristo resucitado. Fue entonces que ella inmediatamente dijo: «¡Raboni!» palabra que significa *supremo maestro, magistrado,* o *maestro de gran estima.* El término *Raboni* es una forma más elevada de decir Rabí (que significa maestro).

«Jesús le dijo: No me toques, porque aún no he subido a mi Padre; mas ve a mis hermanos, y diles: Subo a mi Padre y a vuestro Padre, a mi Dios y a vuestro Dios» (Juan 20:17, RVR 1960).

No tengo ni idea de la emoción que debió sentir María Magdalena en este momento. Seguro fue impresionante lo que ella estaba presenciando. Tan solo al pensar en esto, mi corazón salta de esperanza y alegría imaginando que un día yo también podré decir: «¡Raboni! ¡Mi Dios! ¡Mi Jesús! ¡Mi Salvador!». Pienso que lo abrazaré con todas mis fuerzas al manifestar mi profundo agradecimiento, cuando finalmente pueda tenerle cerca y expresar ante Él el amor tan grande que le tengo —pues Él llena cada rincón de mis pensamientos— y este abrazo será tan fuerte y tan prolongado, que el Señor me tendrá que decir que lo suelte. Como en otra versión dice:

«Jesús le dijo: —Suéltame, porque todavía no he ido a reunirme con mi Padre...» (Juan 20:17, DHHE).

Amo mi vida, a mi esposa, a mis hijas; a mis padres, a mis suegros, a mis hermanos y amigos; amo también a la iglesia del Señor. No deseo morir ni partir de esta vida todavía; sin embargo, sé que el mayor deseo de mi corazón, y lo que más anhelo en este mundo, es estar con mi Señor, ¡ese será el día más feliz de mi vida! El día cuando finalmente esté en su presencia y vea con mis ojos a Aquel que me creó en el vientre de mi madre (Gálatas 1:15); Aquel que me dio vida cuando estaba muerto en mi pecado (Romanos 5:8); al único digno de alabanza, poder, gloria y majestad (Apocalipsis 5:12); Aquel que me amó primero, aun cuando yo lo rechacé y persistí en mi pecado (1 Juan 4:19).

Hermanos, tengamos el amor que tenía María por Cristo. Él debe ser lo que más amamos en este mundo. Demos por Él nuestra vida; y sea Él a quien busquemos constantemente. Sea Cristo aquel en quien pensemos todo el día, desde el momento de levantarnos hasta el instante que recostemos la cabeza para descansar por la noche. Si Cristo no es tu primer amor, ve entonces a sus pies, y pídele perdón. Vuélvete de tu frialdad espiritual y no dejes que esa indiferencia por Dios termine apartándote de sus bendiciones; bendiciones que Él tiene para todo aquel que se humilla ante Él. Eventualmente la falta de amor por Dios no solo se vuelve amor por el mundo, sino termina corrompiendo hasta la iglesia más fiel (Apocalipsis 2:1-7).

Esta fue la primera vez que alguien **resucitó** con un cuerpo glorificado. María Magdalena, en este caso, tuvo una experiencia única: estaba frente a ella Cristo Jesús tal y como Él lo había profetizado de sí mismo; era Dios mismo en la persona de Cristo Jesús, pero en un nuevo cuerpo. El dador de la vida estaba frente a ella, y todo su dolor y desesperación, todo su llanto y sufrimiento (lo que hubo vivido por los últimos tres días de su vida), todo esto desapareció en un segundo con la presencia del Señor. No me sorprende que Jesús tuvo que pedirle que lo soltara (o que no lo tocara). Ella intentó asirse tan fuertemente de Él, que no quería dejarlo ir nunca más.

Este evento me recuerda el pasaje del Salmo 30:11: «Tú has cambiado mi lamento en danza; has desatado mi cilicio y me has ceñido de alegría». Este versículo describe perfectamente lo que María Magdalena estaba viviendo: su corazón —en un instante— fue cambiado de estar sumido en el lamento, a un corazón gozoso y alegre.

Cristo ahora confirma claramente que la salvación ha llegado al mundo, y que mediante su muerte y resurrección, la paga del pecado ha sido confirmada. El divorcio entre Dios y el hombre terminó con Cristo, quien no solo nos reconcilió con Dios, sino que ¡ahora podremos llamarle *Padre nuestro*! Cristo le dijo a María: «Subo a mi Padre y a vuestro Padre, a mi Dios y a vuestro Dios». Nuestros pecados fueron oficialmente borrados para siempre. Una paráfrasis de lo que Jesús está diciéndole a María podría ser esto: «María, tú eres ahora mi hermana y también, una hija de Dios, tú has sido adoptada, ahora mi Padre es también tu Padre». ¡Qué noticia! ¡Qué buenas nuevas de salvación! ¡Qué regalo sin precedentes nos dio nuestro Señor Jesús! Cristo nos regaló, a través de su muerte y resurrección, algo que nadie jamás podrá comprender: la adopción como hijo de Dios (Juan 1:12).

María obedeció a Jesús, y fue a contar a los otros discípulos lo que había sucedido. Hay dos posibilidades: una es que María Magdalena se encontró en el camino con las otras mujeres mientras iba a donde estaban los otros discípulos; y la otra es que Jesús se apareció por separado a las otras mujeres después de que ellas vieran a los ángeles. Esta fue la segunda aparición de Jesús después de su resurrección.

«Y he aquí que Jesús le salió al encuentro diciendo: Salve, y ellas acercándose, abrazaron sus pies y le adoraron. Jesús les dijo "No temáis. Id, avisad a mis hermanos que vayan a Galilea, y allí me verán» (Mateo 28:9).

Qué privilegio más grande el que tuvieron estas mujeres; que fuesen ellas elegidas por Cristo para ser las primeras en llevar las buenas nuevas, y ser las portavoces de Jesús para hablar de su resurrección a todos los discípulos. ¿Por qué Cristo eligió a estas mujeres para presentarse por primera vez? Este tema lo estudiaremos más profundidad más adelante (cuando escudriñemos la respuesta de los discípulos al testimonio de las mujeres), y conozcamos cómo Cristo restauró el poderoso testimonio de una mujer cuando esta decidió entregarse a Jesús.

Antes de terminar este capítulo quiero dejarte con algunos pensamientos: ¿Estás listo hoy para ver a Jesús resucitado, postrarte ante Él y darle la adoración que Él merece? ¿Está tu corazón preparando para ese momento, cuando te encuentres con Jesús después de la muerte? ¿Qué te diría Cristo si viniera hoy por su iglesia? ¿Vendría por ti? ¿Tendrás parte en la primera resurrección para vida o acaso será más bien en la segunda resurrección (para muerte y condenación) en donde está tu lugar? (Apocalipsis 20:5-6). ¿Piensas que Jesús te diría: «Apartaos [apártate] de mí que nunca os conocí [te conocí] hacedores [hacedor] de maldad (Mateo 7:23)? O te dirá: «Bien hecho siervo fiel, sobre poco has sido fiel, sobre mucho te pondré; entra en el gozo de tu Señor» (Mateo 25:21).

Hermano, si estás leyendo este libro es porque muy probablemente amas a Jesús; pero también puede ser que tu caminar con Cristo no esté en su mejor nivel en este momento, y tengas cosas en tu vida que están siendo un obstáculo en tu relación con Él. Si esto último es tu caso, no esperes ni un solo día más para humillar tu corazón delante de Dios. Cristo vino a esta tierra para ser sacrificado por nosotros; y murió y venció a la muerte para que —mediante su sangre— todos los que en Él crean tengan entrada libre al trono de Dios, y vivan vidas que le glorifiquen. Dejemos de poner los ojos en las cosas vanas y vacías de este mundo y «pongamos los ojos en Jesús, el autor y consumador de la fe» (Hebreos 12:2).

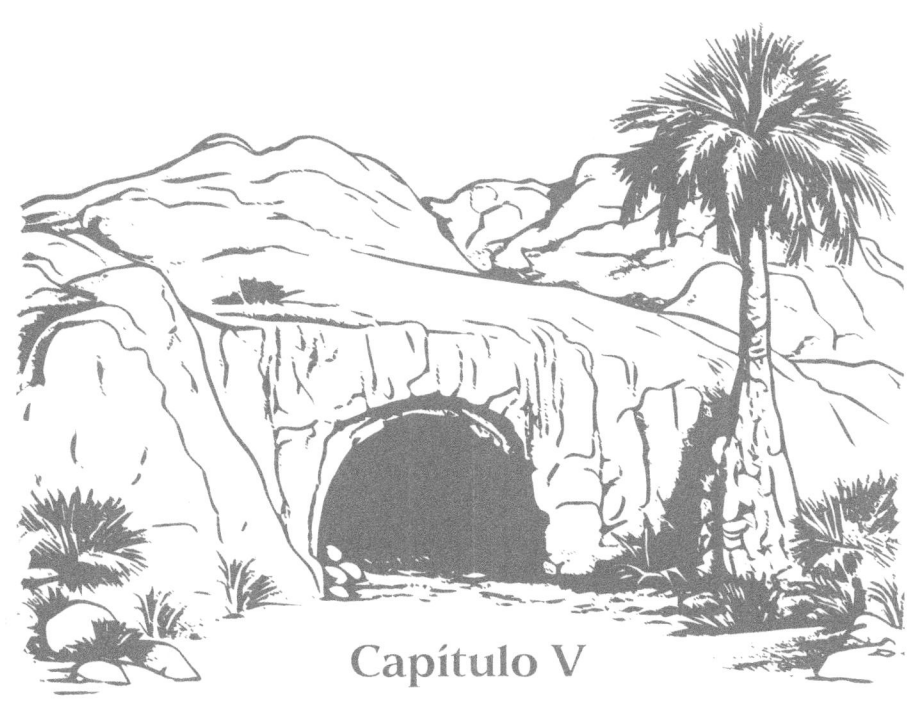

Capítulo V

EL REPORTE DE LOS GUARDIAS

Hasta ahora hemos visto como José de Arimatea y Nicodemo ungieron el cuerpo de Jesús y lo enterraron en una tumba nueva. Vimos como esta tumba fue sellada por los romanos y una guarda fue puesta delante de ella para que nadie pudiera entrar. Vimos como un ángel removió la piedra, los soldados se desmayaron; y luego huyeron de aquel lugar al ver que el cuerpo de Jesús ya no estaba.

Hemos visto como la primera en llegar al sepulcro fue María Magdalena, quien, al ver la tumba vacía, fue a buscar a Pedro y a Juan. Y luego, durante este tiempo, llegaron las otras mujeres quienes vieron al ángel sentado sobre la piedra y a dos ángeles dentro del sepulcro. Después ellas se fueron en búsqueda de los discípulos; y cuando ellas se fueron, llegaron Juan y Pedro y encontraron la tumba vacía; de ahí ellos regresaron a sus casas y María Magdalena quedó sola, quebrantada, y sin esperanza. Fue en este momento —mientras ella estaba anhelando ver a Cristo—, que vio al Señor en su primera aparición después de haber resucitado. Luego, Jesús se apareció a las otras discípulas, las cuales fueron a dar las buenas nuevas a los discípulos varones.

En este capítulo hablaré de lo que pasó con los guardias que huyeron, y respecto al testimonio que dieron a los sacerdotes que mandaron asegurar la tumba. Pero antes de entrar en la explicación de esos versículos, es importante entender lo arraigada que está la incredulidad en el corazón humano; de manera que tanto los que nunca habían creído en Cristo como los mismos discípulos, ambos grupos no creían en la resurrección del Señor.

Tanta es la incredulidad del ser humano, que incluso si en nuestros días viniera Cristo en su gloria para instalarse como Rey en el mundo, muchos, engañados por el diablo y por el amor al pecado, no le honrarían. El mundo se rebelaría contra Cristo y buscaría quitarlo del trono: el mundo odia la luz verdadera.

El corazón del hombre se ha vuelto tan insensible a Dios, que viendo no ve, y oyendo no entiende, aunque las manifestaciones de Dios sean claras ante sus ojos. Si el hombre tuviera tan solo un poco de fe en el corazón, aunque fuese la fe del tamaño de un granito de mostaza (hablo de fe en el Dios verdadero), podría ver y entender en el corazón la verdad del evangelio, y esta fe lo llevaría al arrepentimiento y al perdón de pecados. Me atrevo a decir que el porcentaje de fe en Dios en el corazón humano [sin Cristo] es cero por ciento.

> «Porque el corazón de este pueblo se ha vuelto insensible; se les han embotado los oídos, y se les han cerrado los ojos. De lo contrario, verían con los ojos, oirían con los oídos, entenderían con el corazón y se convertirían, y yo los sanaría» (Mateo 13:15).

La fe es un regalo de Dios que solo Él puede dar (Filipenses 1:29). Y esa fe que Dios nos da debe ser ejercitada continuamente en nuestra dependencia de Él. Es imposible que un ser humano agrade a Dios sin tener una fe verdadera (Hebreos 11:6). Nosotros mismos como creyentes, los que profesamos ser cristianos, en muchas ocasiones y circunstancias somos sordos, no escuchamos, no entendemos el mensaje que Dios nos está mandando. Nos volvemos sordos a la palabra de Dios, y nuestra confianza en ella se desvanece. Comenzamos a confiar en aquello que vemos, en lo que tenemos, por encima del Dios que no vemos, y que tiene total control y dominio de nuestras vidas.

Cuando dejamos que el temor se apodere de nuestro corazón, en ese momento nos olvidamos de que Dios ha prometido estar con nosotros. Isaías 41:13 dice: «Porque yo Jehová soy tu Dios, quien te sostiene de la mano derecha, y te dice: No temas, yo te ayudo». Cuando nos llenamos de ira, ya sea porque nos atacan o acusan, entonces mostramos un corazón endurecido, engreído, altivo y poco compasivo; pero Mateo 5:44 dice: «Amad a vuestros enemigos, orad por los que os persiguen». No seguimos el ejemplo de Cristo, quien en la misma cruz pidió al Padre que perdonara a los que lo estaban crucificando (Lucas 23:24). Muchas veces, cuando se presenta un problema, al último a quien acudimos es a Dios, y esto lo hacemos cuando vemos que nosotros solos no podemos resolverlo: queremos mantener el mayor control que sea posible sobre nuestras vidas.

Muchos creyentes acusamos a Dios cuando las cosas no salen como las pensamos. Y cuando sufrimos por alguna razón, olvidamos que Dios está forjando en nosotros su imagen; olvidamos también que Él es un Padre que solo sabe dar amor a sus hijos. La Biblia dice: «y sabemos que para los que aman a Dios, todas las cosas cooperan para bien, esto es, para los que son llamados conforme a su propósito» (Romanos 8:28).

Entonces, ¿Cuál debe ser la actitud de un verdadero creyente en medio de las dificultades, cuando está pasando por las pruebas que Dios manda a su vida para transformarlo a la imagen de Jesús? Mira lo que dice Santiago respecto a la actitud que debe mostrar el cristiano.

> «Hermanos míos, tened por sumo gozo cuando os halléis en diversas pruebas, sabiendo que la prueba de vuestra fe produce paciencia» (Santiago 1:2-3).

Esto no significa que sea algo fácil ni tampoco que no habrá sufrimiento. Casi nunca Dios dice a sus hijos porqué están pasando por una prueba ni les dice cuándo los sacará de ella. Hermanos míos, no nos pertenecemos. No debemos cuestionar a Dios por nuestras pruebas o dificultades; antes bien, debemos de alabarlo en medio de ellas, y levantar nuestras manos en agradecimiento. No permitas que la palabra de Dios se vuelva infructuosa debido a la tribulación ni te apartes del camino; la tribulación sirve para mostrar dónde verdaderamente está tu fe. No dejes que la Palabra caiga en pedregales, lo cual simboliza aflicción, persecución y falta de entendimiento (no de conocimiento) (Mateo 13:20-21); más bien, haz que la palabra de Dios caiga en tierra fértil, esto es, sé el que entiende la Palabra (y la conoce), y da fruto a su tiempo (Mateo 13:23).

Las pruebas tienen el propósito de acercarnos a Dios, y de producir en nosotros una dependencia más grande de Él. Las pruebas cambian nuestro carácter, nos ayudan a ser más pacientes, más humildes, a orar más por aquellos que nos hacen sufrir. Las pruebas deben producir en nosotros paciencia y esperanza; en esa espera, aprendemos a confiar en Dios.

> «Y no solo esto, sino que también, nos gloriamos
> en las tribulaciones, sabiendo que la tribulación
> produce paciencia, y la paciencia, prueba y
> la prueba, esperanza» (Romanos 5:3-4).

Tenemos que entender algo muy importante: que Dios no nos necesita; y cuando le damos a Dios el trono del corazón le estamos dando solamente lo que a Él le corresponde, eso es todo; y los beneficiados en ello somos nosotros mismos. El Dios que tenemos no se hace más grande cuando lo alabamos, no se hace más poderoso cuando lo seguimos; Él no se hace ni más perfecto ni más santo cuando lo obedecemos. Dios es Dios, y Él no cambia. Hebreos 13:8 dice: «Jesucristo es el mismo ayer, hoy y por los siglos».

Dios no necesita de nadie, pero todos dependemos de Él. Todos, creyentes y no creyentes, y todo lo que habita en el universo, todo está sostenido por la palabra de Dios (Hebreos 1:3). A todos nosotros nos conviene estar con Él, pues Dios es la fuente de la vida, y apartados de Él no podemos hacer nada fructífero (Juan 15:5). Lo necesitamos a cada minuto de la vida, pero más en el tiempo de la prueba.

Por esto, el amor que yo tenga por Dios debe estar por encima de todo lo demás en este mundo; y si esto no es así, entonces estoy en pecado, y apartado de Él. Si mi corazón no está totalmente entregado al Señor, entonces creeré que soy alguien importante, y que mientras otros pasan por aflicciones, yo no pasaré por ellas por causa de ser alguien especial. Sin embargo, Cristo mismo pasó por grandes pruebas y nos dijo que en este mundo tendríamos aflicción (Juan 16:33). Lo mejor es confiar en Aquel que ha vencido al mundo. Algo es seguro: que todos merecíamos ir al fuego eterno, pero, gracias a Cristo, todos los que hemos creído en Él, hemos sido librados de ese terrible lugar. Por lo tanto, cualquier aflicción que tengamos en este mundo no se compara en lo absoluto con la gloria que nos espera cuando estemos un día en su presencia.

Quita tus ojos de ti, de tu aflicción, de tus necesidades, de tus problemas, de tu corazón endurecido, y ve a Él solo (a). Clama a Dios cuando estés solo en tu habitación; clama a Él por misericordia, pídele perdón y dile que te dé gracia, que te dé un corazón limpio delante de Él, y restaure en ti el gozo de su salvación (Salmos 51:12). Y tu Dios —quien te ve en lo secreto—, te recompensará en público (Mateo 6:6).

Si en este momento estas en una prisión de la cual no ves cómo salir, alaba a Dios aun estando en esa condición; y otros que estén ahí contigo escucharán tu voz. Escucharán del amor que hay en tu corazón aun en medio de la prueba, y verán cómo tu fe permanece firme. De esta manera, quizás se arrepientan, y sean salvos (Hechos 16:25-26). Nada puede ocupar el lugar de Cristo en nuestra vida, Él y solo Él debe ocupar el primer lugar; por tanto, cualquier cosa que esté por encima de Cristo se convierte en un ídolo. ¡Es tiempo de entregar nuestra vida al Señor! La Biblia dice:

«El que ama a padre o madre más que a mí,
no es digno de mí, el que ama a hijo o hija más
que a mí, no es digno de mí» (Mateo 10:37).

Cuando una persona cree en Él, cree a su Palabra, y la sigue, entonces su vida es transformada y renovada, Dios le trae un cambio de vida que es evidente a los demás. Así es como comenzamos a vivir en el Espíritu, y a reflejar la imagen de Jesús.

«Mas el fruto del Espíritu es amor, gozo, paz, paciencia,
benignidad, bondad, fidelidad, mansedumbre, dominio
propio; contra tales cosas no hay ley» (Gálatas 5:22-23).

Pero para aquellos que no han creído en el evangelio, y viven una fe falsa, una fe vacía; para aquellos que poseen una espiritualidad ritualista y creen que ganarán el favor de Dios por «cumplir con Él» (o quizás estos en realidad nunca han querido creer en Cristo y seguirle); para ellos, las consecuencias de vivir apartados de la palabra de Dios también serán evidentes al mundo.

> «Ahora bien, las obras de la carne son evidentes, las cuales son: inmoralidad, impureza, sensualidad, idolatría, hechicería, enemistades, pleitos, celos, enojos, rivalidades, disensiones, sectarismos, envidias, borracheras, orgías y cosas semejantes, contra las cuales os advierto, como ya os lo he dicho antes, que los que practican tales cosas no heredarán el reino de Dios» (Gálatas 5:19-21).

Las obras de la carne no necesariamente son externas y físicas, pues estas primeramente nacen en el corazón del ser humano. Dios va a juzgar aún nuestros pensamientos, pues aún estos malos pensamientos son pecado ante Dios. Por ejemplo, Jesús dijo: «Cualquiera que mira a una mujer para codiciarla, ya adulteró con ella en su corazón» (Mateo 5:28). Por eso, la raíz del problema no está en el cambio de comportamiento, sino en el cambio de corazón, o de la mente, para que la persona piense conforme a la Palabra.

Muchos piensan que, si Dios es Todopoderoso, ¿por qué no simplemente se manifiesta al mundo?, de esta manera todos podríamos creer y no habría duda de que Él existe y de que su Palabra es verdad. ¿Por qué Dios no nos da una señal de que existe de manera tangible? Si tan solo pudiéramos ver su gloria, seguro que el mundo entero adoraría al Dios verdadero, ¿verdad que sí? Sin embargo, la realidad es que miles y miles de personas vieron los milagros de Cristo, y aun así no creyeron. Esta pregunta fue hecha por los escribas y fariseos y la respuesta de Cristo fue clara al respecto.

> «Entonces le respondieron algunos de los escribas y fariseos, diciendo: Maestro, queremos ver una señal de parte tuya. Pero respondiendo Él, les dijo: Una generación perversa y adúltera demanda señal, y ninguna señal se le dará, sino la señal de Jonás el profeta; porque como estuvo Jonás en el vientre del monstruo marino tres días y tres noches, así estará el Hijo del Hombre tres días y tres noches en el corazón de la tierra» (Mateo 12:38-40).

Cristo les dijo que esta sería la señal que daría al mundo: su resurrección. Si demandamos señal de Dios, de que nos pruebe su poder sobre la vida y la muerte, tan solo contemplemos su tumba vacía. Esta fue la señal que nos dejó Cristo para mostrarnos que podemos tener fe, y confianza en Él. Si no creemos a esta señal, aún si Cristo mismo descendiera desde el cielo, no creeríamos en Él. Veríamos que Él es verdad y que existe, pero, aun así, no creeríamos en Él en el sentido de amarle y seguirle, sino que, aun viendo con nuestros ojos, permaneceríamos altivos y en pecado, igual que los fariseos.

El corazón incrédulo siempre pide señales, pero aun viendo las señales, no cree, pues es un corazón que aún no ha sido transformado, y no se ha rendido a Dios. Este piensa que, si ve una señal del cielo, o un muerto resucitar, quizás esto sea suficiente para que todo el mundo crea. Cristo nos dejó una parábola que nos explica esto claramente.

En Lucas 16:19-31 leemos la parábola de Lázaro y del hombre rico. En esta parábola el hombre rico celebraba fiestas en su casa todos los días, y a su puerta estaba un hombre llamado Lázaro, el cual era pobre y buscaba llenarse de lo que sobraba de las fiestas. Lázaro murió, y luego murió el hombre rico. Lázaro fue a un lugar de reposo y abundancia, un lugar sin enfermedad, ni dolor.

Por el otro lado, el hombre rico fue al Hades, y estando en tormentos, pedía que Lázaro mojara la punta de su dedo en agua y refrescara su lengua. Entre los dos había un gran abismo que los separaba; sin embargo, vemos que —de alguna manera— el hombre rico tuvo una conversación con Abraham, el hombre llamado «Padre de la fe». Ante esta petición, Abraham le contestó que cuando Lázaro estaba vivo él sufría, y ahora estaba siendo consolado; mientras que el hombre rico vivió consolado y ahora está sufriendo. Entonces, el hombre rico le hizo otra petición a Abraham; le pidió que hiciera resucitar a Lázaro para que fuera a predicar a sus cinco hermanos, a fin de que ellos no terminaren también en ese lugar. A esta nueva petición, Abraham contestó:

«Ellos tienen a Moisés y a los profetas, que los oigan. Y él dijo: No, padre Abraham, sino que, si alguno va a ellos de entre los muertos, se arrepentirán. Mas Abraham le contestó: Si no escuchan a Moisés y a los profetas, tampoco se persuadirán si alguno se levanta de entre los muertos» (Lucas 16:29-31).

En otras palabras, Abraham le contestó que los milagros no son los que convierten el corazón, sino la fe en la palabra de Dios, en lo que ya ha sido revelado. Para que yo crea en la resurrección de Cristo debo primeramente tener fe en lo que está revelado de Él. Por cierto, ¿qué es la fe? Fe es una certeza; la certeza respecto tener algo en el terreno espiritual que todavía no se tiene en el natural; o bien, la certeza de que ha sucedido algo en lo espiritual que todavía no sucede en lo natural o no ha visto en lo natural. El creyente está seguro de que tal y como ha ocurrido ya en lo espiritual sucederá en lo natural, porque Dios ha determinado que suceda. Por tanto, él o ella espera fielmente que tal suceso ocurra o que tal cosa aparezca en el ámbito natural.

> «Ahora bien, la fe es la certeza de lo que se espera,
> la convicción de lo que no se ve» (Hebreos 11:1).

Nunca hemos visto a Cristo resucitado, ni hemos contemplado a Dios en su gloria (como Isaías). Tampoco tuvimos la experiencia de ver a Lázaro salir de la tumba, ni vimos a Jesús sanando a los enfermos (Él sanó a miles de ellos). No estuvimos presentes cuando el Señor fue crucificado; tampoco vimos el Mar Rojo abrirse en dos, ni las plagas de Egipto. Sin embargo, creemos firmemente lo que Dios ha revelado en su Palabra. Por eso la fe viene por el oír, y el oír la palabra de Dios (no por ver milagros).

> «Así que la fe es por el oír, y el oír por la
> palabra de Dios» (Romanos 10:17).

Se demuestra entonces que, para los que no quieren creer, aún el milagro de la resurrección de Cristo no será suficiente (aunque la resurrección del Señor es la evidencia más importante de la veracidad del ministerio de Cristo, y es también la señal dada a los incrédulos). ¿Por qué me he detenido aquí para hablar sobre el tema de la incredulidad en el corazón del hombre? Porque esto fue exactamente lo que ocurrió en el caso de los guardias romanos que custodiaban la tumba de Jesús: ellos, habiendo visto tan portentoso milagro, aun así, les interesó más recibir el dinero del soborno que entregar sus vidas al único y verdadero Dios.

> «Y mientras ellas iban, he aquí, algunos de la guardia fueron a la ciudad e informaron a los principales sacerdotes de todo lo que había sucedido. Y después de reunirse con los ancianos y deliberar con ellos, dieron una gran cantidad de dinero a los soldados, diciendo: Decid esto: "Sus discípulos vinieron de noche y robaron el cuerpo mientras nosotros dormíamos". Y si esto

llega a oídos del gobernador, nosotros lo convenceremos y os evitaremos dificultades. Ellos tomaron el dinero e hicieron como se les había instruido. Y este dicho se divulgó extensamente entre los judíos hasta hoy» (Mateo 28:11-15).

Dada la situación, los soldados fueron directamente a los principales sacerdotes judíos (pues ellos habían sido quienes les asignaron la protección de la tumba), y fueron para dar el reporte de lo sucedido. Luego, aún con el testimonio de estos soldados, los principales sacerdotes continuaron endureciendo sus corazones; y aun teniendo la evidencia delante de ellos, planificaron una conspiración y sobornaron a los testigos para negar lo innegable. Por su parte, estos soldados, habiendo visto con sus propios ojos al ángel de Dios que removió la piedra, decidieron tomar el soborno. Ellos prefirieron seguir el camino de la mentira y de la avaricia, antes que arrepentirse y entregar su vida a Dios.

Aparentemente, estos soldados romanos no habían cumplido fielmente con su trabajo, de ahí que el sello romano había sido violado, y la piedra removida; por lo tanto, tenían razón de temer a las consecuencias de haber fallado con su misión de custodiar la tumba. Pero ciertamente no fue que ellos hubiesen fallado, porque estos soldados —hombres duros, asesinos sin piedad, entrenados para la guerra, y valientes en extremo— no pudieron hacer nada ante tan poderoso suceso, y se aterraron al ver al ángel de Dios.

Lo que vieron estos hombres debió haber sido algo aterrador y espectacular. Ocurrió cuando todavía era oscuro, mientras ellos vigilaban la tumba. Y sucedió que todos —sean los que hayan sido—, todos fueron testigos de esa visión sobrenatural: ellos vieron cuando el ángel descendió y removió poderosamente la piedra. Así, con ello se comprobaba que no había sido tan solo el caso de un testimonio aislado, sino de la experiencia de todos estos soldados, quienes, por cierto, eran todos incrédulos.

La apariencia de este ángel debió haber sido impresionante. Y esto es un común denominador en las apariciones angelicales a través de la Biblia (Génesis 26:24; Lucas 1:13, 30; 2:9-10, etc.). La aparición de los ángeles casi siempre trae temor, por lo que estos tienen que decir a quienes se les han aparecido (antes de decir su mensaje), «no temas». Los ángeles son seres hermosos; sin embargo, son poderosos, fuertes y veloces. Ellos tienen la capacidad de matar, de traer enfermedades o simplemente de servir como mensajeros de Dios.

Lo natural sería que, al haber sido testigos de semejante acontecimiento, aquellos soldados deberían haber seguido investigando para conocer a fondo lo que había ocurrido, a fin de enterarse del plan de salvación y creerlo. Cualquiera pensaría que ver un acto así traería a cualquiera a los pies del Señor, y lo haría clamar arrepentido delante de Él; sin embargo, en lugar de ello, estos guardias huyeron. Intercambiaron la verdad por la mentira, vendieron la verdad de Dios por unas cuantas monedas de plata, y prefirieron la deshonra y la corrupción en lugar de honrar al Creador y de testificar de la verdad de la resurrección del Señor.

Tal fue el caso de Judas, quien traicionó a Jesús por 30 piezas de plata (el equivalente hoy en día a unos 400 dólares); de la misma manera, estos soldados fueron sobornados (quizá por mucho más dinero) pero sea la cantidad que haya sido, el hecho es este: vendieron la verdad. ¿Cuántos de nosotros, conociendo la verdad, hemos mentido (sabiendo perfectamente lo que estamos haciendo)? ¿Cuántos hemos dicho algo que sabemos que no es cierto, y hemos así defendido nuestra posición para no quedar mal ante los hombres, ocultando algo que es vergonzoso? ¿Cuántos de nosotros hemos dicho alguna vez aquello a lo que llamamos «mentirillas blancas»?

Si una persona *no* tiene un verdadero compromiso con la verdad, la mentira aflorará con facilidad de su corazón. Es decir, mientras más lejos viva de la verdad, más cerca vivirá de la mentira. Consecuentemente, entre más una persona viva en la mentira, más se identificará con el padre de la mentira, eso es, el diablo. Cuando una persona miente demuestra con ello que no es o no está viviendo como un hijo de Dios.

> «Sois de vuestro padre el diablo y queréis hacer los deseos de vuestro padre. Él fue un homicida desde el principio, y no se ha mantenido en la verdad porque no hay verdad en él. Cuando habla mentira, habla de su propia naturaleza, porque es mentiroso y el padre de la mentira» (Juan 8:44).

Estos principales sacerdotes profesaban seguir a Dios; no obstante, al conocer la verdad por el testimonio de estos guardias romanos, decidieron ocultarla, e hicieron que estos mintieran. De esta manera estos falsos hombres de Dios dieron a estos idólatras un pésimo testimonio, y avergonzaron a la nación israelita llevándolos a mentir y a actuar deshonestamente.

En los evangelios podemos ver —desde la narración del nacimiento de Jesús—, que los principales sacerdotes mostraron un total desinterés por servir a Dios verdaderamente. Siempre su actitud fue una actitud egoísta e hipócrita; aparentaban amar a Dios, pero sus corazones estaban totalmente apartados de la verdad. Ellos, conociendo la Palabra, aparentaban practicarla al pie de la letra, y la enseñaban; no obstante, estaban muertos, ciegos y sordos espiritualmente.

En la narración del nacimiento de Cristo vinieron del oriente unos magos (Mateo 2:1). De ellos no tenemos muchos datos, pero podemos inferir que eran hombres importantes y bien conocidos en su época, quienes posiblemente se dedicaban a coronar reyes. Ellos quizá, al escuchar del nacimiento del «Rey de los judíos», pensaron que este nacería en un palacio; posiblemente pensaron que nacería en el palacio del rey Herodes; pero cuando fueron a hablar con él, Herodes no sabía de lo que ellos hablaban. Fue entonces que este consultó con los principales sacerdotes y escribas.

> «Cuando lo oyó el rey Herodes, se turbó, y toda Jerusalén con él. Entonces, reuniendo a todos los principales sacerdotes y escribas del pueblo, indagó de ellos dónde había de nacer el Cristo. Y ellos le dijeron: En Belén de Judea» (Mateo 2:3-5a).

Estos sacerdotes sabían perfectamente que estos grandes hombres de la época —quienes posiblemente coronaban reyes—, habían venido a buscar a un rey para honrarlo; y ellos también sabían que, a quienes estos magos buscaban, era al Mesías esperado y prometido por Dios. Ellos sabían perfectamente dónde este Mesías habría de nacer, y ninguno de ellos fue a Belén para cerciorarse si realmente había nacido o no. A ninguno le interesó. Conocían la Palabra, pero no les interesaba otra cosa que la religiosidad y el prestigio social.

El nacimiento de Jesús no les importó; ni su ministerio, ni su predicación, ni sus milagros, ni su resurrección. A ellos se le presentó el evangelio de todas las formas posibles, pero no se arrepintieron; antes bien, persistieron en su pecado e incredulidad.

No existe una sola obra fuera de la obra salvadora de Cristo en la cruz que pueda limpiar mi pecado (Efesios 2:8-9). Si mi pecado no me ha llevado a clamar a Dios por su perdón, significa que todavía no he entendido la terrible gravedad de mi pecado, ni lo que Cristo ha hecho por mí en la cruz.

Si Dios es la verdad, yo tengo que vivir en la verdad. Por tanto, la mentira jamás debería salir de mis labios, y esto sin importar las consecuencias. Y si sale, debo de arrepentirme de ello y cambiar mi camino, para vivir como Cristo vivió. Si miento deshonro el nombre de Dios. No importa que tan inocente sea la mentira, debemos decir la verdad y vivir en la verdad siempre.

«Jesús le dijo: Yo soy el camino, y la verdad, y la vida; nadie viene al Padre sino por mí» (Juan 14:6).

De manera que la verdad es una Persona, y la mentira es también una persona. Cuando hablo verdad, me identifico con Cristo, cuando hablo mentira me identifico con satanás. Algunos de nosotros pudiéramos incluso enseñar a nuestros hijos que está bien mentir en algunas circunstancias. Cuando enseñamos que Papa Noel es real y viene a dejar juguetes a los niños que se portan bien en Navidad, por más bonito que esto parezca, esto no es verdad, y estamos de esta manera intercambiando la verdad por la mentira. El punto no es necesariamente sacar a Papá Noel de las casas, sino que hablemos a nuestros niños siempre la verdad, y les expliquemos lo que esto es verdaderamente.

Cuando yo miento, quien me escucha quizás ni se entera de que he mentido. Pero Dios conoce mi corazón, y mi temor y amor por Él deben ser tan grandes, que siempre me conduzcan a vivir en la verdad. Algo es totalmente cierto: No podemos ocultar nada a Dios.

«Tú conoces mi sentarme y mi levantarme; desde lejos comprendes mis pensamientos» (Salmos 139:2).

Para estos soldados hacer una confesión pública de que habían fallado en su misión podría significar un fuerte castigo (si esto llegara a oídos de

Pilato el gobernador). Fue por ello que, además de la suma del soborno, los líderes de los judíos ofrecieron darles protección: «Y si esto lo oyere el gobernador, nosotros le persuadiremos, y os pondremos a salvo» (Mateo 28:14).

Estos líderes divulgaron tanto esta mentira, e hicieron tan bien este trabajo, que, aun después de 30 años —cuando se escribió el libro de Mateo—, la creencia predominante entre el pueblo (entre los incrédulos de la resurrección de Jesús) fue que se habían robado el cuerpo de Cristo (Mateo 28:15).

Esta fue la mentira que los líderes de los judíos divulgaron: «Los discípulos de este engañador (como le llamaban) robaron el cuerpo de su Maestro y ahora dicen que ha resucitado». Sin embargo, examinemos el sinsentido de esta declaración: que unos hombres, quienes ni siquiera creían que Jesús resucitaría, que huyeron asustados cuando Jesús fue crucificado, que no estuvieron presentes para bajar el cuerpo ni tampoco cuando lo enterraron, que no creían siquiera al testimonio dado por las mujeres que afirmaban que Jesús había resucitado, que estos hombres, dadas todas estas condiciones, se habían atrevido a robar el cuerpo de Jesús.

Esta frase también significaba que estos hombres llenos de temor burlaron a los soldados (que eran hombres diestros con la espada y estaban acostumbrados a matar), quienes además vigilaban diligentes la tumba por turnos; que estos discípulos arriesgaron su vida al romper el sello del gobierno, movieron la inmensa roca de la entrara, se llevaron sin que nadie lo supiese el cuerpo de Jesús; pero no sin antes quitarle los lienzos, doblarlos y ponerlos sobre la cama de piedra del sepulcro. Y finalmente, esta frase también significaba que estos mismos discípulos fueron capaces de morir por la mentira que ellos mismos habían creado.

Yo te pregunto: ¿Cuánto vale la verdad? ¿Por cuánto venderías o intercambiarías la verdad? ¿Por cuánto venderías a Cristo? Ahora, te preguntaré algo más: ¿Por qué lo harías? ¿Por la presión de un grupo? ¿Por el amor al dinero? ¿Venderías tu santidad por una película de una hora con contenido sexual? ¿Por lujuria? ¿Por una fiesta? ¿Por el alcohol? ¿Por una mujer o por un hombre? ¿Por una relación fuera del matrimonio?

¿Qué tan serio es este asunto de la mentira en el corazón del hombre para Dios? Leamos esta historia de la Biblia en el libro de Hechos.

«Pero cierto hombre llamado Ananías, con Safira su mujer, vendió una propiedad, y se quedó con parte del precio, sabiéndolo también su mujer; y trayendo la otra parte, la puso a los pies de los apóstoles. Mas Pedro dijo: Ananías, ¿por qué ha llenado Satanás tu corazón para mentir al Espíritu Santo, y quedarte con parte del precio del terreno?» (Hechos 5:1-3).

¿A quién realmente mentimos cuando decimos falsedades dentro del corazón? Es al Espíritu de Dios, quien conoce todos nuestros pensamientos. La consecuencia del pecado de Ananías y Safira fue la muerte súbita, y esta fue la manera en que Dios nos mostró la consecuencia de vivir una vida de pecado, y de mentir al Espíritu de Dios. El que vive en la mentira muestra a quién él o ella realmente sirve.

Ninguno de nosotros, aun siendo creyentes, gozará del fruto del Espíritu mientras practique algún tipo de pecado. Quien practica el pecado —al tiempo que se dice cristiano— es más bien un religioso que vive en hipocresía delante de Dios. En cuanto a mí, yo no quiero vivir en la presencia de Dios (quien es la verdad), viviendo en la mentira. Cristo hizo alusión a esa religiosidad falsa cuando les dijo a los fariseos lo siguiente:

«¡Ay de vosotros escribas y fariseos, hipócritas!
Porque sois semejantes a sepulcros blanqueados,
que por fuera, a la verdad, se muestran hermosos,
pero por dentro están llenos de huesos de
muertos y de toda inmundicia» (Mateo 23:2).

La mentira es el reflejo de un corazón apartado de Dios. Dios preguntó a Caín dónde estaba su hermano (después de que este Caín le había dado muerte), y él mintió a Dios (Génesis 4:9). Abraham mintió diciendo que su esposa Sara era su hermana (Génesis 20:2) porque tuvo miedo a la muerte. Ella era su media hermana, por tanto, no dijo toda la verdad, y esto también es mentira. Jacob mintió a su padre haciéndose pasar por su hermano mellizo Esaú (Génesis 27). El rey David se acostó con la mujer de Urías, Betsabé, quien quedó embarazada; por esto mintió a su esposo y luego lo mandó matar. Este pecado le costó a David la vida de su hijo (2 Samuel 11).

Este asunto es más profundo aún. Si yo digo que amo a Dios y creo en Él, pero no vivo conforme a su Palabra, esto me hace un mentiroso y la verdad no está en mí. Mi propia conducta es lo que me condena, y lo que digo que creo es precisamente lo que atestigua contra mí.

> «Y en esto sabemos que hemos llegado a conocerle: si guardamos sus mandamientos. El que dice: Yo he llegado a conocerle, y no guarda sus mandamientos, es un mentiroso y la verdad no está en él; pero el que guarda su palabra, en él verdaderamente el amor de Dios se ha perfeccionado. En esto sabemos que estamos en Él» (1 Juan 2:3-5).

Alguien podría decir: ¿Por qué Dios es tan exigente con nosotros? ¿Por qué es tan dura su Palabra? No obstante, estas son preguntas necias, porque quien no ha entendido la gravedad del pecado en su propia vida, tampoco podrá entender su ceguera espiritual y no podrá rendirse totalmente al Señor. El pecado nos hace indignos de Él. Todo tipo de pecado: la mentira, el orgullo, la lujuria, el celo, la contienda, etc. es reflejo de una vida apartada de Dios. Por tanto, Dios nos llama al arrepentimiento, a cambiar de vida, a ser transformados por su Palabra. Dios lo sabe todo, Él conoce lo vacío, sucio y necio de nuestro corazón y conoce cada pensamiento que pasa por nuestra mente. Tenemos un Dios tres veces santo (Apocalipsis 4:8), así que, hemos sido llamados a vivir en santidad delante de Él.

> «Según nos escogió en Él antes de la fundación del mundo, para que fuésemos santos y sin mancha delante de Él» (Efesios 1:4).

Ante esto surge la pregunta: ¿cómo puedo yo ser santo? ¿Cómo puede llegar mi corazón a ser limpio de mi pecado? La respuesta la tenemos en la Biblia.

> «Los sacrificios de Dios son el espíritu contrito; al corazón contrito y humillado, oh Dios, no despreciarás» (Salmos 51:17).

«Pero vosotros no habéis aprendido a Cristo de esta manera, si en verdad lo oísteis y habéis sido enseñados en Él, conforme a la verdad que hay en Jesús, que en cuanto a vuestra anterior manera de vivir, os despojéis del viejo hombre, que se corrompe según los deseos engañosos, y que seáis renovados en el espíritu de vuestra mente, y os vistáis del nuevo hombre, el cual, en la semejanza de Dios, ha sido creado en la justicia y santidad de la verdad» (Efesios 4:20-24).

Hermanos, limpiemos el corazón continuamente delante de Dios a través de su Palabra. Reconozcamos lo grave de nuestro pecado, y aprendamos cada día a amar, y a obedecer a nuestro Dios. Esto producirá gozo; la santidad produce gozo; esa es la verdad y libertad que tenemos en Cristo. Así que, cada uno es libre para decir *no* al pecado y *sí* al Señor Jesús. Si hemos pecado, y nuestro corazón se ha apartado de Dios, entonces digamos como David: «Devuélveme el gozo de tu salvación» (Salmos 51:12).

Yo les invito a que vivamos en la verdad, apartados para Dios, amando y obedeciendo su Palabra todos los días de nuestra vida. No sea que seamos como estos sacerdotes y estos soldados, quienes, aún confrontados por la verdad, decidieron ignorarla y seguir el camino de perdición.

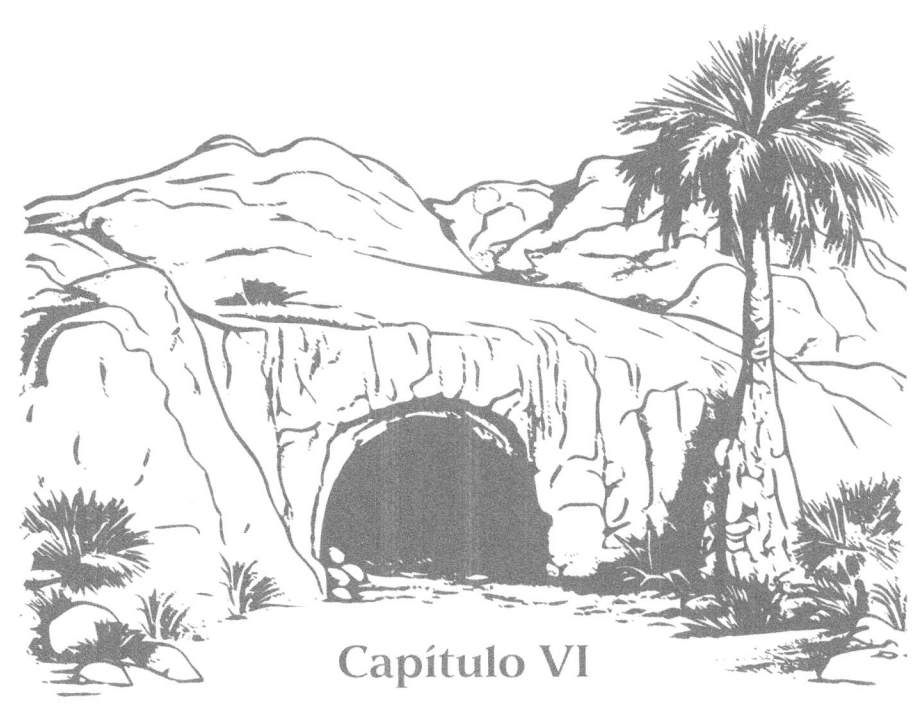

Capítulo VI

EL TESTIMONIO DE LAS MUJERES

Dar testimonio de Jesús es extremadamente importante. Todos hemos recibido el mandato de llevar la palabra de Dios a nuestro hogar, a nuestros vecinos y a todas las personas. Es con la predicación de la palabra de Dios que nuestros ojos serán abiertos, y aquellos que aún no han creído en el evangelio, un día vendrán a formar parte de la familia de la fe si la Palabra de Dios llega a sus corazones. Sin embargo, es un hecho también que, aun cumpliendo con el mandato de llevar la Palabra, habrá quienes no creerán a nuestro mensaje. Incluso algunos que asisten a la iglesia, y que escuchan constantemente la Palabra, poseen una mente nublada, y no la creen, por tanto, no ponen en práctica la Palabra del Dios vivo.

Volvamos ahora a la escena de nuestro estudio y situémonos en la época de los eventos circunscritos a la resurrección de Jesús. El año de estos acontecimientos no está totalmente definido, pero se sitúa entre el año 30 y el 33 d. C. Jesús murió el 14 del mes de Nisán (un viernes) algo así como a las 3:00 p.m. (hora novena, Marcos 15:33). La resurrección ocurrió en el día 16 (al tercer día, el domingo), y debió ocurrir alrededor de las 6 a.m., antes de que saliera el sol.

Ya hemos visto como los guardias salieron huyendo después de haberse desmayado al ver al ángel. Luego llegó María Magdalena, estando aún oscuro, y salió corriendo en búsqueda de Pedro y de Juan. Mientras tanto, llegaron las otras mujeres, vieron a los ángeles que atestiguaron de que Jesús había resucitado, y se fueron a dar aviso a los demás.

También comenté como llegaron Juan y Pedro a la tumba, y no vieron el cuerpo (con ellos llegó María Magdalena). Después ellos regresaron a sus casas; María se quedó sola, y tuvo la impresionante experiencia de ver por primera vez a Jesús resucitado. Posterior a esto, Jesús apareció a las otras mujeres, mientras ellas iban de camino en búsqueda de los discípulos, pues Cristo les había mandado que fueran y les dijeran a los demás que Él había resucitado. Ellas fueron las primeras testigos de la resurrección del Señor. Todo esto ocurrió temprano por la mañana, el domingo de resurrección.

La noticia se divulgó por toda Jerusalén. Todos hablaban del profeta que fue asesinado en la cruz; todos hablaban de la tumba vacía, y se preguntaban si realmente Jesús había resucitado o si se habían robado su cuerpo. Los discípulos estaban escondidos y atemorizados debido a que los soldados decían que ellos habían robado el cuerpo de Jesús, y esto podría significar que fueran apresados y llevados a la muerte. No era poca cosa haber roto el sello romano del sepulcro, y haber burlado a unos guardias romanos.

Aquel que iban a coronar como Rey cuando entró en Jerusalén montando en un burrito, fue coronado con espinas. Aquel que debía ser vestido con ropas reales, fue desnudado, escupido y humillado delante de los hombres. Aquellos que deberían amarle, le odiaron. Aquellos que lo deberían recibir, lo rechazaron y crucificaron.

De algo no había la menor duda: la tumba estaba vacía; y del cuerpo nada se sabía con certeza. Sin embargo, hubo unas mujeres (las discípulas de Jesús) quienes habían sido testigos de la resurrección, las cuales estaban diciendo a todos lo que habían visto y oído, y su testimonio era compartido, primeramente, con la mayoría de los discípulos de Jesús.

Lo que sigue en la historia no deja de impresionarnos a todos. Quizá podríamos decir que el mensaje que estas mujeres dieron a los discípulos respecto a la resurrección del Señor sería suficiente para que ellos creyeran y dieran gloria a Dios; se postraran y alabaran fervorosamente, se regocijaran e inmediatamente salieran a predicar que Jesús había resucitado; sin embargo, no fue así, la verdad fue que los discípulos no dieron crédito al testimonio de estas mujeres.

«Y después de haber resucitado, muy temprano el primer día de la semana, Jesús se apareció primero a María Magdalena, de la que había echado fuera siete demonios. Y ella fue y se lo comunicó a los que habían estado con Él, que estaban lamentándose y llorando. Cuando ellos oyeron que Él estaba vivo y que ella le había visto, se negaron a creerlo» (Marcos 16:9-11).

«Y aconteció que estando ellas perplejas por esto, de pronto se pusieron junto a ellas dos varones en vestiduras resplandecientes; y estando ellas aterrorizadas e inclinados sus rostros a tierra, ellos les dijeron: ¿Por qué buscáis entre los muertos al que vive? No está aquí, sino que ha resucitado. Acordaos cómo os habló cuando estaba aún en Galilea, diciendo que el Hijo del Hombre debía ser entregado en manos de hombres pecadores, y ser crucificado, y al tercer día resucitar. Entonces ellas se acordaron de sus palabras, y regresando del sepulcro, anunciaron todas estas cosas a los once y a todos los demás. Eran María Magdalena y Juana y María, la madre de Jacobo; también las demás mujeres con ellas referían estas cosas a los apóstoles. Y a ellos estas palabras les parecieron como disparates, y no las creyeron» (Lucas 24:4-11).

Aquí podemos observar cómo estas mujeres, María Magdalena, Juana, María (la madre de Jacobo), y otras, fueron adonde estaban los discípulos de Jesús, y posiblemente dieron testimonio, no solo a los once, sino a muchos más de entre los discípulos. En ese momento podría haber quizá hasta 120 fieles seguidores de Jesús (Hechos 1:15); sin embargo, ninguno de ellos creyó al testimonio de estas mujeres.

Ellos estaban tristes y llorando; acongojados y en sufrimiento; por tanto, no les creyeron (Marcos 16:10-11). El dolor debido a la muerte de Jesús era tan fuerte que no había en sus corazones ni una pizca de esperanza de que Jesús resucitara. Pero lo sorprendente del caso fue, que no solo no les creyeron, sino que pensaban que el testimonio de las mujeres era una locura, un disparate (Lucas 24:11). No obstante, si lo meditamos bien, ¡era el testimonio de al menos seis mujeres! Si hubiera sido el testimonio de uno solo, habría razón para dudar; pero aquí se trataba de al menos seis personas quienes aseguraban que habían visto a Cristo resucitado.

¿Será esto posible? Los principales sacerdotes recibieron el testimonio de los guardias romanos y habían creído en la resurrección del Señor (aunque ellos habían decidido voluntariamente mentir y sobornar a estos soldados, a fin de no someterse a la verdad ni pedir perdón por el horrendo asesinato que acababan de cometer. Ellos siempre estaban pensando en su prestigio personal, y eso era lo único que les importaba, Mateo 28:11-15). Es increíble que los fariseos sí creían en el testimonio de los guardias, mientras que los discípulos no creyeron. Más bien, lo que las mujeres estaban hablando les parecían disparates, y no creyeron a su testimonio.

¿Por qué era el corazón de estos discípulos tan incrédulo? ¿Porque no pudieron creer a las mujeres después de que Cristo ya había dicho varias veces que iba a morir y a resucitar? ¿Acaso no se acordaban de que Cristo levantó a tres personas de la muerte? La cantidad de personas que creían que Jesús iba a resucitar después de muerto fue cero. ¿Por qué no creían?

>«Y después de azotarle, le matarán, y al tercer día resucitará. Pero ellos no comprendieron nada de esto; este dicho les estaba encubierto, y no entendían lo que se les decía» (Lucas 18:33-34).

El entendimiento de ellos estaba velado, y hasta ese momento ellos no entendían estas cosas. Por cierto, el velo que ellos tenían en cuanto al entendimiento de lo que Cristo había enseñado no solo era con respecto a la resurrección, los discípulos de Jesús no entendían muchas de las cosas que Jesús les había enseñado. Cuando Él les hablaba en parábolas muchas veces ellos no entendían, y Cristo se las tenía que explicar (Mateo 13:10-17).

Sus discípulos, al igual que los fariseos, anhelaban el prestigio personal. Querían tener los primeros lugares en el reino de Jesús; sentarse a su lado en su reino celestial e incluso pelearon por esto. Vemos en una ocasión que Juan y Jacobo hablaron con su madre para que ella intercediera por ellos ante Jesús para que uno se sentara a la derecha y otro a la izquierda en su reino (Mateo 20:20). Ellos vieron a Jesús hacer muchos milagros; sin embargo, aún no entendían bien quién era Aquel al que ellos seguían, ni de qué realmente se trataba el reino que Él venía a instaurar.

Esta incredulidad y ceguera se debían a que Dios no había querido revelarles la plenitud de la verdad todavía, quizá a fin de que el impacto de ver con sus propios ojos al Hijo de Dios resucitado fuera aún mayor; así que, la incredulidad por sí sola, en este caso, sustenta la realidad de su resurrección.

Pablo es un ejemplo de lo que ocurre cuando una persona es confrontada por la verdad misma. Este hombre era fariseo de fariseos, experto en la ley, orgulloso de ser judío y romano, y perseguidor de la Iglesia. Pablo era todo eso; pero ¿qué ocurrió con su incredulidad cuando vio a Cristo? Su incredulidad se desvaneció.

Pablo tenía dos opciones: rendir totalmente su corazón a Cristo, o hacer lo mismo que hicieron sus colegas fariseos, continuar en rebeldía. Él podía haber visto a Jesús vivo y aun así no seguirle. Él también podría haber seguido al Señor por un tiempo y luego apartarse y volver a sus malos caminos. Pero cuando él vio a Jesús resucitado, su vida fue transformada.

La conversión de Pablo es una de las evidencias más grandes de la resurrección del Señor Jesús. Pablo fue quien escribió casi un tercio del Nuevo Testamento; y fue quien trabajó más arduamente por el evangelio de entre todos los apóstoles. Él dejó atrás todos sus títulos, y los tuvo como basura, por amor a Cristo. Él escribió:

> «Y aún más, yo estimo como pérdida todas las cosas en vista del incomparable valor de conocer a Cristo Jesús, mi Señor, por quien lo he perdido todo, y lo considero como basura a fin de ganar a Cristo» (Filipenses 3:8).

Los discípulos recibieron el Espíritu Santo en Juan 20:22. Cuando Cristo se presentó vivo a ellos Él les sopló y les dijo: «Recibid el Espíritu Santo». Este Espíritu Santo, el mismo que dio vida a Adán y que nos guía a toda la verdad, es el que daría vida a estos hombres cegados a la verdad de la resurrección del Señor. Por eso, para creer a la verdad, el Espíritu de Dios debe intervenir. En Juan 16:13 Jesús dice que el Espíritu Santo nos guiará a toda verdad, pero ¿puedo yo tener el Espíritu Santo y no creer a la palabra de Dios?

La respuesta a esta pregunta es *sí*. Esto es lo que hace el pecado en la vida del hombre. Aun si somos creyentes, la práctica del pecado nos apartará de la verdad, cegará nuestros ojos, y nuestra consciencia será adormecida. Y ante esto, surge otra pregunta: ¿cómo puede alguien decir que cree en Cristo y persistir en un camino apartado de Dios? La verdad es que una persona demuestra *no* creer realmente a Cristo si, conociendo la Palabra, no ha habido un cambio en ella. Yo puedo tener el conocimiento, pero si no vivo como creyente se debe a que *realmente* no estoy creyendo en Dios. Es un conocimiento sin entendimiento. Es un conocimiento vacío, que no produce fe verdadera; así que, una persona en tales circunstancias, al venir las pruebas, se apartará de Dios.

En el libro de Oseas vemos como la falta de conocimiento de nuestro Dios, y de fe en Él, llevó a la destrucción de una nación.

> «Escuchen, israelitas, la palabra del Señor, porque el Señor va a entrar en juicio contra los habitantes del país: "Ya no hay entre mi pueblo fidelidad ni amor, ni conocimiento de Dios. Cunden, más bien, el perjurio y la mentira. Abundan el robo, el adulterio y el asesinato. ¡Un homicidio sigue a otro! Pues por falta de conocimiento mi pueblo ha sido destruido, puesto que rechazaste el conocimiento yo también te rechazo como sacerdote, ya que te olvidaste de la ley de Dios yo también me olvidaré de tus hijos. El pecado de mi pueblo es su comida, se regodean en su perversidad. De tal pueblo, tal sacerdote. Por eso pediré cuentas de su conducta y les daré la paga de sus acciones» (Oseas 4:1-2, 6, 8-9).

Este pasaje muestra que cuando alguien no es sustentado por la verdad de la Palabra, sino que menosprecia y rechaza el conocimiento de Dios, el pecado se convierte en él o en ella en su sustento, su alimento y comida, es decir, no puede dejar de pecar. La falta de conocimiento de Dios y de temor de Él trae como consecuencia infidelidad a sus mandamientos y frialdad espiritual; por tanto, el pecado florece en tal persona y se multiplica la maldad, hasta llegar al punto en que el robo, el adulterio, y los homicidios se vuelven cosas habituales.

Una de las razones importantes por las que aquellos discípulos de Cristo no creyeron al mensaje de la resurrección fue debido a la poca credibilidad que ellos tenían en las mujeres como portavoces. Lo más probable es que si en ese momento hubiese sido Pedro, por ejemplo, quien les hubiera anunciado las buenas nuevas de la resurrección del Señor, muchos hubieran creído inmediatamente (Lucas 24:34). Los guardias llevaron el mensaje a los sacerdotes, y ellos les creyeron; pero las mujeres, al ser ellas las primeras que lo anunciaron a los discípulos, estos no les creyeron. La credibilidad del mensaje de los guardias fue mayor, pues procedió de hombres; pero al proceder de mujeres, aunque fue el mismo mensaje, este no tuvo la misma credibilidad.

El valor y credibilidad de la mujer en aquella época era muy bajo. Las mujeres eran fácilmente despreciadas y maltratadas en esos días, y su testimonio no se consideraba tan confiable. Después de la caída, la mujer tuvo que sufrir mucho debido al pecado; y puesto que Eva fue engañada en el huerto, su palabra desde entonces fue subestimada, no fue digna de tomarse en cuenta por muchos siglos; ya que ella, en vez de escuchar la voz de Dios, escuchó la voz de satanás.

Asimismo, el hombre pecó al escuchar la voz de su mujer —quien estaba en pecado—, y lo que ella le ofrecía en este momento no era de Dios. En vez de restaurar a su mujer, clamar delante del Creador por ella para que Él la perdonara; en vez de ofrecer su vida por ella, el hombre comió y pecó también. Por tanto, el hombre fue el culpable de la caída y no Eva (aunque ella fue el instrumento).

> «Por tanto, tal como el pecado entró en el mundo por un hombre, y la muerte por el pecado, así también la muerte se extendió a todos los hombres, porque todos pecaron» (Romanos 5:12).

Cuando Eva pecó, e indujo a su esposo a pecar, trajo para ella condenación. En vez de tener un esposo vestido de santidad, ahora tendría un esposo vestido de maldad y de pecado. Ese tierno amor del esposo (el cual debería tratarla como vaso más frágil, 1 Pedro 3:7) fue tornado —debido al pecado—, en adulterio, en abuso verbal y físico, en maltrato y en menosprecio. En vez de tratarla como vaso más frágil, el hombre, a través de la historia, ha tratado a la mujer como un vaso de hierro.

Luego de la caída, los varones dejaron de tratar a sus mujeres como sus amigas, sus confidentes y sus ayudas idóneas. Ellos, en vez de deleitarse en estar con ellas, en vez de brindarles su entera confianza para disfrutar juntos como pareja, hicieron del matrimonio un pugilato, una guerra, una relación de constantes pleitos entre dos personas egoístas, quienes luchan cada uno por establecer su voluntad.

No debería sorprendernos la alta tasa de divorcios en los Estados Unidos (alrededor del 50%), pues esta ha sido la condición del hombre y la mujer desde su perdición: ellos están divorciados de Dios. Las estadísticas de divorcio en el mundo son una radiografía del corazón humano delante de Dios. Y de los que continúan casados, muy pocos son los que juntos buscan hacer la voluntad de Dios, y que, como pareja, desean realmente reflejar el amor de Cristo.

Desde el Antiguo Testamento vemos que el amor entre un hombre y una mujer debía cultivarse, nutrirse, y fomentarse para que ambos pudieran aprender a amarse y hacerse feliz el uno al otro. Por ejemplo, la Biblia dice:

> «Cuando un hombre es recién casado, no saldrá
> con el ejército, ni se le impondrá ningún deber;
> quedará libre en su casa por un año para hacer feliz
> a la mujer que ha tomado» (Deuteronomio 24:5).

Podemos ver en el versículo anterior que a los hombres judíos se les debía de dar un año libre después de casarse para hacer feliz a la mujer que habían tomado. Y en el Nuevo Testamento vemos la orden de Dios en este respecto: que el hombre debe amar a la mujer como Cristo amó a la Iglesia (Efesios 5:25). Y ¿cómo amó Cristo a su iglesia? ¡Él dio su vida por ella!

> «Y hallándose en forma de hombre, se humilló
> a sí mismo, haciéndose obediente hasta la
> muerte y muerte de Cruz» (Filipenses 2:8).

Durante todo su ministerio, Cristo buscó restaurar a la mujer del pecado y hacerla volver a su posición original, la que tuvo al principio. Aquí podemos ver algunos ejemplos.

1. Dios escogió a una mujer —quien también necesitó ser salva del pecado— para que fuese la madre terrenal de Jesús; una mujer joven, temerosa de Dios, quien durante toda su vida llevaría un estigma de menosprecio, pues todos pensaban que había sido infiel a su marido (Juan 8:41). María fue el vaso escogido por el Señor para la llegada del Mesías; sin embargo, ella reconoció su propia necesidad de salvación y dijo: «Mi espíritu se regocija en Dios mi salvador» (Lucas 1:47).

2. Cuando Cristo tuvo su ministerio publico, Él fue a Samaria, una región que los judíos evitaban. Los samaritanos eran el resultado de los matrimonios mixtos entre israelitas y gentiles, y practicaban un tipo de sincretismo religioso entre la adoración a Jehová y a los dioses paganos. Los samaritanos tienen una historia que inicia con Jeroboam, cuando Israel se dividió en dos naciones: la del Norte (Israel) y la del Sur (Judá). Luego del retorno de los judíos del cautiverio babilónico, y del imperio medo persa, unos 500 años antes de Jesús, los samaritanos ya estaban consolidados como la parte del Israel apóstata.

Fue entonces que Cristo se dirigió al pozo de Jacob para encontrarse con una mujer samaritana (Juan 4:1-39). Esta era una mujer promiscua quien había tenido cinco maridos. También era una adúltera, dado que el hombre con el cual en ese momento vivía, no era su marido. Al leer el relato, uno puede darse cuenta de que esta mujer había sido rechazada por los de su propio pueblo, por esa razón iba sola a buscar agua a las doce del mediodía (hora sexta) (y no temprano en la mañana, cuando el sol no estaba tan fuerte, tiempo cuando iban las otras mujeres a traer agua).

A esta mujer es que Jesús se presenta como el Mesías (y posiblemente fue ella la primera persona ante la cual, Jesús se rebeló públicamente como tal). Él decidió pasar por Samaria para ir y llevar su evangelio de salvación específicamente a esta mujer impía. Y lo que sucedió al final de su conversación con ella fue que Cristo la restauró: ella se arrepintió y Dios transformó su corazón. Luego el testimonio de ella sirvió para que muchos otros creyeran en Cristo.

3. Otra mujer sobresaliente en los relatos de los evangelios es una mujer que fue considerada inmunda por doce años (Lucas 8:43-48).

Esta fue la que tocó el borde del manto de Jesús y recibió su sanidad. En el caso de una mujer en esta condición, cualquiera que ella tocaba se volvía inmundo según la ley, y le estaba estrictamente prohibido hacer eso. Ella sabía que Cristo podía sanarla, pero tenía temor de que alguien supiera de su enfermedad, ya que era vergonzoso y motivo de desprecio. No obstante, la santidad y el poder de Cristo fueron más grandes que su pecado y su enfermedad, y Él la sanó y la salvó debido a su gran fe.

4. María Magdalena, quien el Señor libertó de la opresión demoniaca (pues era atormentada por siete demonios, Lucas 8:2), fue la que Dios eligió para ser la primera persona en ver a Jesucristo vivo después de su resurrección.

Cristo mismo restauró el testimonio de la mujer. Él restauró su naturaleza caída, e hizo que las mujeres fueran las primeras en llevar el mensaje de su resurrección a los demás discípulos.

El pecado de Eva trajo muerte y corrupción a su persona; y cuando hizo a su marido pecar hizo que el pecado se transmitiera a las generaciones futuras. No obstante, con Cristo, vemos que las mujeres ahora son instrumentos, no para traer juicio y muerte (como en el caso de Eva), sino para llevar el mensaje de salvación a la raza humana, esto es, el testimonio de la resurrección de Jesús.

¿Cómo es entonces que se comporta una mujer que realmente ha sido restaurada por Dios? Una mujer que ha sido salva por Cristo, y que ahora verdaderamente le ama, presenta ciertas evidencias de su nueva vida. Tales evidencias son al menos las siguientes:

1. Ama a Dios sobre todas las cosas, y a su prójimo como a sí misma (Mateo 22:37-39).

2. Si es soltera, ella dedica su vida a Dios, consagra su corazón a Él y se aparta voluntariamente para servirle (1 Corintios 7:32).

3. Si está casada, ella es ayuda idónea para su esposo; le ayuda para que este haga la voluntad de Dios. La mujer cristiana es clave para ayudar a su esposo a tomar buenas decisiones, es decir, decisiones que agraden a Dios. Y aún si su marido no es creyente, ella, mediante

su testimonio, comportamiento y amor, le santifica (1 Corintios 7:13). Esto quiere decir, que la mujer cristiana es un impedimento para que el marido inconverso peque (al menos pecará menos mientras permanezca casada con ella).

4. Ella conoce y usa la Palabra para enseñar a otras mujeres más jóvenes a andar en el camino de Cristo, y a amar a sus maridos y a sus hijos (Tito 2:4).

5. La mujer cristiana guía a sus hijos a Cristo (Tito 2:4).

6. No es dada al vino, ni calumnia a nadie, sino es prudente (Tito 2:3,5).

7. La mujer que verdaderamente ama a Cristo cuida de su casa y fortifica su hogar (Tito 2:5; Proverbios 14:1).

8. Ella está contenta con estar sujeta a su marido (Tito 2:5).

9. La mujer trasformada por Dios viste con modestia, no con peinados ostentosos, ni con oro, o perlas, o vestidos costosos, sino con buenas obras (1 Timoteo 2:9-10). Esto equivale, en una cultura como la nuestra, a aquellas vestimentas y atavíos sensuales que invitan a los hombres al disfrute sexual o inmoral.

Las mujeres sensuales, es decir, aquellas que pugnan por mostrar al mundo lo bellas que son, terminan haciéndolo de una manera indecorosa y sin prudencia; y estas acciones acarrean condenación sobre sí mismas, ya que esto causa que los hombres adulteren en sus corazones, y se aparten de Dios. Por consecuencia, un hombre apartado de Dios no será de bendición para su familia, ni para su entorno o nación.

Pero si las mujeres se visten de buenas obras, de amor por los demás, de consagración, y su porte es decoroso, no contribuirán a ser agentes de perdición para los hombres, sino que ayudarán a que estos restauren sus corazones delante de Dios, siendo ejemplos de cómo se debe vivir para la gloria de Dios.

Respecto a los roles o funciones del hombre y de la mujer es evidente que después de la caída, la mujer se ha empeñado por dominar sobre el hombre e invertir las funciones instituidas por Dios en cuanto al matrimonio y la familia. El hombre por su parte históricamente ha luchado por mantener a la mujer en un sitio inferior. Y todo esto es consecuencia de la falta de entendimiento de la voluntad de Dios para cada uno.

El sitio más seguro para un matrimonio es este: que el hombre ame entrañablemente a su mujer, y sea su guía; que le sea totalmente fiel (aun en el terreno de los pensamientos), y la ayude a santificarse ante Dios; que sea para ella un apoyo fuerte y alguien en quien pueda confiar plenamente. Por su parte, la mujer sabia y prudente estará sujeta a su esposo, lo amará entrañablemente, lo respetará, confiará en su dirección, y se sentirá segura bajo su cuidado. Este el diseño de Dios y es precisamente la relación que existe entre Jesús y su Iglesia, la esposa del Cordero.

> «Pero quiero que sepáis que la cabeza de todo hombre es Cristo, y la cabeza de la mujer es el hombre, y la cabeza de Cristo es Dios» (1 Corintios 11:3).

El hombre representa a Cristo, y la mujer a la Iglesia. Cristo es quien nos santifica, nos ama, nos cuida, nos protege; nos provee, nos guía, nos ayuda y nos sustenta. La Iglesia por su parte, depende de Cristo, se sujeta a su voluntad, confía en Él, lo honra, le es fiel, le sirve y lo busca de todo corazón. Cristo vino a restaurar las posiciones y responsabilidades del hombre y de la mujer en el matrimonio; no obstante, aún hay creyentes que no han querido apegarse a la voluntad perfecta de Dios, y viviendo todavía en el mismo sistema caído del pasado, incurren en pecado ante Dios y ante sus cónyuges.

El hombre y la mujer son iguales ante Dios en cuanto a dignidad espiritual, inteligencia, etc., y ellas tienen el mismo valor delante de Dios que el hombre: tan importante es para Dios una mujer que un hombre; sin embargo, su rol es distinto. Y si yo, como hombre, delego mi rol de guía espiritual a mi mujer, y ella tiene que hacer lo que a mí me corresponde hacer; o si mi esposa me delega su rol, y yo tengo que hacer lo que a ella le corresponde hacer, entonces ambos no estamos honrando a Dios en el matrimonio.

El valor de la mujer en la época de Cristo no era el mismo que el del hombre, y su testimonio no era muy creíble. Esto fue algo que Cristo vino a restaurar. Fue así que, con todo y el buen testimonio que estas discípulas habían sostenido desde su conversión; aun con la valentía que ellas habían mostrado al permanecer al pie de la cruz hasta la muerte de Jesús; aun con sus múltiples demostraciones de amor, por ejemplo, al ir a la tumba el domingo temprano; aun con todo esto, para los discípulos, su testimonio no era suficiente.

Los discípulos no debieron despreciar las palabras de las mujeres, sino tomarlas como verdaderas; y más que eso: ellos debieron confiar en las palabras de Jesús. Eva, siendo santa, confió en la palabra de satanás; sin embargo, estas mujeres, siendo pecadoras, confiaron en el mandato de los ángeles y de Jesús, y cumplieron fielmente con llevar Su palabra. Luego, el que los discípulos creyeran o no, no dependió de ellas.

Lo mismo sucede hoy en día. El mismo mandato que tuvieron las mujeres tenemos nosotros hoy: predicar el evangelio, predicar ya sea si la gente cree o no. Cuando el testigo de Cristo habla la palabra de Dios no todos escuchan; no obstante, cada hijo de Dios tiene la responsabilidad de predicar el evangelio, y el Espíritu Santo hará la obra en ellos.

Una cosa era cierta: aunque los discípulos no creyeron a las buenas nuevas de las mujeres respecto a la resurrección del Señor (y aun su testimonio les pareció fantástico), con todo, ellos se pasaron todo el día discutiendo qué era lo que realmente habría pasado con el cuerpo. Rápidamente, la noticia de que el cuerpo de Jesús no estaba en la tumba se había esparcido por toda la ciudad, y todos se preguntaban lo mismo que los discípulos. Respecto a esto podemos suponer que había quienes creían a la versión mentirosa de los guardias romanos: que los discípulos lo habían robado. Esa era la noticia del momento. Mientras tanto, en medio de toda esta confusión, hubo dos discípulos que decidieron dejar al grupo y volverse a su antigua vida. De esto estaré hablando en el siguiente capítulo, de los discípulos de Emaús.

Capítulo VII

LOS DISCÍPULOS DE EMAÚS

En este capítulo estaré comentando del encuentro que tuvo Jesús con dos discípulos que habían escuchado el testimonio de las mujeres sobre la resurrección. Estos discípulos, de los cuales no he comentado nada todavía, tuvieron una importante interacción con el Cristo resucitado. Estos estaban con todos los demás seguidores del Maestro cuando las mujeres llegaron con el mensaje de la resurrección; sin embargo, ellos tampoco habían creído a su testimonio, y decidieron dejar el ministerio que Cristo les había encomendado, y volver a su antigua vida.

Aquí vamos a estudiar una larga porción de las Escrituras, la cual he dividido en varias partes. Creo firmemente que este relato de Jesús con los discípulos de Emaús tiene grandes enseñanzas, especialmente para los que ya somos creyentes. De hecho, mientras leamos y estudiemos este relato, muy posiblemente nos veremos identificados con estos dos hombres. La porción entera de las Escrituras que estaré comentando en este capítulo se encuentra en Lucas 24:13-35.

La razón por la que he dividido esta porción en varias secciones es porque veo en cada una de ellas un tema principal, y estos temas nos ayudarán a entender mejor el pasaje entero, ya que son aspectos que tienen que ver con la interacción que Jesús tuvo con estos dos discípulos. Te exhorto a que leas estos versículos en tu propia Biblia antes de continuar leyendo este libro, a fin de que trates de comprender mejor el mensaje que iremos estudiando. Los temas que yo veo en cada una de estas secciones muestran con claridad una progresión. Es una progresión que tiene un propósito específico: Cristo deseaba poner en práctica su amor y su gracia para con estos dos discípulos incrédulos. Hagamos entonces un bosquejo de los temas que veremos en este capítulo.

- Lucas 24:13-16 — El encuentro.

- Lucas 24: 17-24 — El examen.

- Lucas 24:25 — La represión.

- Lucas 24:26-27 — La instrucción.

- Lucas 24:28-30 — La invitación.

- Lucas 24:31-32 — El convencimiento.

- Lucas 24:33-35 — El llamado.

Algo que podemos preguntarnos antes de continuar con nuestro análisis es lo siguiente: ¿cuántos discípulos tenía Jesús? Estos dos discípulos seguramente no eran de los doce apóstoles, sino parte del grupo de discípulos que seguían a Cristo (grupo del cual conocemos muy poco, aunque, por supuesto, Cristo sí los conocía bien a ellos, pues eran de sus ovejas). La verdad es que no sabemos cuántos discípulos verdaderamente seguían a Cristo, pero quizá sí podríamos darnos una idea.

Cristo tenía una multitud de discípulos, y de todos los que le seguían escogió a doce (Lucas 6:6-19). Él escogió a Simón Pedro y Andrés su hermano; a Jacobo y su hermano Juan (el discípulo amado); a Felipe, Bartolomé (también llamado Natanael en Juan 1:45-49), Mateo (también llamado Leví); a Tomás, Jacobo hijo de Alfeo, Simón el Zelote, Judas, hijo de Jacobo; y a Judas Iscariote. Jesús escogió a estos doce para que fueran sus apóstoles y líderes. También los escogió para tener mayor intimidad con ellos y enseñarles de una manera más personal.

No obstante, la verdad es que Jesús tenía muchos discípulos. En una ocasión mandó a 70 de ellos a predicar de dos en dos (Lucas 10:1). También podemos ver que en el Pentecostés había 120 discípulos presentes. Pablo dice que 500 discípulos a la vez vieron a Jesús resucitado (1 Corintios 15:6). Por cierto, es posible pensar que algunos de estos discípulos habían caminado con Jesús desde el comienzo y eran muy devotos. Lo vemos en el ejemplo de Matías, quien fue seleccionado para ser el apóstol que tomó el lugar de Judas Iscariote.

El requisito que Matías tuvo que cumplir para sustituir a Judas fue haber acompañado a Jesús todo el tiempo de su ministerio, desde que Juan el bautista le bautizó en el Jordán hasta el día en que fue recibido arriba en el cielo, a fin de que fuese testigo con los demás apóstoles de su resurrección (Hechos 1:12-26). Veamos ahora la interacción que ocurre cuando Jesús se encuentra inicialmente con estos dos discípulos que iban camino a Emaús.

El encuentro

«Y he aquí que aquel mismo día dos de ellos iban a una aldea llamada Emaús, que estaba como a once kilómetros de Jerusalén. Y conversaban entre sí acerca de todas estas cosas que habían acontecido. Y sucedió que mientras conversaban y discutían, Jesús mismo se acercó y caminaba con ellos. Pero sus ojos estaban velados para que no le reconocieran» (Lucas 24:13-16).

Estos dos discípulos habían escuchado ya la noticia de la resurrección; sin embargo, al igual que los otros, no creyeron el testimonio de las mujeres, y decidieron volver a sus viejas vidas. Dejaron de seguir a Cristo ya que no creían en la posibilidad de que una persona pudiera sobrevivir a una crucifixión, ni mucho menos resucitar tres días después.

Estos discípulos venían de Jerusalén e iban probablemente a sus casas en Emaús, a unos 11 km de Jerusalén. Así, dada esta distancia, les debería tomar de dos a tres horas de caminata llegar a su destino. Aquel era un domingo en la tarde, quizá alrededor de las 4 o las 5 p.m. Habían pasado todo ese domingo discutiendo acerca de lo ocurrido con el cuerpo de Jesús con los otros discípulos, y después de esto, decidieron regresar a su ciudad de origen, Emaús. Pero todavía en el camino, entre ellos continuaban hablando del mismo tema; era la noticia del momento.

Emaús significa «aguas termales», aunque su ubicación no es conocida claramente en nuestros días. Las aguas termales son un tipo de agua que proviene normalmente de las capas subterráneas de la tierra y que brota al exterior con unos cuatro o cinco grados centígrados más que cualquier otra agua que esté en la superficie. Es posible que en el área hubiera balnearios, y quizá esta ciudad era un sitio de recreo en la zona.

«Y sucedió que mientras conversaban y discutían, Jesús mismo se acercó y caminaba con ellos» (Lucas 23:15).

No tenemos muchos datos respecto a estos discípulos; sin embargo, podríamos suponer que ellos hicieron compañía a Jesús en su ministerio por suficientemente tiempo, digamos, quizá al menos dos años; sin embargo, con todo y eso, ellos no fueron capaces de reconocerle de inmediato. Cristo veló sus ojos para que no supieran quien era Él, o quizás cambio su apariencia. Tuvo que pasar un buen tiempo antes de que ellos pudieran reconocer a Cristo y entender que se trataba de Él, que lo que ellos estuvieron experimentando era la aparición del Cristo resucitado. Los discípulos del camino a Emaús habían seguido a Jesús en su ministerio; habían escuchado su voz; sabían que lo amaban y creían en Él; sin embargo, todavía no habían comprendido verdaderamente el mensaje que Cristo les había dado mientras estuvo con ellos en su ministerio terrenal.

Ya comenté de cómo María Magdalena, al escuchar su nombre de boca del Jesús resucitado, lo reconoció de inmediato, prácticamente momentos después de encontrarse con Él; pero estos dos discípulos, después de haber caminado con Cristo de dos a tres horas en el camino de Jerusalén a Emaús, no fueron capaces de reconocerlo.

Intentemos ahora profundizar un poco más en lo que significa este encuentro para nosotros, los que somos discípulos de Jesús, y lo que significa para aquellos que todavía no están convencidos de quién es Él. Es importante recalcar que estos hombres había sido discípulos de Cristo probablemente varios años, pero al caminar con Él (en el camino de Jerusalén a Emaús), no lo pudieron reconocer de inmediato. De la misma manera, a muchos de nosotros, los que hemos empezado a caminar por el camino del evangelio, nos toma mucho tiempo reconocer quién es Jesús verdaderamente.

Cuando conocemos a Cristo de verdad, cuando su Palabra se hace realidad en nuestra vida, y entendemos *quien* es el Señor, hay un cambio definitivo en nosotros y ese cambio es tan fuerte que jamás nuestra vida podrá continuar siendo la misma. Muchos oyen de Cristo, muchos conocen la historia de Jesús y de sus milagros (pues su vida es conocida por casi el mundo entero). Muchos son los que saben de Jesús y tienen algún conocimiento de Él; sin embargo, al mismo tiempo, estos continúan caminando por la vida ciegos espiritualmente.

La verdad es que la mayoría de nosotros no conoce a Cristo de veras. No lo hemos visto como realmente Él es, pues si lo conociéramos en verdad, nuestra vida fuera consumida por su amor diariamente. Si conociéramos quien es Jesús en todo su esplendor, y nuestro corazón entendiera su grandeza, y lo que Él representa, te lo diré otra vez, nuestras vidas no podrían continuar siendo las mismas. Es imposible que yo rechace a Cristo en el momento en que Él me quita el velo de los ojos. Es prácticamente imposible que mi corazón no sea diariamente confrontado con mi pecado si realmente medito en su Palabra cada día, y cada día deseo obedecerlo.

De esta manera sucede que muchos han pertenecido a una iglesia por años, pero la Palabra todavía no se ha hecho realidad en sus corazones. Muchos viven cumpliendo con lo que la palabra de Dios ordena, pero no la aman de verdad, ni están apasionados por ella. Si este es tu caso te diré algo: el anhelo por la palabra de Cristo tiene que exceder por mucho a cualquier otro deseo por las cosas de este mundo. La palabra de Dios tiene que ser tu agua, tu alimento, tu sustento, tu gozo, tu paz, tu luz, tu guía, etc. Y ella es todo esto y más, porque la palabra de Dios es la que nos lleva y atrae a Cristo mismo.

De esto dijo el salmista: «¡Cuán dulces son a mi paladar tus palabras! Más que la miel a mi boca» (Salmos 119:103).

La palabra de Dios es dulce como la miel. No debería ser una carga para ninguno, ni un yugo; y si esto es así para alguien, significa que el tal no ha entendido el mensaje general de las Escrituras ni tiene una correcta relación con el Espíritu Santo. A estos discípulos les pasó lo mismo que a Job. Job sabía de Dios, vivía para Dios, le seguía, cumplía con Él, pero no había entendido quién era Dios realmente. Cuando el Señor se le presentó a Job y le hizo 77 preguntas, él no sabía qué decir: quedó mudo y todo su ser atrapado. Fue entonces que la presencia del Todopoderoso impresionó tanto a este varón de Dios, que finalmente exclamó: «De oídas te había oído, mas ahora mis ojos te ven» (Job 42:5).

El velo le fue quitado; y este hombre, aunque era perfecto delante de Dios (Job 1:8), después de su prueba se dio cuenta lo poco que le conocía. Por otro lado, estos discípulos habían oído de Cristo, caminado con Cristo, escuchado la voz de Cristo, obedecido a Cristo en todo; sin embargo, sus ojos estaban velados, y no eran capaces de verle y conocerle verdaderamente.

¿Alguno de nosotros vino solo a Jesús, sin ser atraído por el Espíritu Santo? Cierto es que ninguno de nosotros ha venido a Cristo por cuenta propia cuenta. Ninguno ha tenido un deseo genuino —salido de su corazón y por iniciativa propia— para buscar a Dios, por lo tanto, la intervención del Espíritu Santo es indispensable. Todo lo que atañe a la salvación se trata de un regalo del Todopoderoso. Un regalo invaluable.

> «Todos se han desviado, a una se han corrompido; no hay quien haga el bien, no hay ni siquiera uno» (Salmos 53:3).

Si ninguno de nosotros ha venido a Dios por cuenta propia, entonces Dios tuvo que venir a nosotros primero. Dios es quien nos abre los ojos, quien abre nuestro entendimiento para comprender su Palabra. Él es quien nos da la fe para creer. Si entiendes quién es Jesús, es porque Él mismo quitó el velo de tus ojos.

Surge entonces una pregunta: ¿Cómo yo sé si tengo ese velo o no? Esta es una pregunta difícil, y es difícil porque uno mismo no puede darse cuenta de su ceguera. Sin embargo, podríamos detectar algunos indicios. Si tu vida no da gloria y honra a Dios; si no está totalmente rendida a Cristo; si tu deseo constante no es hacer Su voluntad (antes que la tuya); si no estás dispuesto a dar tu vida por Cristo ni te gozas al servirle de todo corazón; si la lectura de su Palabra no te trae un gran deleite; entonces ese velo aún está puesto sobre tus ojos. Aun estás ciego a la gloria que Dios te ofrece en su presencia; significa que aún estás vivo para las vanidades del mundo.

No obstante, la buena noticia es esta: Cristo removerá de ti ese velo si escuchas su voz y lo sigues. Tenemos que escuchar la voz de Cristo y seguirle, ya que, si no lo hacemos, aun siendo creyentes, viviremos en tinieblas; preocupados más por las cosas de este mundo; por el día a día, por lo que iremos a comer, a beber y a vestir; por los quehaceres y los afanes de las cosas terrenales y temporales; viviremos así, antes que poner suficiente atención por las cosas eternas.

¿Dónde está tu gozo? ¿Está en que llegue el fin de semana, las próximas vacaciones, tu cumpleaños, o una fiesta? ¿No debería estar en que llegue la noche, o la madrugada para tener tu tiempo de intimidad con Dios? ¿No debería estar en presentarte delante de Dios para hablar con Él, y aprender de Él?

Los momentos de mayor satisfacción en la vida son aquellos en los que demostramos nuestro amor por el Padre eterno, y nuestro amor por el prójimo; cuando, sin interés de que nadie nos vea, demostramos al prójimo que lo amamos como a nosotros mismos. No se trata de cumplir con un devocional, sino de amar verdaderamente; y cuando uno ama verdaderamente a Dios, no hay lugar más especial que estar postrado ante su altar, quebrantando el corazón en privado, solo ante Él, delante del Dios que nos vino a buscar y a salvar.

¿Quién soy yo para recibir tanto amor? ¿Quién soy yo para recibir de Él tantos cuidados? Y lo más sorprendente de todo esto es saber que no fuimos nosotros los que lo buscamos a Él, sino Él a nosotros.

> «Vosotros no me escogisteis a mí, sino que yo os escogí a vosotros, y os designé para que vayáis y deis fruto y que vuestro fruto permanezca, para que todo lo que pidáis al Padre en mi nombre os lo conceda» (Juan 15:16).

Cuando recién viene Jesús a nosotros, todavía no lo conocemos como Él es verdaderamente, pues conocerle toma tiempo. Cristo anduvo años con sus discípulos, enseñándoles, guiándoles, hablándoles, y corrigiéndoles. De la misma manera nosotros: pasamos años asistiendo a la iglesia y escuchando su Palabra; y nos gozamos en ella sin entender todavía quién es Jesús. No obstante, aunque no le veamos claramente, Él sí nos ve a nosotros, tal y como nosotros somos; Él nos conoce a la perfección.

¿Qué de una persona que cree en Cristo, pero todavía maldice, tiene malos pensamientos, un corazón incrédulo, etc.? Si una persona vive así, significa que ha oído de Cristo, pero todavía sus ojos *no* lo han visto. Si un individuo anda en pecado, y no le duele vivir así, significa que ha escuchado de Cristo, pero aún no logra verlo. Pregunto ahora, ¿quiénes son los que siguen a Cristo? ¿Es posible que cualquier persona pueda seguir a Cristo? La verdad es que la invitación está abierta para todos, pero solo sus ovejas pueden escuchar su voz y seguirle.

> «Mis ovejas oyen mi voz y yo las conozco y me siguen, y yo les doy vida eterna y jamás perecerán y nadie las arrebatará de mi mano» (Juan 10:27-28).

Este es nuestro Cristo, nuestro Buen Pastor, quien nos ama, nos cuida; de cuya mano nadie, absolutamente nadie, nos puede arrebatar. Aunque yo no lo vea en todo su esplendor, aunque no entienda con claridad quien es Él verdaderamente, Él sí me ve a mí y me conoce. Aunque me sienta perdido en el camino, mi Buen Pastor sabe exactamente dónde estoy. Estoy completamente seguro en Él si verdaderamente soy de Él. Puedo no entender perfectamente quien es Él todavía, pero Él sí sabe quién yo soy.

¿Sabes lo que somos? Somos un regalo de Dios el Padre para su Hijo Jesucristo, somos su Iglesia, la esposa del Cordero. Somos un pedazo de la humanidad que fue rescatado del pecado y restaurado mediante la preciosa sangre de Cristo. Jesús vino a santificar a la humanidad mediante su sangre, cuando Él murió por todos. Adán se dejó corromper por su mujer, pero Jesús perdonó y santificó a su mujer, la que se había corrompido por el pecado.

> «Yo soy el buen pastor; el buen pastor da su vida por las ovejas. Mi padre que me las dio es mayor que todos, y nadie las puede arrebatar de la mano del Padre» (Juan 10:11).

Por eso dice Lucas 24:32 que el corazón de los discípulos de Emaús ardía cuando escuchaban su voz, ya que ellos eran de su rebaño: escuchar la voz de su Pastor —la voz de Cristo Jesús—, les producía gran gozo, aunque no fueron capaces de reconocerlo de inmediato.

Durante sus más de tres años de ministerio, Jesús había hablado a las multitudes constantemente y había hecho muchos milagros delante de sus ojos; sin embargo, aun así, no le creían. ¿Por qué estos discípulos no creían en Jesús con todo y haber visto con sus propios ojos tan grandiosas maravillas de Dios? Siete cosas nos confirman que Jesús estaba viviendo el cumplimiento de los tiempos perfectos de Dios.

>1. *El tiempo era el correcto.* Vemos como Juan el Bautista dio testimonio de Él, y Juan fue el profeta que vino a preparar el camino del Mesías (Malaquías 4:5-6).
>
>2. *Su descendencia era la correcta.* Cristo descendía del rey David, tanto por la línea de María, como por la de José, y la profecía decía que el Mesías sería descendiente de David (2 Samuel 7:1-17).
>
>3. *Sus obras eran las correctas.* Él hizo muchos milagros, libertó a muchos de posesiones de demonios y sanó todo tipo de enfermedades (Mateo 8:16-18).
>
>4. *Su vida fue perfecta.* Jesucristo nunca pecó (Hebreos 4:15).
>
>5. *Su mensaje era el correcto.* Cristo fue celoso de la Palabra, perdonador, lleno amor y gracia, siempre mostró misericordia con el arrepentido de corazón, y reprendía al altivo (Lucas 4:18).
>
>6. *Su muerte fue anunciada.* Él fue el Cordero que entregó su vida por nosotros (Isaías 53).
>
>7. *Su palabra profética fue la correcta.* Cristo mismo predijo su muerte y resurrección (Lucas 18:33).

El Señor Jesús vivió una vida tan santa, que sus enemigos tuvieron que mentir y condenarlo de noche para que nadie se enterase de que lo estaban condenando injustamente, pues no encontraban cómo acusarlo.

¿Por qué entonces no creían? Cristo dijo: «Pero vosotros no creéis porque no sois de mis ovejas» (Juan 10:26). Si tú no tienes interés en escuchar la voz de Dios, si este no es tu deseo más profundo y anhelo más caro debes preguntarte a ti mismo: ¿Realmente soy una oveja de Cristo? ¿Por qué no anhelo escuchar Su voz? ¿Por qué no arde mi corazón al escuchar su Palabra?

Si Cristo te está llamando para que vengas a Él. Si todavía no has nacido de nuevo; o si has creído en Cristo, pero todavía persistes en vivir en pecado, apartado de Dios y de su Palabra, ¿Qué esperas para que de una vez por todas rindas totalmente tu corazón a Cristo Jesús?

En este pasaje, podemos ver que es Cristo mismo quien sale a buscar a los discípulos de Emaús. Esto quiere decir que, aunque nos desviemos del camino, si somos verdaderamente hijos de Dios, escucharemos su voz, seremos sensibles a su Palabra y, finalmente, nos volveremos a Él. Cristo vino a buscar a las ovejas perdidas para traerlas de vuelta al redil.

El examen

Lo que Jesús hace ahora es exponer el corazón de estos discípulos para mostrarles lo distorsionado, y lo lejos que estaba de la verdad. Vemos como Cristo se acercó a ellos para ver si entendían lo que verdaderamente acababa de pasar en Israel. Él quería escuchar de ellos si entendían el glorioso hecho que sus vidas habían sido compradas por su muerte y su resurrección, y que sus pecados habían sido ya perdonados.

«Y he aquí que aquel mismo día dos de ellos iban a una aldea llamada Emaús, que estaba como a once kilómetros de Jerusalén. Y conversaban entre sí acerca de todas estas cosas que habían acontecido. Y sucedió que mientras conversaban y discutían, Jesús mismo se acercó y caminaba con ellos. Pero sus ojos estaban velados para que no le reconocieran. Y Él les dijo: ¿Qué discusiones son estas que tenéis entre vosotros mientras vais andando? Y ellos se detuvieron, con semblante triste. Respondiendo uno de ellos, llamado Cleofas, le dijo: ¿Eres tú el único visitante en Jerusalén que no sabe las cosas que en ella han acontecido en estos días?» (Lucas 24:13-18).

En Lucas 14:17 notamos, en primer lugar, que cuando Jesús les preguntó acerca de lo que ellos hablaban, su semblante cambio. Es posible que, en ese momento, los discípulos detuvieron su caminar: era tanto el dolor en sus corazones, estaban tan quebrantados por lo que estaban viviendo, que no podrían sino expresar su tristeza; y esa actitud por sí sola era una demostración del amor sincero que tenían por Jesús. No obstante, sus esperanzas tenían un principio erróneo; ellos creían que Jesús era el rey que les libraría del lazo de Roma; el líder que restauraría el reino de Israel.

Cleofas no podía comprender la pregunta de Jesús (v.18). Parecería inverosímil que hubiera alguien que no supiera de la injusticia cometida hacia el Dios hecho Hombre. Por cierto, Cleofas es el único de los dos discípulos que es mencionado por nombre aquí. ¿Por qué esto? ¿Quién era Cleofas? Cleofas era un discípulo fiel de Jesucristo, uno que le amaba y que le siguió durante su ministerio; él era parte de una familia devota al servicio de Cristo.

Pero la pregunta subsiste, ¿por qué es mencionado por nombre? Quizá la razón sea que estaba casado con María, (probablemente la madre de Jacobo, hijo de Alfeo). Se cree también que Cleofas y Alfeo pudiesen ser la misma persona, debido a que la etimología hebrea de estos dos nombres es muy parecida. Epifanio (315-403) escribió que José (el padre adoptivo de Jesús) y Cleofas eran hermanos, y que ambos eran hijos de Jacob (apodado Pantera); si esto es así, Cleofas era técnicamente tío de Jesús de Nazaret. También, en la crucifixión estaban presentes la madre de Jesús, su tía (hermana de su madre) y María Magdalena (Juan 19:25). ¿Habría entonces junto a la cruz una tía de sangre y una tía política, además de su madre y de María Magdalena?

En Mateo 27:56 se mencionan tres mujeres. Dos de ellas se mencionan por su nombre (María), pero en realidad las tres se llamaban María. Una de estas Marías mencionadas era la mujer de Cleofas, quien también tenía un hijo llamado Jacobo (que era parte de los doce) y otro hijo que se llamaba José.

Por lo menos cuatro Jacobos son mencionados en el NT: dos de ellos eran parte de los doce apóstoles de Cristo; otro Jacobo, quien era el hermano de Jesús; y un cuarto Jacobo, el padre de Judas Tadeo (no el Iscariote). De estos dos Jacobos que eran apóstoles, uno era el hijo de Zebedeo (el hermano de Juan), y el otro Jacobo era hijo de Alfeo (o Cleofas) y María, quien por cierto era el más joven de los dos Jacobos apóstoles y se le ha llamado Jacobo el menor.

María, la esposa de Cleofas, fue una de las que vio a Jesús resucitado y una de las que trajo las buenas nuevas de la resurrección a los apóstoles (Lucas 24:10 ff). Este fue el mensaje que los discípulos juzgaron como un disparate y una locura. Y si Cleofas estaba casado con María (la madre de Jacobo, el apóstol, y José), entonces deducimos algo sorprendente: él mismo no había creído al testimonio de su propia esposa; es decir, él pensaba que su mujer estaba diciendo disparates, y no creía nada de lo que ella había dicho.

Quizá, en esos momentos, Cleofas estaría pensando: *¿¡Qué es lo que pasas aquí!? Jesús, nuestra esperanza, ha muerto, mi hijo ha quedado ya sin la oportunidad de ser alguien grande en Israel, y ahora mi esposa ha perdido la cabeza y dice cosas inverosímiles. No aguando más esta situación; regresaré a mi lugar de origen, regresaré a Emaús.*

Cleofas estaba confundido, y posiblemente, la razón por la que deseaba ir a Emaús era para regresar a lo que antes había estado haciendo antes de seguir a Jesús. Cleofas era una oveja apartándose del redil, una que volvía a su antigua vida, que dejaba el ministerio que Cristo le había mandado. Su corazón empezó a desviarse de la verdad desde que cerró su corazón al testimonio de su esposa. No obstante, el Señor, en su paciencia, no permite que se aleje demasiado, Él va en su encuentro para hacerle regresar.

Ten por seguro que, si eres oveja de Jesús, tienes un Buen Pastor. Y cuando estés perdido, Él vendrá por ti. Solo te pido que estes atento y que escuches su voz cuando te hable a través de su Palabra. Hermanos, Cristo nos viene a buscar, el Rey de gloria, majestad y poder, el Creador de los cielos, de la tierra y de todo cuando existe; el Ser más importante que existe se concentrará especialmente en ti para encontrarte y traerte de vuelta a su redil. ¡Qué humildad y mansedumbre de nuestro Dios! Él no tiene necesidad de mí, pero sabe la necesidad y dependencia que tengo yo de Él.

Pues bien, Cleofas respondió a Jesús y dijo: «¿Eres tú el único visitante en Jerusalén que no sabe de lo acontecido en estos días?». En otras palabras, ¿dónde estabas tú durante la Pascua? ¿Eres tú el único extranjero que no sabe de esto? ¡No puede ser que no sepas todo lo acontecido en estos días! Cleofas entonces le hace un recuento breve de como él entendía que había sucedido todo.

> «Entonces Él les dijo: ¿Qué cosas? Y ellos le dijeron: Las referentes a Jesús el Nazareno, que fue un profeta poderoso en obra y en palabra delante de Dios y de todo el pueblo; y cómo los principales sacerdotes y nuestros gobernantes le entregaron a sentencia de muerte y le crucificaron. Pero nosotros esperábamos que Él era el que iba a redimir a Israel. Pero además de todo

esto, este es el tercer día desde que estas cosas acontecieron. Y también algunas mujeres de entre nosotros nos asombraron; pues cuando fueron de madrugada al sepulcro, y al no hallar su cuerpo, vinieron diciendo que también habían visto una aparición de ángeles que decían que Él vivía. Algunos de los que estaban con nosotros fueron al sepulcro, y lo hallaron tal como también las mujeres habían dicho; pero a Él no le vieron» (Lucas 24:19-24).

Cuando Cristo les preguntó, «¿Qué cosas?» (v. 19), les estaba haciendo confesar lo que había realmente en sus corazones. En otras palabras, Él les estaba preguntando: «¿Qué fue lo que verdaderamente ocurrió?, ¿qué es lo que ustedes entienden de eso?» Cristo quería demostrarles su gran ignorancia respecto al mensaje bíblico del Mesías; y que la interpretación que tenían de lo ocurrido con Él en esos días estaba totalmente equivocada. La realidad era que estos discípulos no sabían quién era Jesús.

Claramente ellos tenían a Jesús de Nazaret como un profeta poderoso, pero no reconocían su divinidad. Ellos pensaban que Él era como Elías, o Isaías, o Moisés: un grande y poderoso profeta de Dios; quizá como ningún otro, muy poderoso en obra y palabra, como ninguno de sus predecesores, pero nada más allá. Ellos entendían que Jesús tenía un entendimiento inigualable, y que manejaba, y entendía las Escrituras como si Él mismo las hubiera escrito, pero su mente no lograba comprender que Jesús era, que realmente era, el Hijo del Dios viviente.

Ellos aceptaban que las obras de Jesús solo podrían provenir de Dios, y que ningún otro profeta hizo tantas obras como Cristo; sin embargo, con todo, ellos no habían visto a Jesús verdaderamente. La verdad es que estos hombres seguían a Jesús con sinceridad. Ellos fueron testigos de su ministerio y podían hablar de sus obras de primera mano (cosas que ellos vieron con sus propios ojos); tenían autoridad para decir a este extraño que conocían del poder, milagros y las grandes cosas que Cristo había hecho; podrían dar testimonio de su crucifixión y muerte; asimismo, habían dado ya testimonio de la tumba vacía; sin embargo, a estos discípulos les faltaba una parte esencial: creer y dar testimonio de la resurrección del Señor. En Lucas 24:21 podemos ver claramente lo que ellos entendían respecto a Cristo:

LA RESURRECCIÓN DE JESÚS

«Pero nosotros esperábamos que Él era el
que iba a redimir a Israel» (Lucas 24:21).

Estos dos discípulos esperaban que Jesús fuera un redentor para Israel. Uno que instalaría un reino teocrático en la nación, y con quien ellos habrían de gobernar y ser líderes. Pensaban que serían liberados de la opresión romana. Hay que entender que los judíos habían estado subyugados bajo otras naciones por ya más de 600 años, y estaban hambrientos de libertad política.

Desde el año 583 a.C. (que fue el año cuando Judá fue llevado en cautiverio a Babilonia), los judíos habían estado subyugados. Después de los babilonios les dominó el imperio medo-persa, seguido por los griegos, y ahora —desde el año 63 a. C.—, los romanos. Por ese entonces ya estaban en el año 30-33 d. C. y los judíos estaban cansados, querían que Dios les trajese un libertador (como en la época de los jueces) y así ser un reino independiente, uno que recobrara la gloria terrenal que tuvieron con David y Salomón. Dios ya lo había hecho decenas de veces con los jueces, los reyes y los profetas en el A.T. y ellos esperaban que el Mesías hiciera lo mismo.

Los discípulos de Cristo tenían en mente ser libres de la opresión del gobierno opresor; pensaban en una salvación terrenal, política y temporal. No habían comprendido el mensaje de Cristo ni el significado de su reino. No obstante, Cristo había dicho con claridad que su reino no era de este mundo (Juan 18:36). El Señor siempre habló en términos espirituales, de una liberación del pecado; habló de la vida y de la muerte eternas; de las moradas celestiales y del infierno. Incluso, jamás habló mal del gobierno romano y dijo: «Dad a Cesar lo que es de César...» (Mateo 22:21).

Esto se asemeja a la vida de muchos en nuestros días. Personas que se quejan del gobierno, del trabajo, de lo que les falta en la casa; esperan que las cosas cambien mediante un mejor gobierno. Su esperanza está puesta en un líder político que les arregle la situación; que se emitan leyes más favorables. Piensan en un futuro económico más halagador y en más y mejores oportunidades de crecimiento en lo material, etc. Sin embargo, mientras la vida pasa, ellos no se dan cuenta que todas estas cosas son temporales, y que es muy insensato de su parte que ellas sean la intención primordial de su corazón.

Tenemos que darnos cuenta de que los creyentes somos los que transformamos el mundo al depender de Dios. Y esta transformación impacta a toda persona que logramos tocar, empezando por nuestra familia. De esta manera, si cada persona en la nación amara, y temiera a Dios, la mayoría de los problemas sociales desaparecerían. Dios ha puesto la Iglesia en el mundo para ser la sal de la tierra, y luz del mundo.

Igual que estos discípulos, muchos en nuestros días tienen sus ojos velados, puestos en las cosas terrenales antes que en Jesús, el autor y consumador de la fe. Podemos simpatizar con Jesús, ir a la iglesia, y decir que somos sus discípulos y, aun así, no conocer a Aquel en quien decimos estar creyendo.

Pidamos a Dios sabiduría para que ese velo sea quitado de nuestros ojos, a fin de ver a nuestro glorioso Cristo, y entender quién es Él verdaderamente. No dejemos que Jesús esté delante de nosotros hablándonos a través de su Palabra, y aun así permanezcamos ciegos, sin poder reconocerle. El Señor constantemente está enviando su mensaje a nuestras vidas, a través de amigos, familiares, predicadores, hermanos de la iglesia, libros, etc. Por tanto, jamás habrá excusa.

La reprensión

Los versículos que ahora estaré comentando tienen relación con lo que produce la Palabra de Dios cuando la escuchamos, de cómo esta nos confronta. La Palabra de Dios puede ser malinterpretada o malentendida; por tanto, debemos siempre tener un corazón humilde a fin de reconocer la verdad (aunque esta no concuerde con lo que nosotros habíamos entendido). El Espíritu Santo nos reprende y nos corrige mediante su Palabra.

Un ejemplo de esto lo vemos en estos dos discípulos, los cuales habían vivido toda su vida aplicando mal la Palabra de Dios. Ellos pensaban en un Mesías libertador que les libraría de su condición actual, pero su pensamiento estaba muy equivocado; ellos habían tergiversado la Palabra a fin de que encajara en su condición cultural y social y cumpliera con sus deseos. No obstante, la Biblia —la palabra de Dios—, trasciende y va más allá de todas las épocas; por tanto, no se puede interpretar a la luz de nuestra propia situación, ni ser amoldada a nuestros deseos y pensamientos. Antes bien, debemos buscar cuál es su significado original, esto es, lo que Dios quiso decir a todos, y este entendimiento es que debe ser aplicado a nuestra vida.

Aquellos que hemos tenido, o criado hijos, sabemos que debemos corregirlos constantemente para que aprendan a vivir con rectitud. Sabido es que no es necesario enseñar a un niño a hacer lo malo, pues ser malo está dentro de su propia naturaleza. Así que, si los padres no le instruyen constantemente a hacer lo bueno, es muy posible que estos niños terminen siendo desobedientes y altivos, y no respeten a ninguna autoridad, ni siquiera la de sus Padres. Por esto, puesto que Jesús es nuestro Buen Pastor, Él salió al encuentro de estos hombres —que eran sus ovejitas—, para que, después de escuchar sus propios conceptos equivocados, los reprendiera e instruyera.

¿Qué pasa cuando tenemos un concepto equivocado de Dios? ¿Por qué es tan importante que interpretemos la Biblia correctamente? La palabra de Dios debe ser entendida y aplicada correctamente, ya que, de otra manera, tendremos fe en una falsedad, la cual, cuando sea probada, se derrumbará por sí sola. Esto era lo que sucedía con estos hombres. Si ellos creían en Jesús como un libertador político (según sus creencias basadas en la Biblia), cuando esto no sucedió, su vida se vino abajo, y su fe en Dios mismo se vino al suelo.

Podemos creer que servimos a Dios, que lo seguimos y obedecemos, pero si lo que pensamos y hacemos no está perfectamente basado en la verdad de Dios, y si no tenemos un conocimiento correcto de lo que Él es, entonces podríamos vivir una vida frustrada, sin entender, ¿por qué Dios me hace esto a mí? ¿Por qué Dios no contesta mi oración? ¿Por qué Dios permitió que todo esto me pasara?, etc.

Si la fe esta puesta en cierta idea, y esta idea no es correcta o verdadera, entonces tampoco mi fe es una fe verdadera, y mi confianza en Dios será sacudida en medio de la prueba y la aflicción. Por tanto, para tener una fe fuerte y tenaz debo creer conforme a las Escrituras, y debo conformar mi pensamiento al del Dios revelado a nosotros ahí. Por otro lado, tengamos claro que lo que Dios persigue con su reprensión no es destruir, insultar o hacer daño, más bien, lo que Él quiere es llevarnos a los pies de Cristo para contemplarlo tal y como Él es.

Algunos puntos que vamos a tocar ahora son:

- Sin entendimiento no hay fe verdadera.

- La fe necesita estar basada en un conocimiento correcto de la Palabra.

- La fe verdadera resiste las pruebas.

- La fe verdadera se vive diariamente.

- La fe es forjada por Dios en nosotros.

> «Entonces Jesús les dijo: ¡Oh insensatos y tardos de corazón para creer todo lo que los profetas han dicho!» (Lucas 24:25).

Sin entendimiento no hay fe verdadera

En este pasaje Jesús reprendió a los discípulos en el camino a Emaús por no creer a su Palabra, ni al testimonio de las mujeres. Jesús cumplió fielmente en enseñarles la verdad, pero no la habían creído, ni entendido ni aceptado. El resultado de esto fue una idea totalmente equivocada respecto al propósito de la venida de Cristo. Ellos creían en Cristo como el Mesías, pero su falta de entendimiento les impidió tener fe suficiente para continuar siguiéndolo en medio de la aflicción.

Algunos pueden creer que saben mucho de algún tema, pero quizá no sea así en realidad. Prueba de esto podría ser la cantidad de personas que participan en foros dando su opinión y haciéndose pasar por expertos, pero que en realidad ni dominan el tema, ni tienen suficiente autoridad. Sin embargo, los que escuchan no se darán cuenta de esto hasta que los confronte otro que sí sea experto y exponga los conceptos erróneos y superficiales que aquellos presuntuosos tienen. De esta manera, el experto en cierto tema —el que en realidad lo es— tendrá oportunidad de corregir, aclarar las cosas y alinearlas a lo correcto.

Esto era lo que pasaba con estos discípulos judíos, fieles seguidores de Cristo, quienes verdaderamente lo amaban, pero su entendimiento de la Palabra no era el correcto. Su fe no estaba basada en un entendimiento verdadero de Cristo; pues, si lo fuera, jamás hubieran decidido abandonar a los otros discípulos; no obstante, su fe era algo superficial, y no podían tener una fe mayor porque les faltaba entendimiento.

La fe solo se puede sostener si está perfectamente basada en la verdad que la Biblia enseña. De otra manera no es fe en Dios, sino una superstición. Una persona solo podrá tener fe en lo revelado por Dios si entiende eso que ha sido revelado, pues de otra manera su fe no estará bien fundada.

Es por esto que un nuevo converso debe tratar de limitar (no evitar) su servicio a Dios a la iglesia local primero, a fin de madurar en la fe lo suficiente, para que luego, en el tiempo de Dios, Él mismo lo vaya guiando a cualquier otro ministerio fuera de ella, porque de otra manera, por su falta de conocimiento, por su falta de entendimiento de la Palabra, será fácil que sea engañado, y caiga en las tentaciones. La fe de un recién convertido todavía no está lo suficientemente madura o equipada para soportar las tentaciones y pruebas que podrían venir en el ministerio. Respecto a esto, y hablando de los que desean ser obispos o diáconos, Pablo escribe a Timoteo:

> «No debe ser un recién convertido, no sea que se envanezca, y caiga en la condenación que cayó el diablo» (1 Timoteo 3:6).

Cuando una persona deposita su fe en algo que no concuerda con la palabra de Dios, esa fe no le servirá de nada, ni será duradera, ni le ayudará a resistir los problemas cuando vengan. Si yo creo algo que no está respaldado por las Escrituras, entonces esa fe no está en Dios, porque Dios *solo* actúa en harmonía con su Palabra. Todo aquello que pidamos delante del Señor debe tener un respaldo bíblico poderoso, y de esa manera podremos asirnos de ese pasaje que dice: «Por tanto, os digo que todo lo que pidiereis orando, creed que lo recibiréis, y os vendrá» (Marcos 11:24). Dios actúa cuando creemos en su Palabra; Él sabe lo mejor para cada uno de nosotros, su voluntad siempre será lo mejor para cada uno de sus hijos; y esta voluntad de Él está expresada en su Palabra.

Por otro lado, el trabajo del diablo es hacernos dudar de la palabra de Dios, de todo lo que Dios ha dicho a favor de la humanidad. Y cuando este enemigo de Dios logra hacernos dudar de esa Palabra, entonces la fe se esfuma, no existe fe, y «sin fe es imposible agradar a Dios» (Hebreos 11:6).

No obstante, si alguien tiene una fe puesta en algo fuera de la palabra de Dios, entonces su fe es vana, y no le servirá de nada.

Este principio puede aplicarse a todas las áreas de la vida humana. Jesús dijo: «Tened fe en Dios», es decir, en lo que Él ha dicho. Es maravilloso confiar en la Palabra de Dios, y esperar grandes cosas de Él. El salmista dijo: «Hubiera yo desmayado, si no creyese que veré la bondad de Jehová En la tierra de los vivientes» (Salmos 27:13). Por tanto, todo cristiano debe esperar en Cristo, que Él le mostrará su gran bondad, que Él será su ayuda en todas las tribulaciones que se presenten en la vida. Dice Dios también que Él «es nuestro amparo y fortaleza, Nuestro pronto auxilio en las tribulaciones» (Salmos 46:1). Así que podemos depositar toda nuestra fe y confianza en las promesas del Señor.

Pero cuando ores a Dios, no vengas altivo, ni demandes nada en tu oración, pues hemos sido recibidos a misericordia (1 Timoteo 1:13). Tenemos siempre que reconocer que lo único que realmente merecíamos es ser condenados por nuestros pecados. No obstante, en su eterno amor y gracia, Dios nos ha dejado venir a su presencia mediante la sangre de Jesús, y Él presta oído a nuestras oraciones. Así que, cuando vengas ante tu Padre celestial, ante el Rey de reyes, ante el Señor de señores, ante el Santo, Santo, Santo, al que nadie ha visto, ni podrá ver jamás, ante Aquel lleno de gloria y majestad, cuyo trono no somos dignos de mirar, vengamos como venía David, humilde, humillado, contrito, y doblegado.

En la Biblia podemos ver que Dios amaba mucho a David, y esto, después de leer lo que él hizo en cierto episodio de su vida, nos podría parecer muy sorprendente. Si solamente leyéramos lo que sucedió con él en 2 Samuel 11 tendríamos la imagen de un hombre terrible, un hombre que no se tentó el corazón para adulterar con la mujer de uno de sus amigos más íntimos, para luego asesinarlo; ¡estas son las acciones de un hombre malo! Uno del cual jamás podríamos decir que era «conforme al corazón de Dios» (Hechos 13:22). Sin embargo, al leer los salmos podemos entender por qué Dios lo amaba tanto. Él entendía quién era delante de Dios, y siempre oraba humillándose delante de Él, con un corazón sincero, en profundidad e intimidad con Él. Sin ocultarle nada, y consiente de la condición de su corazón.

En Daniel 3 leemos de Sadrac, Mesac y Abed-nego. Ellos mostraron fe en Dios al negarse a adorar a la estatua de Nabucodonosor, y aceptaron morir si fuese necesario antes que doblar sus rodillas ante ella. Ellos sabían que Dios tenía el poder para librarlos de la muerte, pero si aún no lo hacía, su fe no cambiaría. Esto es una fe puesta verdaderamente en Dios. Si creo que por mi *gran fe* podré doblegar la mano de Dios, estoy equivocado, ya que a Dios no se le puede manipular. Si oro demandando que Dios haga lo que yo quiero, entonces significa que me he puesto en su lugar, no estoy aceptando su autoridad sobre mí. Un ejemplo de esto lo tenemos en satanás. Se convirtió en lo que es ahora debido al pecado de rebeldía (Ezequiel 28:2), pues se quiso sentar en el trono de Dios mismo queriendo que el Todopoderoso le obedeciera a él.

La historia de los tres jóvenes hebreos de Daniel 3 termina cuando Dios los libera de la muerte, dejándonos a todos una gran lección: la fe de Sadrac, Mesac y Abed-nego estaba puesta en Dios, y se mantenía firme en Él pasara lo que pasara, viniera lo que viniera. Ellos no estaban preocupados por lo que sucedería con ellos, sino tan solo pusieron su fe en Dios, Cristo dijo «tened fe en Dios» (Marcos 11:22). Los cristianos del primer siglo tuvieron gran fe en Dios. Pablo tenía gran fe en Dios. Sin embargo, el Señor permitió que padecieran persecución, dolor, sufrimiento, y muerte, y esto sucedió precisamente porque tenían fe en Dios, y estaban dispuestos a padecer lo que fuera por Él.

La parábola del sembrador en Marcos 4:3-20 muestra cuatro tipos de personas:

1. Los que no entienden la Palabra (los de junto al camino) (v. 4): Estos son los que oyen la palabra, pero satanás la quita de inmediato de sus corazones; ellos prefieren escuchar la voz de su padre el diablo antes que oír la voz del Padre celestial. En otras palabras, no tienen ningún interés en aquello que se ha predicado, y es como si nunca hubieran escuchado nada. Esto podría ser el caso de un creyente que anda en pecado en ese momento de su vida, por tanto, la Palabra no causa ningún efecto en él o ella.

2. Los gozosos (los de los pedregales) (vv. 5-6): Estos son los que reciben la palabra de Dios con gozo, pero no tienen raíz profunda; así, su fe no es duradera sino temporal: cuando viene la aflicción o la persecución por causa de la Palabra tropiezan y caen. Muchas veces estos son los que se concentran en cosas puramente emocionales. No se preocupan por filtrar sus emociones por la Palabra, ni dedican tiempo en su crecimiento espiritual, por tanto, sus bases bíblicas no son lo suficientemente fuertes. El gozo se va por que no han madurado en su fe.

3. Los preocupados (los de los espinos) (v. 7): Estos son los que escuchan la Palabra, pero las preocupaciones y afanes de esta vida, el engaño de las riquezas y los deseos de las cosas del mundo ahogan la Palabra. Estos pueden ser creyentes también que se envuelven en muchos quehaceres, se preocupan por muchas cosas, y son superados por los problemas del día a día. Y esto sucede porque no ponen realmente su confianza en Dios, pues escuchan la Palabra, pero no la entienden. La estudian, la pueden predicar y enseñar a otros, pero cuando llega la prueba, su corazón se desmorona, y no ven salida a su situación.

4. Los que dan frutos (Mc. 4:8): Estos son los que oyen la Palabra, la aceptan, la creen, la entienden, y dan fruto. Estos escuchan la palabra de Dios, la reciben con gozo, y no dejan que los afanes de esta vida, por difícil que sean, quiten su confianza de Aquel que les dio la vida, sino que, en medio de todas las pruebas, dificultades y persecuciones, continúan dando fruto y mostrando evidencia clara de que aman a Dios por encima de todo. Estos creyentes tienen su fe en el lugar correcto.

Cuando yo creo verdaderamente en la palabra de Dios entonces debo dar fruto. Si no doy fruto, es porque no la he creído todavía. El creer siempre involucra acción. Yo puedo decir que creo en Jesús, que Él resucitó de la muerte, pero si mi creencia es tergiversada, pensando que solo resucitó en espíritu, o que esto es algo simbólico, automáticamente mi creencia pasa a ser algo falso, por tanto, no traerá verdadero fruto, ni salvación.

La fe necesita estar basada en un conocimiento correcto de la Palabra.

En este apartado veremos lo que dice la Biblia sobre la importancia de tener un conocimiento correcto y verdadero. Asimismo, veremos las consecuencias de *no* tener ese conocimiento.

> «Y Él dio a algunos el ser apóstoles, a otros profetas, a otros evangelistas, a otros pastores y maestros, a fin de capacitar a

los santos para la obra del ministerio, para la edificación del cuerpo de Cristo; hasta que todos lleguemos a la unidad de la fe y del conocimiento pleno del Hijo de Dios, la condición de un hombre maduro, a la medida de la estatura de la plenitud de Cristo; para que ya no seamos niños, sacudidos por las olas y llevados de aquí para allá por todo viento de doctrina, por la astucia de los hombres, por las artimañas engañosas del error» (Efesios 4:11-14).

Dios nos ha regalado líderes capacitados y nos ha dejado su Palabra con el propósito de que podamos juntos ser edificados a través de la predicación de ella. El fin de Dios es que seamos maduros espiritualmente, con un pleno, y verdadero conocimiento de Cristo. La razón de este conocimiento —dice el pasaje de Efesios 4— es que alcancemos la madurez, que seamos como Cristo. Puesto que, de otra manera, ¿cómo podríamos madurar si nos preocupamos por escudriñar la Palabra, y crecer en el conocimiento de Él? ¿Para no gloriarnos? Las intenciones son muy importantes, por ello escudriñamos la Palabra no para hacer alarde de conocimientos, sino porque realmente amamos al Padre, queremos conocerle, y ser más como Él es.

¿Qué pasa si no maduramos en la fe? Seremos como niños espirituales, y así, la falta de madurez nos llevará a ser movidos por cualquier viento de doctrina, a creer lo que diga cualquier pastor o predicador desde un púlpito (aunque lo que diga no sea de Dios), y no podremos discernir entre la verdad de la mentira.

Una señal de una verdadera madurez espiritual es el discernimiento. Quien tiene discernimiento juzga, distingue, y hace distinción entre lo bueno y lo malo. El discernimiento espiritual hace que el cristiano reconozca cuando una doctrina está bien fundamentada en la Palabra o no, y si acaso no está seguro, va y escudriña las Escrituras para estar seguro de que lo que se ha dicho es cierto.

Los discípulos de Emaús fueron sacudidos porque su conocimiento y entendimiento de la persona de Cristo y de su misión era erróneo. Aunque lo habían visto, oído y tocado; aunque habían caminado con Él por mucho tiempo, todavía no comprendían cuál era su propósito al venir a este mundo. Siendo que ellos tenían un concepto equivocado de la persona de

Jesús, su esperanza estaba puesta en un fundamento falso, en algo que Dios no había prometido. Como lo dije ya, su esperanza estaba puesta en algo visible, terrenal, y temporal, en una liberación de la opresión política; mientras que Cristo vino a darles una liberación espiritual, a liberarles del pecado.

- Conocer a Cristo se traduce en creer en Él:
- En lo que Él ha revelado de sí mismo.
- En cómo Él lo ha revelado.
- En el contexto bíblico correcto en donde Él se ha revelado.
- En el tiempo histórico que Él ha sido revelado; y,
- En poner por obra la fe delante del mundo (mostrando un verdadero amor por Cristo).

No es correcto que yo transporte la Biblia al siglo xxi, sino más bien, soy yo quien debo transportarme al tiempo histórico en el cual fue escrita, para entenderla bien. Si lo que enseño es una mera interpretación personal de la Palabra, buscando los pasajes que soporten mi ideología, alterándola para afianzar lo que yo creo, y paso por alto aquello con lo que no estoy de acuerdo, entonces el conocimiento que tendré no es más que una idolatría, un falso dios que me he creado para que sirva a mi propio beneficio y disfrute. Por esto es que, si mi conocimiento de Cristo es errado, tendré un falso Cristo ante mí, como el que esperaban estos discípulos de Emaús. Ellos querían o esperaban a otro Jesús, no al Jesús que murió en la cruz.

Cristo le dijo a Tomás en Juan 20:29 «¿Porque me has visto has creído? Dichosos los que no vieron, y sin embargo creyeron» (lbla). Cuando Tomás vio a Cristo físicamente, por fin se convenció de verdad que Jesús había resucitado. Cuando lo vio en persona, finalmente pudo estar convencido de rendir todo su corazón, su pecado, sus deseos, sus anhelos, todo a los pies de Jesús, porque lo vio, y creyó.

Pero no podemos juzgar tanto a Tomás, pues antes de ver a Cristo resucitado, ninguno de los discípulos creyó que Cristo iba a resucitar. Esto se debía a que la fe de ninguno de ellos estaba en el lugar correcto, y no era una fe verdadera. Su entendimiento de lo que Jesús les había enseñado no era correcto, por eso no podían dar fruto. Por cierto, en ese tiempo, estos discípulos de Jesús jamás podían haber dado su vida por Él, pues realmente no le conocían, ni entendían su Palabra.

La fe verdadera resiste las pruebas

Yo puedo tener fe en Cristo sin entender todavía a profundidad quién realmente es Él; y claro, mientras no estemos en gloria, jamás conoceremos a Cristo en el nivel espiritual que lo entienden quienes ya están con Él. Sin embargo, sí podemos conocer, entender, creer y vivir lo que de Él se ha revelado en su Palabra. Si no conozco a Cristo, como Él se ha revelado en la Biblia, entonces, en medio de las pruebas, la fe que digo tener no triunfará, y esa prueba no cumplirá su propósito en mí, no me ayudará a madurar. En tal caso, las pruebas harán que sucumba y desista de continuar siguiendo a Jesús; y la Palabra que ha sido plantada en mí será como la que cayó en pedregales (Marcos 4:5-6).

Si eres nuevo en la fe, o incluso si tienes muchos años ya asistiendo a una iglesia, pero aún no te has dedicado a estudiar la Palabra, te exhorto a que tomes el tiempo necesario para conocer al verdadero Jesús, aquel que se ha revelado a la humanidad en la Biblia. El convencimiento que viene del estudio constante de su Palabra te ayudará a madurar, y entonces estarás preparado para recibir las aflicciones con un corazón distinto, y correcto.

Si no tienes un conocimiento correcto de la Palabra entonces no tendrás defensa en contra de las tentaciones y pruebas que vendrán a tu vida. Te aseguro, sin ser profeta, que vendrán pruebas a tu vida. Si no tienes el escudo de la fe (Efesios 6:16), entonces estas pruebas, y ataques que recibas no tendrán defensa. Te verás peleando contra las flechas encendidas del enemigo con una espada, pero sin escudo.

Solo el conocimiento correcto de la Palabra puede transformar nuestro corazón. Si una persona está convencida de una mentira, esta no traerá transformación a su vida (aunque sea muy sincera en lo que cree). Es posible estar sinceramente equivocado.

«Hermanos míos, tened por sumo gozo cuando os halléis en diversas pruebas, sabiendo que la prueba de vuestra fe produce paciencia. Mas tenga la paciencia su obra completa, para que seáis perfectos y cabales, sin que os falte cosa alguna» (Santiago 1:2-4).

Debemos ver las pruebas como un regalo de Dios, no como meras aflicciones; no obstante, no es cosa fácil verlas así en el momento en que se sufren. Debemos recibir las pruebas con gozo, es decir, aceptando su voluntad, sabiendo que nuestro Padre celestial conoce lo que es mejor para nosotros. Las pruebas nos hacen esperar en la provisión de Dios; nos incentivan a buscarlo con ahínco. Estas tienen como fin ayudarnos a darnos cuenta de lo dependientes que somos de Dios.

Si ves un carro por internet que está en venta y decides comprarlo (dado que se ve como nuevo, y el que lo vende dice que está en excelentes condiciones) ¿Cómo sabrás si funciona bien si nunca lo has encendido, o manejado? Así también, ¿cómo sabrás si tu fe es verdadera si nunca es probada? ¿Cómo conocerás tu nivel de dependencia de Dios sin pasar por las pruebas?

Las pruebas tienen el propósito de acercarnos a Cristo, para que reconozcamos que dependemos totalmente de Él en todo, para que pasando suficiente tiempo con Cristo seamos más como Él; por tanto, recibámoslas con gozo. Podemos ver como la fe de los discípulos de Emaús fue probada a fin de forjarlos a la imagen de Dios, y para que ellos entendieran quién era realmente Jesús y cuál era el propósito de su muerte en la cruz.

Cuando escuchamos y creemos de verdad la Palabra de Dios, esta llegará a lo más profundo de nuestro ser y Dios producirá el cambio que necesitamos.

«Porque la palabra de Dios es viva y eficaz, y más cortante que toda espada de dos filos; y penetra hasta partir el alma y el espíritu, las coyunturas y los tuétanos, y discierne los pensamientos y las intenciones del corazón» (Hebreos 4:12).

Una pregunta clave sería esta: ¿está la Palabra penetrando nuestros pensamientos y corazones? Si no lo está es quizás porque no existe una fe correcta en su Palabra. Puedo conocer su Palabra, pero quizá no estoy convencido de que esta sea la verdad, ya que con la boca digo creer, pero en la práctica, cuando la aflicción llega, mi fe se desvanece. Si estoy poniendo mi fe en las cosas de este mundo, en las cosas temporales, cuando estas sean removidas, mi mundo se quebrantará, y la ruina será grande. Pero si pongo mi fe en Dios, cuando me sean quitadas esas cosas temporales, alzaré mis ojos a Dios y lo alabaré. Mi alabanza debe ser igual de grande cuando Él da, que cuando Él quita (Job 1:21).

¿Qué pasa si mi conocimiento de la Palabra no es correcto? No podré discernir entre el bien y el mal; entre lo falso y lo verdadero; no podré ver lo sucio y oscuro de mis pensamientos. Entonces, si esto no ocurre no habrá una confrontación con mi pecado, y no habrá arrepentimiento, ni tampoco una verdadera conversión a Dios.

La tendencia hoy en día es a predicar sermones atractivos que toleren y hasta aplauden la mundanalidad. Y los que predican estas cosas prometen a la gente que sus enseñanzas les harán vivir mejor, más felices y libres; sin embargo, ¿cómo podrá ser esto posible sin una confrontación del pecado? Medita en esto: ¿de qué le sirve a la gente asistir a una iglesia cuya predicación les hace sentir bien, pero, puesto que no se confronta el pecado, no existe en ellos un cambio de raíz en sus vidas? Todo en sus vidas continúa igual. Luego, cuando llega la prueba, la fe que ellos piensan tener se evaporará de inmediato.

Las enseñanzas falsas te llevarán a tener una idea errónea de Dios, de Jesús y del Espíritu de Dios; consecuentemente, tu fe en Dios, y en Cristo será falsa, y esta fe será una que estará destinada a caer cuando se presente la prueba.

La fe que los discípulos de Emaús tenían en Cristo estaba en el lugar equivocado, y su creencia de lo que Él vino a hacer no correspondía con la realidad; por tanto, Cristo los reprendió diciendo: «Oh insensatos y tardos para creer» (Lucas 24:25).

La palabra griega que Lucas usó, y que se tradujo al español como «insensatos», es *Anoetos*. Esta es una palabra compuesta: «A» (sin) y

«Noieo» (pensar) o «sin entendimiento». Lo que Cristo les estaba diciendo a estos discípulos era esto: «ustedes no están pensando», no están analizando con una lógica apropiada las palabras que yo les he enseñado.

Nadie de seguro logrará conocer a cabalidad la gran riqueza de la verdad de Cristo, pero al mismo tiempo, Él se reveló en su bendita Palabra para que diariamente meditemos en ella. La verdad es que, como los discípulos de Emaús, cualquiera de nosotros podría estar sinceramente equivocado, y adorar a Jesús incorrectamente debido a una falta de conocimiento; sin embargo, algo está claro: el Señor encaminará a sus ovejas y las guiará a su presencia, porque sus ovejas escuchan su voz (Juan 10:27). Así como el Señor Jesús salió a buscar a estos discípulos de Emaús, Él también se revelará a nosotros mientras le busquemos de todo corazón. Entonces Él nos guiará a la verdad.

La fe verdadera se vive diariamente

La fe del cristiano se vive minuto a minuto, día a día, semana tras semana, año tras año. Es una continua y diaria búsqueda de todo corazón del Espíritu de Dios, el cual nos santifica, y nos ayuda a vivir apartados para Él. Aunque nuestra lucha contra el pecado continúa también día a día, tenemos de Dios la garantía de la victoria, y mediante su Espíritu, Él nos da entendimiento para hacer su voluntad y ser *hijos amados*, y los hijos amados son los que imitan a Dios. No obstante, todos los que continúan practicando el pecado carecen de entendimiento espiritual y son tardos de corazón para creer en Jesús y en su palabra. Observemos el siguiente versículo:

> «Pero sed hacedores de la palabra, y no tan solamente oidores, engañándoos a vosotros mismos. Porque si alguno es oidor de la palabra, pero no hacedor de ella, éste es semejante al hombre que considera en un espejo su rostro natural. Porque él se considera a sí mismo, y se va, y luego olvida cómo era. Mas el que mira atentamente en la perfecta ley, la de la libertad, y persevera en ella, no siendo oidor olvidadizo, sino hacedor de la obra, éste será bienaventurado en lo que hace» (Santiago 1:22-25).

Si una persona escucha la palabra de Dios, la lee, la estudia, y continuamente está expuesto a ella, pero no ha existido todavía un cambio en su vida, y persiste en los mismos pecados y malos hábitos; persiste en su lujuria, sus mentiras, sus engaños, sus adulterios, su inmundicia (p.ej. pornografía), en su homosexualidad; o continúa codiciando lo ajeno, entonces no se ha operado una verdadera salvación en él o en ella. Este se engaña a sí mismo pensando que ha creído la Palabra, pero si no existe un cambio, sino ha llevado aun la Palabra al terreno de la práctica, tan solo vive una vida de engaño.

Este pasaje nos muestra a un hombre que se expone a la palabra de Dios, y este, al ver su condición, reconoce que debe cambiar su forma de vivir, de pensar, de hablar, y de actuar; sin embargo, una vez que la exposición a la Palabra termina, no toma ninguna decisión ni efectúa ningún cambio en su vida. Más bien, se va, se olvida de aquello, y persiste en su pecado. Esto significa que, si recibimos con gozo la palabra de Dios, o si somos confrontados cuando la escuchamos, pero no hay un cambio en nuestra forma de vivir, entonces solo somos oidores de la Palabra.

Pero cuando miramos con atención en la perfecta ley —es decir, en las palabras de Dios en la Biblia—; la estudiamos y escudriñamos; cuando la amamos verdaderamente; cuando *perseveramos* en ella, y la ponemos por obra, esto denota que realmente hemos sido cambiados por el evangelio. Nos hemos convertido entonces en *hacedores de la Palabra*.

Si no es Dios en quien pienso primero al levantarme, ni es Él en quien pienso al acostarme, esto es una señal de que todavía no he entendido el mensaje de la Palabra. Dios no quiere un 10%, 20%, 30% o 90% de sus hijos, Él quiere que el 100% sea suyo, porque Él nos compró completamente para Él con la preciosa sangre de Jesús.

Si soy un oidor olvidadizo entonces no podré perseverar en la palabra de Dios; y la bienaventuranza que menciona Santiago es para aquellos que perseveran en la fe. ¿Y cómo una persona puede perseverar en la fe? Perseverar en la fe se traduce en dar fruto para Dios constantemente. Por eso dice Santiago también:

> «Así también la fe, si no tiene obras, está completamente muerta» (Santiago 2:17).

Los discípulos del camino a Emaús no habían entendido la Palabra. Nunca llegaron a verdaderamente entender lo que Cristo, el *verbo* de Dios, les había instruido. Su fe fue probada, y resultó ser una fe muerta, una fe vana, y por esto volvían a sus viejas vidas, se apartaban de su llamado. Su fe se había desplomado por no tener un conocimiento correcto de la palabra de Dios.

La fe es forjada por Dios en nosotros

Otro aspecto importante en la represión que Cristo hace a los discípulos del camino a Emaús es su intención de corregirlos. Él no solo los reprende por su falta de fe y de conocimiento, sino que les habla así para alinear sus pensamientos: este es uno de los poderosos efectos de la palabra de Dios. La palabra de Dios debe usarse para instruir y corregir; para confrontar la mentira con la verdad, respecto a esto, el apóstol Pablo nos dice:

> «Toda Escritura es inspirada por Dios y útil para enseñar, para reprender, para corregir, para instruir en justicia, a fin de que el hombre de Dios sea perfecto, equipado para toda buena obra» (2 Timoteo 3:16-17).

¿Quieres ser un hombre o una mujer con un corazón conforme al de Dios? ¿Quieres andar en su verdad? ¿Quieres hacer su voluntad? ¿Quieres cumplir a cabalidad con su llamado? Entonces, deberás dejarte enseñar, reprender, corregir e instruir por la palabra de Dios. Si tu corazón no es lo suficientemente humilde para esto, debes primero arrepentirte de todo pecado, y pedir a Dios que te dé un corazón nuevo. Uno que sea sensible, capaz de recibir su Palabra con humildad.

Una de las bienaventuranzas que Cristo menciona en Mateo 5 está dedicada a los pacificadores: «Bienaventurados los pacificadores, porque ellos serán llamados hijos de Dios» (Mateo 5:9). Ahí Jesús dice que una característica de los hijos de Dios es su constante deseo de hacer la paz. Así que, entremos un poco más al detalle en la definición de un pacificador.

¿Será aquel que evita todo conflicto?; ¿el de espíritu sumiso en toda circunstancia?; ¿Será aquel que se queda callado para evitar que el otro se ofenda? En este mundo los gobiernos en teoría traen paz a las sociedades, pero en realidad, lo que traen es una tregua de la guerra, una paz temporal que los prepara para el próximo conflicto.Cristo es un pacificador por excelencia. Un pacificador es aquel que levanta la verdad por encima de todo, que no teme a crear conflicto por levantar el nombre de Dios. Es aquel que corrige la mentira, y confronta el pecado. El pacificador conoce que la verdadera paz viene de entender la importancia de que el pecador necesitar ser reconciliado con Dios.

Esto lleva al pacificador a predicar la Palabra en cualquier momento, y este siempre está dispuesto a hablar a otros de Cristo; a corregir la mentira con la verdad, con amor y con gracia (1 Pedro 3:15). La única forma de que la humanidad logre tener paz con Dios es esta: confrontar el pecado con la verdad del evangelio. Siempre será necesario reprender y combatir el pecado; por tanto, nunca prediques para ganar un argumento, sino predica con gracia y verdad para que las personas sean salvas.

Pablo —lo vemos en sus viajes misioneros—, en su pugna por lograr la paz con Dios en los corazones de la gente, confrontó el pecado y predicó la Palabra en todo tiempo. Y ¿cuál fue el resultado de eso? Conflicto. En Listra, por ejemplo, Pablo fue apedreado (Hechos 14:19), pero esa no fue la única vez que sufrió graves persecuciones. En 2 Corintios 11:24-25 leemos acerca de las cosas que sufrió por causa de esta misión de paz: fue azotado cinco veces con treinta y nueve latigazos, tres veces azotado con varas, etc., muchas veces lo quisieron matar... hasta que en Roma finalmente lograron hacerlo. Pablo murió como un mártir del evangelio.

El primer mártir de la iglesia, Esteban, fue apedreado y muerto por predicar la verdad del evangelio (Hechos 7:59-60), pero después de él — y a través de los siglos— miles han sido perseguidos y hasta muertos por causa de la predicación del evangelio. En tiempos más recientes, en el siglo xvi, por mencionar un caso famoso, Martin Lutero fue perseguido por la iglesia católica, y tuvo que esconderse durante dos años. La persecución por causa del evangelio nunca se ha detenido y persiste en muchos países del mundo hasta hoy. Por esto, la última bienaventuranza (que por cierto viene después de la de los pacificadores), dice: «Bienaventurados aquellos que han sido perseguidos por causa de la justicia, pues de ellos es el reino de los cielos» (Mateo 5:10).

La predicación fiel de la Palabra, la confrontación del pecado, y la enseñanza a otros del evangelio, puede traer persecución y conflicto, ya que muchos no quieren escuchar la verdad de Dios. Incluso, hay quienes la odian, pues aman más las tinieblas que la luz (Juan 3:19). No obstante, observa el corazón de Pablo luego de todo lo que él sufrió, y como veía su propia experiencia de persecución, y las dificultades que pasó por causa de la predicación de la Palabra. Él escribe:

> «Y no solo esto, sino que también nos gloriamos en las tribulaciones, sabiendo que la tribulación produce paciencia, y la paciencia carácter probado, y el carácter probado, esperanza» (Romanos 5:3-4).

Pablo tenía una fe verdadera en Cristo, y estuvo dispuesto a sufrir persecución; todo lo que pasó en esta tierra y todos sus sacrificios los hizo únicamente por hacer la voluntad de Dios. Él dejó su vieja vida, y la tenía por basura (Filipenses 3:7-9) con tal de ganar a Cristo, y cuando padeció por Él, supo que la prueba de su fe haría que su corazón se mantuviera cerca de su Dios.

Ya Dios nos ha dado la fe para creer, ahora es tiempo de ejercer esa fe y creer a Cristo. Una fe verdadera está puesta en la verdad, y no en la mentira; y solo la verdadera fe (la que está puesta en la palabra de Dios) nos hará estar preparados para la batalla. Esta es la razón por la que Dios permite que lleguen pruebas a nuestra vida.

Hasta ahora hemos visto la primera parte de nuestro análisis, el encuentro de los discípulos de Emaús con Cristo, y he hablado del examen que Cristo les hace, y de su represión a ellos. Ahora veremos cómo el Señor los instruye en amor por varias horas para que entiendan las Escrituras correctamente. Cristo se dedica exclusivamente a ellos para instruirlos en el camino verdadero, para que ellos entendieran quién era Él realmente y cuál era su misión al venir al mundo. Esa es una gran demostración de la paciencia de nuestro Señor.

La Instrucción

> «¿No era necesario que el Cristo padeciera todas estas cosas y entrara en su gloria? Y comenzando por Moisés y continuando con todos los profetas, les explicó lo referente a Él en todas las Escrituras» (Lucas 24:26-27).

En este tema vamos a discutir varias ideas importantes. Vimos como Cristo reprende a estos discípulos por tener un conocimiento equivocado de las Escrituras, y una mala interpretación de esta. Tal falta de conocimiento y tal interpretación errada los había llevado a tener una fe pobre, que, en medio de las aflicciones, se desplomó y no pudo evitar que ellos volvieran a su vieja vida. Ahora, en este subtema, veremos tres puntos importantes.

- La importancia del correcto conocimiento de la palabra de Dios.
- La necesidad de la muerte de Cristo y de su resurrección; y,
- Cristo en el Antiguo Testamento.

La importancia del conocimiento de la palabra de Dios

Entender por qué es necesario un Salvador es esencial para el evangelio. Si no entiendo las malas noticias, jamás entenderé las buenas nuevas. Si no estoy consciente del peso de mi pecado, tampoco podré apreciar el valor de mi salvación. Si no valoro mi salvación, la menospreciaré, y tomaré mi vida espiritual a la ligera, sin vivir con un sentido de urgencia para ser santificado por la palabra de Dios. Si no valoro mi salvación, tampoco la cuidaré con el temor y temblor que dice el apóstol Pablo que debe cuidarse (Filipenses 2:12).

El entendimiento de la verdad es fundamental. Y cuando me refiero a *entendimiento*, me refiero al sentido de relación, más que al mero conocimiento de algo. El entendimiento bíblico que revela el Espíritu Santo lleva a una persona a la acción, cosa que *per se* es una evidencia de que él o ella ha conocido a Dios, y esta evidencia renueva a la persona en su mente. El entendimiento bíblico verdadero resulta en fruto para Dios: obras de fe en Dios, de amor por Dios, y de temor de Dios. Por tanto, conocer la Biblia y sus historias no significa necesariamente conocer la Palabra de Dios, ni tener entendimiento de ella.

Cristo dijo en Juan 8:32: «Y conoceréis la verdad y la verdad os hará libres. Asimismo, Cristo mismo dijo que Él es la verdad en Juan 14:6. Cristo es la verdad que nos hace libres de toda cadena de pecado. Y este conocimiento de la verdad del que habla Jesús es más de lo que el hombre sin Dios imagina: la verdad de Dios hace sentido en nuestro espíritu y no meramente en nuestro intelecto; es un entendimiento espiritual que va mucho más allá del conocimiento de una historia o de un pasaje bíblico, es una verdad que transforma el corazón para la gloria de Dios. La verdad de Cristo libera cada día al cristiano de las ataduras que suelen atar al hombre, y lo dirigen al amor de Dios. El pecado ya no reina en el cuerpo mortal de aquel que sigue a Cristo (Romanos 6:12), por causa de la Palabra de Dios, la cual se hace viva mediante el poder del Espíritu Santo.

El temor de Dios

Un principio sumamente importante para empezar a conocer la verdad de Dios en la Biblia es el temor de Dios. El temor de Dios tiene que ver con un gran respeto y reverencia ante el gran Rey del universo, el Rey de reyes, y Señor de señores.

> «El principio de la sabiduría es el temor de Jehová; Los insensatos desprecian la sabiduría y la enseñanza» (Proverbios 1:7).

Esto se asemeja a un niño que tiene temor a sus padres. Cuando los padres ejercen disciplina sobre sus hijos les ayudan a desarrollar una vida disciplinada en el futuro y el niño aprende a temerles. El niño tiene cuidado de no hacer cosas indebidas porque sabe que sus padres lo regañarán o castigarán. Los padres demuestran amor, pero también enseñan que las malas acciones tienen sus consecuencias. La desobediencia tiene su fruto, ese es el mensaje que los padres desean transmitir a sus hijos cuando están pequeños, y la disciplina con amor es parte importante de la educación de los pequeños.

Este es el tipo de temor que los hijos de Dios deben mostrar para con su Padre celestial. Ellos tienen confianza completa en Él y saben que su Padre celestial los ama, pero también saben que Dios es celoso y que no pasará por alto la desobediencia de los suyos. Los buenos hijos buscan honrar a sus padres terrenales y traerles gloria. Así también los hijos de Dios, ellos buscan traer gloria a Dios con sus vidas. Pero en cuanto a un hijo de Dios que se desvía del camino, el Padre celestial, en su amor y paciencia, lo corregirá a fin de que se vuelva del pecado, y esta corrección es muestra de su amor.

> «Porque el Señor al que ama, disciplina, Y azota a todo el que recibe por hijo. Si soportáis la disciplina, Dios os trata como a hijos; porque ¿qué hijo es aquel a quien el padre no disciplina?» (Hebreos 12:6-7).

Todos aquellos que somos hijos de Dios, y salvos por su gracia, seremos disciplinados por Dios cada vez que pequemos, en consecuencia, necesitamos esa disciplina para ser partícipes de su santidad (Hebreos 12:10).

El amor y temor que un niño tiene para con sus padres se desarrolla mediante la relación que ellos mantienen con él o ella. Así, los niños sienten que sus padres se interesan por ellos y los aman, y ellos van desarrollando respeto por las autoridades. Cosa contraria a lo que sucede si un padre no corrige a sus hijos. Lo más seguro es que estos tenderán a ser malcriados, insolentes, soberbios y no respetarán a las autoridades; ellos harán siempre lo que se les antoja sin tener freno. A estos niños no les importa herir a otros, o hacer daño físico o emocional a sus semejantes con tal de conseguir lo que ellos quieren. ¿A quién se parecen tales niños? ¿A Dios o a satanás?

La ausencia de una debida corrección paternal no es muestra de amor para con su hijo, sino todo lo contrario. Un Padre que no corrige a sus hijos no les está demostrando amor, más bien les está causando un gran daño en su formación. Si un niño no aprende a respetar la autoridad de sus padres, entonces no respetará la autoridad de Dios como Padre.

Y del castigo del que estoy hablando no es aquel en donde se azota al niño con una correa en un arranque de ira. Más bien, la corrección debe ser racional: el niño debe entender plenamente el motivo de la corrección, y los padres deben aprovechar la ocasión para instruirlo por el camino de la verdad. Siempre se debe mostrar amor y gracia para con los hijos; y la disciplina es una manera de demostrar ese amor que tenemos por ellos.

Yo tengo tres hijas, y créeme que siento mucho dolor cuando tengo que corregirlas; cuando me veo obligado a ponerles un castigo debido a una conducta inapropiada. Pero algo que siempre trato de hacer es mostrarles —a la luz de la Palabra—, por qué tengo que hacerlo. Uno nunca debe ser un tirano para con sus hijos, sino como Dios es un Dios de gracia, paciencia y amor, así también nosotros debemos de ser; pero eso sí, los padres no deben ser negligentes en aplicar la disciplina cuando sea necesaria, pues esto no solo es un deber, sino también una manifestación del amor que tenemos para con ellos.

El castigo debe también ser consecuencia de la violación de una norma, o de una regla impuesta en el hogar. No es algo que se deba practicar sin aviso: el niño debe ya estar consciente de las consecuencias derivadas de la transgresión de una regla establecida en casa; así, este, antes de cometer la infracción, ya conoce las consecuencias que vendrán. Lo mismo sucede con nosotros, ya que las consecuencias de nuestra desobediencia están claramente establecidas en la palabra de Dios.

La corrección incluye la amonestación, la represión, y como mencioné también, la instrucción. Por tanto, si *no* soy hijo de Dios no tendría por qué tener temor a la corrección de Dios, pues ese *no* es mi Padre. Pero si lo soy, entonces debería tener temor a Dios. La falta de este temor de Dios, y de amor *por* Él nos lleva a persistir en los malos caminos.

> «El temor del Señor es el principio de la sabiduría; Los necios desprecian la sabiduría y la instrucción» (Proverbios 1:7).

A los necios no les interesa recibir la enseñanza e instrucción del Padre celestial porque ellos no son hijos de Dios, y a estos no les interesa recibir una enseñanza e instrucción que no proviene de su padre. Estas personas, lamentablemente, no ven a Dios como la autoridad de sus vidas. Veamos otro pasaje:

> «El principio de la sabiduría es el temor del Señor, buen entendimiento tienen los que practican sus mandamientos, su alabanza permanece para siempre» (Salmos 111:10).

El buen entendimiento o la sabiduría se demuestra al practicar los mandamientos divinos, es decir, cuando el cristiano mantiene una vida de obediencia a la palabra de Dios. Allá afuera hay quienes les encanta hablar de cosas espirituales y hacer alarde de que conocen bien de lo que hablan. A estos les gusta hablar en público y ser vistos de los hombres cuando hacen obras de caridad, y son personas buenas ante la gente; sin embargo, en lo privado viven una vida de pecado.

Cuando este sea el caso estamos ante un necio, uno que no tiene entendimiento de la Palabra. Es uno de los sepulcros blanqueados de los que habló Jesús al describir a los religiosos de su época, (Mateo 23:27). Estas personas estaban limpias y bellas por fuera, pero muertas por dentro. Yo mismo puedo decir, que aun siendo creyente y siendo un hijo de Dios, muchas veces he estado en esta condición espiritual, dando la apariencia externa de fiel, pero por dentro muerto, seco y apartado de Dios, viviendo en pecado, viviendo como un necio, sin entendimiento, y todo por no querer seguir la voz de mi Padre, sino la de mis propios deseos.

Es por eso que un verdadero conocimiento de la Palabra se evidencia por una vida de obediencia a ella (Juan 14:16). La obediencia que se practica, no como una obligación y a regañadientes, sino la que produce deleite, y que se rinde con amor y gozo.

Estos discípulos de Emaús todavía no conocían quién era su Maestro, les faltaba entendimiento, y su falta de entendimiento les impedía hacer la voluntad de Dios; fue entonces que vino la represión de Cristo. Lo hermoso del trato de Jesús es que los reprende, pero después los instruye. Cristo guía a sus ovejas, las enseña, y las ama. La palabra no solo te reprende, te ayuda a levantarte y apartarte del pecado (2 Timoteo 3:16). La palabra te enseña las consecuencias de la desobediencia, y de lo grave que es vivir apartado de Dios.

En resumen, el conocimiento de Dios se demuestra en nuestras vidas, no por lo que sabemos de la Palabra solamente, sino por el germinar de ella en el corazón, por el resplandor de ella, es decir, por las obras que denotan la fe. Estas obras son una lampará encendida en medio del mundo, y esta es la gloria de Aquel que dio su vida por nosotros.

La necesidad de la muerte de Cristo y su resurrección

«¿No era necesario que el Cristo padeciera todas estas cosas y entrara en su gloria?» (Lucas 24:26).

En Lucas 24:26 leemos una pregunta fundamental que Jesús les hace a ellos. Una pregunta para la cual no tenían una respuesta. Fue entonces que, por lo menos durante dos horas, estos discípulos estuvieron escuchando lo que este Hombre (hasta ese momento desconocido) tenía que decirles sobre el tema. Un tema que estos discípulos ignoraban totalmente: ellos no sabían por qué era necesaria la muerte de Jesús.

El comentario de Matthew Henry dice que Cristo, antes de llevar su corona de gloria, llevó una corona de espinas. Nosotros sabemos que la palabra de Dios enseña que el pecado del hombre quebrantó su relación con Dios; y esto trajo como resultado que toda la humanidad, por causa de su pecado, no podría tener comunión con un Dios santo.

Los ángeles, creaturas inteligentes también, se rebelaron contra Dios antes que nosotros, y fueron echados de su presencia sin posibilidad de redención. Estos son ahora liderados por satanás (Ap. 12:4). En cambio, nosotros —y esto tan solo por gracia—, fuimos el objeto del amor de Dios. Siendo aun pecadores, Cristo murió por nosotros (Romanos 5:8). ¿Porque tuvo que morir Jesús? ¿Porque fue necesario que Cristo muriera clavado en una cruz, es decir, un tipo de muerte sobremanera injusta para un Hombre como Jesús (ya que Él era totalmente inocente)? ¿Por qué tenía que morir en una forma tan sangrienta, tan ignominiosa?; ¿por qué tenía que ser así, con tanto dolor y tan llena de sufrimiento?

Cristo cargó con la peor condena que un hombre podría recibir en aquella época. Hoy en día un reo de muerte es tratado con mucha más dignidad que aquella con la que Cristo fue tratado; incluso hoy, tal persona puede disfrutar —la noche antes de morir— de la comida de su predilección. La forma más común hoy día para acabar con la vida de uno que es sentenciado a la pena capital es mediante una inyección letal. El día de la muerte le dan un medicamento que causa anestesia, luego un paralizante muscular, y, por último, un medicamento para detener el latir del corazón. Normalmente este proceso no dura más de cinco minutos.

Pero en esa época el propósito era que la muerte de esos malhechores (que eran considerados los peores) fuese una muerte extremadamente cruel. El gobierno romano deseaba que tales personas sirvieran de ejemplo para los que residían en sus territorios, y que estos fuesen así advertidos de que quebrantar la ley de Roma traería consecuencias serias: una muerte llena de sufrimiento, una muerte lenta y vergonzosa. Por tanto, estos reos eran levantados en alto (en la cruz) para que la gente los viera y temiera.

Cuando pensamos en la crucifixión de Jesús raramente nos detenemos a pensar que muchos otros judíos, y de otras naciones, también sufrieron esta cruz. Miles recibieron el castigo de sus acciones sufriendo esta muerte tan cruel, y tan dura. Así también será la condenación de los pecadores que han rechazado a Cristo Jesús; solo que ese sufrimiento no será por unas cuantas horas, sino por toda la eternidad.

LA RESURRECCIÓN DE JESÚS

La crucifixión como forma de tortura fue iniciada por los sirios, y los babilonios en el siglo vi a. C. Inicialmente los reos eran amarrados de las manos —no se clavaban—, y sus pies quedaban libres. En sus comienzos, los reos de muerte eran colgados a un árbol, no en una cruz. Luego, Alejandro Magno continuó esta práctica después de invadir a Persia, y fue después de la batalla de Cartagena, en el siglo iii a. C., que los romanos la adoptaron y practicaron por los siguientes 500 años. Fueron los romanos quienes modificaron esta práctica para que fuese la forma más cruel de tortura.

Roma normalmente no crucificaba a sus ciudadanos —por lo vergonzoso de esa muerte—, pero sí a los esclavos y extranjeros, aquellos que fuesen sediciosos, ladrones, homicidas, etc., y esta práctica era común en aquellos días. Por ejemplo, solamente el general romano Publio Quintilio Varo, quien gobernó en el primer siglo d.C., crucificó alrededor de dos mil judíos. Finalmente, la crucifixión fue abolida por Constantino en el siglo iv.

La crucifixión es un símbolo de la condenación eterna, de la paga del pecado, del infierno eterno. Si pudiéramos visualizar a miles de personas sufriendo esta vergüenza publica, y esta condenación tan cruel, esto nos daría una idea de los sufrimientos del infierno. Muchas veces los soldados les sacaban los ojos a los reos, les cortaban las lenguas, u otras partes del cuerpo antes de crucificarlos, para que sufrieran más. Algunos tenían la costumbre de estrangular al hijo pequeño del condenado, y colgárselo del cuello mientras estaba en la cruz.

Esto era algo sumamente horripilante, terrible, asqueroso, sucio, vil; y ejercido sin ningún tipo misericordia ni gracia. Era un infierno en la tierra. De esto es que Cristo ha buscado salvarnos a nosotros; pues este es nuestro destino eterno sin Él.

> «Y los echarán en el horno de fuego. Y allí será
> el llanto y el crujir de dientes» (Mateo 13:42)

¿Porque fue necesaria entonces su muerte? Todos los que han muerto físicamente hasta ahora han recibido el justo precio de la paga del pecado original. Este cuerpo esta corrompido por el pecado y tiene que morir. Nadie se librará de esta muerte, excepto aquellos los santos que estén vivos cuando Cristo vuelva.

Cristo vino a cumplir aquello que Dios había prometido, y Él fue el Cordero que había de redimirnos del pecado. Así como el sacrificio de un animal era injusto en el Antiguo Testamento (pues este pagaba por el pecado de otros y él no había hecho nada para merecer esa muerte), así Cristo murió por el pecado de todos nosotros; su muerte fue algo injusto para Él, porque Él era totalmente inocente.

> «Porque la paga del pecado es muerte, mas
> la dádiva de Dios es vida eterna en Cristo
> Jesús Señor nuestro» (Romanos 6:23).

Si la paga del pecado es muerte, entonces mi condenación estaba segura, y yo tenía que pagar por mi pecado, pero Dios permitió que Otro muriera en mi lugar, para llevarme a Él. Sin la muerte de Cristo, yo nunca hubiera sido perdonado.

> «Porque también Cristo padeció una sola vez
> por los pecados, el justo por los injustos, para
> llevarnos a Dios, siendo a la verdad muerto en la
> carne, pero vivificado en espíritu» (1 Pedro 3:18).

Era necesario que Cristo muriera para llevarnos a nosotros, siendo pecadores, a Dios. El justo pagó por los injustos. Así que, todo aquel que persista en una vida de pecado, que no se interese en su Palabra, ni tenga deseos de venir a Él, ni deseos de honrar su Nombre, esta persona estará menospreciando el sacrificio de Cristo.

Al lado de Cristo había dos ladrones, ambos estaban condenados a muerte (Mateo 27:38). Uno menospreció a Jesús y el otro lo amó. Uno fue al infierno, y el otro fue al paraíso. Todos nosotros estamos condenados a morir, vamos a morir, y tenemos que morir. La pregunta es ¿con cuál de los ladrones te identificas?

¿Menospreciaremos lo que Dios nos ha dado? Sus pensamientos, su Palabra, su amor, su gracia, su paciencia, su poder... Nuestra relación con Dios jamás debería depender de una iglesia, o de un pastor; nuestra relación con Dios debe ser mantenida diariamente por cada uno, en una comunión íntima y personal. Cada uno debe estar unido a una congregación y el compañerismo con otros cristianos es esencial para caminar personalmente con Jesucristo, eso es verdad (puesto que Jesucristo instituyó su Iglesia, Mateo 16:18). Sin embargo, en los hijos de Dios que caminan en obediencia siempre hay un deseo ferviente por conocerle y honrarle, y este deseo se convierte en una búsqueda constante de Dios en lo privado.

Así como fue necesario que Cristo padeciera y fuese muerto, así es necesario que *yo* también muera, y que Cristo crezca en mí. Yo también tengo que morir a mí mismo.

> «Sabiendo que Cristo, habiendo resucitado de los muertos, ya no muerte; la muerte no se enseñorea más de él. Porque en cuanto murió, al pecado murió una vez por todas; más en cuanto vive, para Dios vive. Así también vosotros consideraos muertos al pecado, pero vivos para Dios en Cristo Jesús, Señor nuestro» (Romanos 6:9-11).

Estos discípulos no entendían la necesidad de ser salvos de su pecado. Ellos quizá estaban acostumbrados a ver casos de hombres crucificados toda su vida, y no entendían que, en cuanto a la crucifixión de Jesús, Dios les estaba mostrando la dura condenación que viene para los que no creen, y como Cristo estaba llevando en su cuerpo esa condenación en beneficio de la humanidad. A pesar de haber escuchado a Cristo y su mensaje durante tres años, ellos no habían entendido que necesitaban ser librados de la muerte mediante la muerte de Otro, y que la resurrección era la evidencia de que Cristo había vencido a la muerte.

Cristo en el Antiguo Testamento

> «Y comenzando por Moisés y continuando con todos los profetas, les explicó lo referente a Él en todas las Escrituras» (Lucas 24:27).

Aquí vemos como Cristo dio a estos discípulos un panorama general y un paseo por el A.T., mostrándoles los pasajes que hablaban sobre Él ahí. Prácticamente toda la vida de Jesús, y su muerte y resurrección, todo de Él está reflejado en el Antiguo Testamento. Cristo les habló desde Moisés y por todos los profetas, puesto que todos hablaron de Él o apuntaban a Él de una forma u otra. Veamos entonces algunas cosas que dijo Moisés y algunos dichos de los profetas que hablan de Cristo.

Moisés habló del Redentor que vendría en el Pentateuco (los primeros cinco libros de la Biblia), y lo habló en múltiples ocasiones. Moisés escribió Génesis, Éxodo, Levítico, Números y Deuteronomio, y en estos libros encontramos muchos simbolismos que apuntan a Jesús. Les voy ahora a presentar algunos ejemplos de lo que escribió Moisés sobre esto.

Promesa de redención

En Génesis capítulo 3 Dios prometió un Redentor para el mundo perdido (v.15). Después de la caída, Dios condenó a todos los que estuvieron envueltos en el pecado, esto es a Adán, a Eva, y a la serpiente; no obstante, la condenación que Dios dio a la serpiente era, no solo una condenación eterna para ella, sino, la vez, una promesa de restauración para la humanidad.

> «Y pondré enemistad entre tú y la mujer, y entre
> tu simiente y su simiente; él te herirá en la cabeza,
> y tú lo herirás en el calcañar» (Génesis 3:15).

Aquí vemos como satanás heriría a la simiente prometida a Eva en el calcañar, es decir, le daría un golpe, pero este no sería mortal, ni permanente; en cambio, la simiente de Eva iba a herir a la serpiente en la cabeza, o sea la iba a destruir. Esta es la promesa que se cumple en la cruz, donde Jesús fue herido por nosotros, pero resucitó en gloria. El cumplimiento final de esta promesa sobre satanás vendrá cuando él sea condenado al lago de fuego por la eternidad (Apocalipsis 20:10); sin embargo, Pablo nos ha rebelado por el Espíritu que la muerte de Cristo dio en la cabeza al diablo, y este —y su reino— fue exhibido públicamente como derrotado. El diablo fue derrotado por Cristo Jesús en la cruz. La Biblia dice:

> «Y a vosotros, estando muertos en pecados y en la incircuncisión de vuestra carne, os dio vida juntamente con él, perdonándoos todos los pecados, anulando el acta de los decretos que había contra nosotros, que nos era contraria, quitándola de en medio y clavándola en la cruz, y despojando a los principados y a las potestades, los exhibió públicamente, triunfando sobre ellos en la cruz» (Colosenses 2.13-15).

Por tanto, es nuestro privilegio y nuestra responsabilidad hacer de esta victoria lograda por Cristo en la cruz sobre satanás y su reino una realidad viva y poderosa.

El pago substitutorio del pecado

En Genesis 22 podemos ver una vez más una figura de Cristo; cuando Dios probó la fe de Abraham en relación a su hijo Isaac.

> «Aconteció que después de estas cosas, Dios probó a Abraham, y le dijo: ¡Abraham! Y él respondió: Heme aquí. Y Dios dijo: Toma ahora a tu hijo, tu único, a quien amas, a Isaac, y ve a la tierra de Moriah, y ofrécelo allí en holocausto sobre uno de los montes que yo te diré» (Génesis 22:1-2).

En este pasaje Dios pidió a Abraham que sacrificara a su hijo Isaac en holocausto. Este era el hijo prometido, el que tanto había esperado, y por el que tanto él hubo orado. No obstante, queda aquí evidenciada la fe de Abraham, pues él antepuso su fidelidad a Dios al amor que tenía para su hijo unigénito.

> «Entonces Abraham extendió su mano y tomó el cuchillo para sacrificar a su hijo. Mas el ángel del Señor lo llamó desde el cielo y dijo: ¡Abraham, Abraham! Y él respondió: Heme aquí. Y el ángel dijo: No extiendas tu mano contra el muchacho, ni le hagas nada; porque ahora sé que emes a Dios, ya que no me has rehusado tu hijo, tu único. Entonces Abraham alzó los ojos y miró, y he aquí, vio un carnero detrás de él trabado por los cuernos en un matorral; y Abraham fue, tomó el carnero y lo ofreció en holocausto en lugar de su hijo. Y llamó Abraham aquel lugar con el nombre de El Señor Proveerá, como se dice hasta hoy: En el monte del Señor se proveerá» (Génesis 22.10-14).

Este evento en el Génesis nos muestra con claridad una analogía del sacrificio substitutorio de Jesús. Abraham representa a Dios, quien está con el cuchillo en mano, listo para sacrificar (o enviar juicio) a la humanidad (Isaac), o más específicamente, a los creyentes, aquellos que serían salvos por la fe en Él, para los cuales Dios proveyó un cordero (a Cristo).

En el caso de Abraham, el cordero que tenía sus cuernos trabados entre espinos (esto representa la corona de espinas puesta en la cabeza de Cristo) fue sacrificado en lugar de Isaac; así Cristo murió por nosotros, mostrándose como nuestro sustituto al morir en la cruz. Él es el Cordero de Dios que quita el pecado del mundo (Juan 1:29).

El sacerdote sin principio ni fin

Otro pasaje de Génesis que es un preludio de la persona de Cristo está en el capítulo 14: el pasaje en donde Abraham tiene un encuentro con Melquisedec. Melquisedec era el rey de Salem y sacerdote de Dios. Vemos en el pasaje como Abraham le dio el diezmo del botín que traía, luego de la batalla con los reyes que habían tomado cautivo a su sobrino Lot. Este acto fue un símbolo de honra hacia Dios mismo, y un preludio de Cristo como Sumo Sacerdote.

> «Entonces Melquisedec, rey de Salem, sacó pan y vino; él era sacerdote del Dios Altísimo. Y lo bendijo, diciendo: Bendito sea Abram del Dios Altísimo, creador del cielo y de la tierra; y bendito sea el Dios Altísimo que entregó a tus enemigos en tu mano. Y le dio Abram el diezmo de todo» (Génesis 14:18-20).

Veamos un poco más a detalle quién es este Melquisedec. Melquisedec era el rey de Salem (que significa «Rey de paz»), y además, era sacerdote del Dios Altísimo. De este hombre no se menciona descendencia, simbolizando que no tiene principio, ni fin de días. Este Melquisedec representa el sacerdocio de Cristo como sumo sacerdote, sin principio ni fin, un sacerdocio santo e inmutable, de un orden diferente al de los levitas, ya que este sacerdote de Dios apareció antes de que existiera el pueblo judío.

> «De la misma manera, Cristo no se glorificó a sí mismo para hacerse Sumo Sacerdotes, sino que lo glorificó el que le dijo:

Hijo mío eres tú, Yo te he engendrado hoy; como también dice en otro pasaje: Tú eres sacerdotes para siempre según el orden de Melquisedec» (Hebreos 5:5-6).

La institución de la Pascua

En Éxodo tenemos la descripción de las diez plagas con las que Egipto fue destruido debido a que el Faraón se negaba a liberar a los judíos de la esclavitud. La última de estas diez plagas fue una en la que pasó el ángel de la muerte por todas las casas de Egipto para asesinar a los primogénitos. Pero en el caso de las casas de los judíos que tenían la sangre del cordero sobre los dinteles de las puertas, el ángel de la muerte pasó de largo y no hizo ahí ningún daño. Ese suceso de la sangre del cordero apuntaba al sacrificio de Jesús, simbolizando que todo aquel que estuviera cubierto por la sangre preciosa de Cristo fuese protegido del juicio venidero de Dios.

«Y la sangre os será por señal en las casas donde estéis; y cuando yo vea la sangre pasaré sobre vosotros, y ninguna plaga vendrá sobre vosotros para destruiros cuando yo hiera la tierra de Egipto» (Éxodo 12:13).

Cristo es el Cordero que quita el pecado del mundo (Juan 1:29), y por el sacrificio de este Cordero —del cual la pascua judía es tipo—, es que podemos encontrar perdón por nuestros pecados.

El gran Yo Soy

Dios se presentó a Moisés por primera vez y se identificó con Él por su nombre, un nombre que nunca habían escuchado los patriarcas. Él se presentó como el gran yo soy (YHWH, Jehová, YAHWEH).

«Y dijo Dios a Moisés: yo soy el que soy. Y añadió: Así dirás a los hijos de Israel: "yo soy me ha enviado a vosotros"» (Éxodo 3:14).

Cristo mismo se reveló a sí mismo con este Nombre —igualándose a Dios— siete veces durante su ministerio. En el evangelio de Juan, quien presenta a Cristo como Dios, encontramos a Jesús mostrándose por su Nombre ante el pueblo judío.

1. Yo soy la vid verdadera (Juan 15:1-5).

2. Yo soy el camino, la verdad y la vida (Juan 14:6).

3. Yo soy la resurrección y la vida (Juan 11:25).

4. Yo soy el buen pastor (Juan 10:11-14).

5. Yo soy la puerta (Juan 10:7).

6. Yo soy la luz del mundo (Juan 8:12).

7. Yo soy el pan de vida (Juan 6:35).

Una de las razones por la que los fariseos odiaban a Jesús era porque Él se hacía igual a Dios, y por eso buscaban cómo matarle.

> «Por esto los judíos aún más procuraban matarle, porque no solo quebrantaba el día de reposo, sino que también decía que Dios era su propio Padre, haciéndose igual a Dios» (Juan 5:18).

El cordero de la pascua

En Números 9 leemos de la instauración de la pascua judía; la cual se celebraba en el mes de Nisán, el día 14 del mes. Este fue el mismo día que Cristo murió en la cruz. Leemos ahí también un dato muy interesante: que los judíos no podrían romper ni un solo hueso del cordero que se iban a comer para la pascua.

> «Nada dejarán de ella hasta la mañana, ni quebrarán hueso de ella; conforme a todos los estatutos de la Pascua la celebrarán» (Números 9:12).

Esta misma profecía está mencionada también en el Salmo 34:20 en donde dice: «El guarda todos sus huesos; ni uno de ellos es quebrantado». Los soldados romanos acostumbraban a quebrar las piernas de los crucificados para apresurar su muerte, ya que, al hacerlo, ellos morían asfixiados debido a la inhabilidad de las piernas para empujar los músculos hacia arriba, relajar el diafragma y así poder respirar; este era el método que utilizaron con los ladrones que estaban a los lados de Jesús. Aquella tarde estaba por celebrarse la pascua judía, por lo que todos tenían prisa; sin embargo, no fue necesario hacer esto con Cristo porque Él ya estaba muerto.

> «Los judíos entonces, como era el día de preparación para la Pascua, a fin de que los cuerpos no se quedaran en la cruz el día de reposo (porque ese día de reposo era muy solemne), pidieron a Pilato que les quebraran las piernas y se los levaran. Fueron, pues, los soldados y quebraron las piernas del primero, y también las del otro que había sido crucificado con Jesús; pero cuando llegaron a Jesús, como vieron que ya estaba muerto, no le quebraron las piernas» (Juan 19.31-33).

La serpiente de bronce

En Números 21:4-9 leemos sobre la historia de la serpiente de bronce. El pueblo de Israel había pecado contra Dios. Había dejado de confiar en la provisión de Dios, y se quejaba contra Él y contra Moisés. Luego, como castigo a su pecado, Dios envió unas serpientes que causaban la muerte a los que mordían. Ese veneno mortal representa el pecado.

> «Y el Señor envió serpientes abrasadoras entre el pueblo, y mordieron al pueblo, y mucha gente de Israel murió. Y el Señor dijo a Moisés: Hazte una serpiente abrasadora y ponla sobre un asta; y acontecerá que cuando todo el que sea mordido la mire, vivirá. La serpiente fue levantada en una asta y los que la miraban eran sanados» (Números 21:6, 8).

Así como Eva no confió en la palabra de Dios, y fue mordida por el *pecado* de la serpiente, este pueblo fue mordido por el pecado mismo, y no confió en la palabra de Dios. El pueblo luego se arrepintió, y Dios instruyó a Moisés para que hiciera una serpiente de bronce.

Esto representaba el sacrificio de Cristo en la cruz, el cual era necesario para pagar nuestro pecado. Cristo cargó con el pecado (representado por la serpiente), y fue levantado en una cruz. Y cuando habló con Nicodemo, asoció este suceso —de los hijos de Israel en el desierto—, con su propia muerte expiatoria.

> «Y como Moisés levantó la serpiente en el desierto, así es necesario que sea levantado el Hijo del Hombre» (Juan 3:14).

Asimismo, otra forma de entender esto es que la serpiente representa a Cristo Jesús, quien se hizo pecado por nosotros, a fin de que cada vez que acudiese un pecador a Él, este fuese sanado de la mordida del pecado.

Algunos ejemplos de profecías bíblicas de Cristo entre los profetas

- El reino eterno que vendría de la descendencia del rey David:

  > «Cuando tus días se cumplan y reposes con tus padres, levantaré a tu descendiente después de ti, el cual saldrá de tus entrañas, y estableceré su reino. Él edificará casa a mi nombre, y yo estableceré el trono de su reino para siempre» (2 Samuel 7:12-13).

- La resurrección fue predicha:

  > «Yo sé que mi Redentor vive, y al final se levantará sobre el polvo» (Job 19:25).

- Sería levantado de entre los muertos:

  > «Pues tú no abandonarás mi alma en el Seol, ni permitirás a tu Santo ver corrupción» (Salmos 16:10).

- Tendría sed, clavarían sus manos y sus pies, se revelaría su desnudez, y repartirían sus vestidos: **Salmos 22:9-31.**

- Sería traicionado por un amigo:

  > «Aun el hombre de mi paz, en quien yo confiaba, el que de mi pan comía, Alzó contra mí el calcañar» (Salmos 41:9).

- Tendría un nacimiento virginal, y este niño que nacería sería *Dios con nosotros*.

  «Por tanto, el Señor mismo os dará una señal: He aquí, una virgen concebirá y dará a luz un hijo, y le pondrá por nombre Emmanuel (Dios con nosotros)» (Isaías 7:14).

- Sería de Galilea:

  «... en tiempos pasados Él trató con desprecio a la tierra de Zabulón y a la tierra de Neftalí, pero después la hará gloriosa por el camino del mal al otro lado del Jordán, Galilea de los gentiles. El pueblo que andaba en tinieblas ha visto gran luz; a los que habitaban en tierra de sombre de muerte, la luz ha resplandecido sobre ellos» (Isaías 9:1-2).

- Nacería un niño que sería Dios hecho carne:

  «Porque un niño nos ha nacido, un hijo nos ha sido dado, y la soberanía reposará sobre sus hombros; y se llamará su nombre Admirable, Consejero, Dios poderoso, Padre Eterno, Príncipe de Paz» (Isaías 9:6).

- Su nombre fue profetizado. El nombre de Jesús *(Yeshua en hebreo)*, se traduce en nuestra versión en español como *salvación*:

  «He aquí Dios es salvación [Yeshúa] mía; me aseguraré y no temeré; porque mi fortaleza y mi canción es JAH Jehová, quien ha sido salvación [Yeshúa] para mí» (Isaías 12:2).

- No iban a creer en Él, y sería rechazado:

  «Despreciado y desechado entre los hombres, varón de dolores, experimentado en quebranto; y como que escondimos de él el rostro, fue menospreciado, y no lo estimamos» (Isaías 53:3).

- Él cargaría con el pecado de la humanidad:

    «Todos nosotros nos descarriamos como ovejas, cada cual se apartó por su camino; mas Jehová cargó en él el pecado de todos nosotros» (Isaías 53:6).

- Jeremías predijo que Él sería Dios y hombre:

    «He aquí que vienen días, dice Jehová, en que levantaré a David renuevo justo, y reinará como Rey, el cual será dichoso, y hará juicio y justicia en la tierra. En sus días será salvo Judá, e Israel habitará confiado; y este será su nombre con el cual le llamarán: Jehová, justicia nuestra» (Jeremías 23:5-6).

- Daniel predijo el tiempo exacto en el cual Jesús vendría a la tierra:

    «Setenta semanas están determinadas sobre tu pueblo y sobre tu santa ciudad, para terminar la prevaricación, y poner fin al pecado, y expiar la iniquidad, para traer la justicia perdurable, y sellar la visión y la profecía, y ungir al Santo de los santos. Sabe, pues, y entiende, que, desde la salida de la orden para restaurar y edificar a Jerusalén hasta el Mesías Príncipe, habrá siete semanas, y sesenta y dos semanas; se volverá a edificar la plaza y el muro en tiempos angustiosos. Y después de las setenta y dos semanas se quitará la vida al Mesías, mas no por sí; y el pueblo de un príncipe que ha de venir destruirá la ciudad y el santuario; y su fin será con inundación, y hasta el fin de la guerra durarán las devastaciones» (Daniel 9:24-26).

- El Mesías viviría en Egipto:

    «Cuando Israel era muchacho, yo lo amé, y de Egipto llamé a mi hijo» (Oseas 11:1).

- Él vencería la muerte:

 > «De la mano del Seol los redimiré, los libraré de la muerte. Oh muerte, yo seré tu muerte; y seré tu destrucción, oh Seol; la compasión será escondida de mi vista» (Oseas 13:14).

En el Antiguo Testamento tenemos cientos de profecías que detallan lo que sería y haría el Cristo. Hay más de 350 profecías cumplidas respecto al Mesías, sin contar las teofanías, es decir, las apariciones del Hijo de Dios en el Antiguo Testamento. Cristo fue la nube que daba sombra a los judíos, y el fuego que los guiaba de noche cuando salieron de Egipto. Él era esa roca que daba a los israelitas agua en el desierto, y quien hablaba con Moisés cara a cara (Éxodo 33:11). También fue el Hijo de Dios quien habló con Abraham cara a cara en Genesis 18:2-3, y quien apareció a Josué con una espada desenvainada en su mano (Josué 5:13-15).

Cristo es la imagen visible del Dios invisible (Colosenses 1:15). Él fue quien hizo todo lo que existe:

 > «Porque en él fueron creadas todas las cosas, las que hay en los cielos, y las que hay en la tierra, visibles e invisibles, sean tronos, sean dominios, sean principados, sean potestades, todo fue creado por medio de Él y para Él. Y Él es antes de todas las cosas y todas las cosas en él subsisten» (Colosenses 1:16-17).

Es posible que Jesús les recitara estos pasajes del A.T. y muchos otros. Él deseó que estos discípulos entendieran perfectamente qué era lo que las Escrituras dicen de Él; Él tenía el deseo ferviente de que sus discípulos comprendieran las Escrituras y tuvieran una fe poderosa en el evangelio; una fe verdadera y firme. Así que, después de las explicaciones del mismo Cristo resucitado, con seguridad la fe de estos discípulos fue puesta solamente en Él y todos los conceptos errados que de Él tenían fueron demolidos y echados fuera.

La invitación

Veamos ahora otro aspecto del pasaje. En lo que anteriormente he comentado hemos visto como Cristo examinó el corazón de los discípulos de Emaús, y reveló ante sus propios ojos el verdadero deseo que ellos tenían, esto es: que Cristo reinara en la tierra, que Él les librara de la opresión romana (de la opresión externa). Ellos no habían entendido que Cristo no vino a eso, sino a librarlos de la opresión del pecado (la opresión interna).

Ya he comentado respecto a la represión que Cristo hizo a estos hombres, haciéndoles ver lo lejos que ellos estaban de la verdad; y como durante dos horas (si no es que más), Cristo estuvo enseñándoles lo que Moisés y los profetas hablaban de Él, a fin de que entendieran respecto a su propósito al venir a esta tierra: morir por nuestros pecados. Ahora veamos lo que pasó después.

> «Se acercaron a la aldea adonde iban, y Él hizo como que iba más lejos. Y ellos le instaron, diciendo: Quédate con nosotros, porque está atardeciendo, y el día ya ha declinado. Y entró a quedarse con ellos. Y sucedió que, al sentarse a la mesa con ellos, tomó pan, y lo bendijo; y partiendo, les dio» (Lucas 24:28-30).

Visualicemos estos versículos, y admiremos su belleza: ¡qué momento! ¡qué privilegio el que tuvieron estos dos discípulos! Este es el punto en donde la voluntad de Dios se encuentra con la voluntad del hombre. Este es el momento decisivo. En una encrucijada, el camino al cielo estaba por un lado, y el camino al infierno por el otro. Una escalera daba al cielo, pero continuar el mismo camino era el infierno. Cristo les había predicado y enseñado, la instrucción procedía del mismo Jesús resucitado, y tal explicación jamás podría ser superada por nadie más; por tanto, jamás llegaría un momento mejor que este.

La Palabra había sido expuesta por el Autor mismo de ella; el reino de Dios les había sido mostrado, el plan de salvación estaba ahora delante. Los pecados de ellos estaban expuestos y sus ideas erróneas habían sido destruidas. La Palabra había sido sembrada, y ¿ahora qué? Cristo había tomado la iniciativa al principio, pero ahora había llegado el momento decisivo para ellos. Entonces Él hizo como que iba más lejos y ellos estaban ante una decisión: o retenerle o dejarle ir. Ellos tenían la opción de dejar ir a este «extraño» o invitarlo a morar con ellos.

¿Qué puede significar esto? ¿Qué importancia tiene que Cristo continuara su camino o que se quedara a morar con estos hombres como un invitado especial? ¿Por qué Dios quiso que esto quedara plasmado en su Palabra, y de esta manera?

En Apocalipsis 3:19-20 Jesús habló a la iglesia de Laodicea. Al dirigirse a ella —una de las siete iglesias a las cuales Jesucristo se le dirige en el Apocalipsis—, dice que es una iglesia tibia en la que Dios ya no mora. No es ni fría ni caliente: no quería estar completamente con Dios ni tampoco totalmente con el mundo. Una iglesia que, creyéndose autosuficiente, pensaba estar sirviendo a Dios, pero realmente se servía así misma. Esta iglesia estaba al borde del colapso, y tan lejos de Dios, que Cristo ni siquiera estaba en medio de ella en ese momento, más bien, Él estaba afuera de sus corazones, tocando la puerta desde afuera, reprendiéndoles su caminar, esperando que se arrepintieran de sus pecados. Es entonces que Cristo, en su amor y paciencia, toca la puerta de sus vidas para volver a tener con ella una relación personal. Laodicea era una iglesia donde Cristo ya no moraba; sin embargo, Él les llamaba, esperando que le abrieran la puerta una vez más.

Cristo les reprendió, y les mandó por medio de Juan, que corrigieran su gran error y se arrepintieran de sus pecados. Esta es la invitación y advertencia que Cristo hizo a estos creyentes de Laodicea:

> «Yo reprendo y castigo a todos los que amo; sé, pues, celoso, y arrepiéntete. He aquí, yo estoy a la puerta y llamo; si alguno oye mi voz y abre la puerta, entraré a él, y cenaré con él, y él conmigo» (Apocalipsis 3:19-20).

Este versículo se utiliza mucho como base para mensajes evangelísticos, para predicar a personas no creyentes sobre el tema de la salvación. «¡Solo tienes que abrir la puerta de tu corazón a Cristo y el morará contigo!» —se les dice—; no obstante, al observar el contexto, estas palabras no se dirigen a los no creyentes, sino a la iglesia del Señor, a personas que habían sido lavadas con la sangre de Jesús y se habían integrado al cuerpo de Cristo. Eran personas que habían estado caminando con Cristo, pero que se habían apartado de su Palabra, y en ese momento vivían en grave pecado; y que, por ello, estaban a punto de ser juzgadas por Dios y ser vomitados (separados) totalmente del cuerpo (v. 15-16), a menos de que ellos se arrepintieran.

La represión fue para ellos, y fue a ellos que Cristo dijo: «He aquí Yo estoy a la puerta y llamo, si alguno oye mi voz y abre la puerta». Así que, esta represión no fue para los paganos, impíos o no creyentes, sino para los miembros de la iglesia de Laodicea. Pero también Cristo Jesús les dijo que, si se arrepentían y lo invitaban a entrar, Él vendría, los perdonaría y moraría con ellos. Algunos creyentes piensan que, aunque ya han sido salvos, con todo siempre serán pecadores; y por ende, se relajan y practican pecados en su vida diaria. Luego se acostumbran a vivir así, aprenden a vivir para ellos mismos, para satisfacer sus propios deseos, y se engañan pensando que agradan a Dios. Ellos piensan que Dios los acepta de todos modos, aunque sean cristianos «a su manera».

Estos están estancados y contentos con su situación actual, y abandonan aun el deseo de servir y rendirse al Señor de verdad. Dejan de contemplar Su grandeza y majestad; entonces su amor por el Señor mengua y se apaga; se vuelven tibios, no son ni fríos, ni calientes. Se vuelven en simples religiosos, autosuficientes; pretenden ser creyentes delante de los demás, pero en lo interno están muy lejos de Cristo, lo tienen afuera.

«Yo conozco tus obras, que ni eres frio ni caliente. Ojalá fueras frio o caliente, así puesto que eres tibio, y no frio ni caliente, te vomitaré de mi boca, porque dice: Soy rico, me he enriquecido y de nada tengo necesidad; y no sabes que eres un miserable, y digno de lástima, y pobre, ciego y desnudo» (Apocalipsis 3:15-16).

Esta es la condición de muchos creyentes hoy día. Podríamos pensar que un creyente nunca podría apartarse de Dios si es un verdadero creyente, pero muchos hombres de Dios se apartan, y aún terminan cayendo en pecados graves incluyendo violación, fornicación, robo, asalto, y otras graves condiciones pecaminosas. Quizás muchos de estos nunca fueron verdaderos creyentes, pero otros sí lo fueron; sin embargo, le dieron lugar al pecado, y su corazón fue endurecido. Para ellos, Cristo tiene compasión y los busca; esta es la compasión que Dios tiene para con todos.

El estado pecaminoso de los laodicenses resulta por el amor al mundo; por la falta de humildad; por la falta de mansedumbre y de conocimiento de Dios; por la falta de una verdadera decisión de levantarse y honrar el nombre de Dios (para luego permanecer así minuto a minuto de sus vidas.

Hay un deseo de ser servido en vez de servir, de un estatus en la iglesia, de una posición. Estos buscan atraer a otros a las reuniones con medios humanos y mundanos, creyendo que, por su fuerza, por sus palabras persuasivas o su inteligencia, la gente creerá en el evangelio. De esta manera, algunos logran llenar los templos de simpatizantes, pero no de discípulos de Cristo.

Nos gloriamos cuando otros vienen a los pies de Cristo; pero eso es totalmente injusto, porque la gloria le pertenece a Dios, y no a nosotros. Así también, cuando nos alaban por lo que hacemos, nuestro corazón se enaltece, se vuelve orgulloso. Y cuando eso sucede, somos dignos de lástima; nos volvemos miserables ante un Dios Todopoderoso, un Dios tres veces Santo, el cual es quien hace su obra en nosotros, y a través de nosotros.

El caso de los laodicenses es exactamente el mismo que el de los discípulos del camino a Emaús. Muchos han creído en Cristo, pero no lo siguen de verdad, y eso se demuestra a la hora de analizar sus deseos. Si mi mayor deseo cada día no es honrar a Dios y permanecer rendido a sus plantas, entonces tengo un grave problema y necesito un genuino arrepentimiento. Cristo está a la puerta y llama, y lo hace a través de mensajeros, a través de predicadores, de amigos, de libros, etc., Dios se encarga de confrontar la situación actual del que se ha apartado de Él y llama a la puerta de su corazón de distintas maneras para hacerle regresar.

Tenemos que invitar a Jesús a morar con nosotros; abrirle la puerta y tener comunión con Él. Debemos dejar de sacar a Cristo de nuestros pensamientos, de nuestras acciones, de nuestras decisiones, de nuestro trabajo. Algunos piensan que es suficiente con tener comunión con Cristo tan solo el domingo en la iglesia, pero los que así piensan, la realidad es que más bien, no tienen *ninguna* comunión con Cristo, Él está afuera.

Esta condición de tibieza espiritual que vivían los laodicenses se traduce en una ceguera espiritual (v. 17), es decir, ellos mismos no se daban cuenta de su propia condición y necesitaban ser reprendidos duramente por Cristo —y enseñados por Él— antes de que Él llamara a la puerta de sus vidas para entrar a ellos y tener comunión con ellos. Por tanto, se necesita —antes que todo— valorar la comunión con Cristo, pues si no apreciamos el enorme valor que tiene la comunión con el Señor, ¿cómo estaremos interesados en invitarle a morar en nosotros? Esto era lo que también sucedía con los discípulos del camino a Emaús, por eso el Señor les reprendió duramente y los enseñó mientras iban de camino, para que, llegado el momento, ellos estuviesen preparados y listos para invitarle a morar con ellos. Si Cristo no los hubiera reprendido con la dureza que lo hizo, ni les hubiese enseñado durante más de dos horas acerca de Él, ellos jamás le hubieran invitado a morar con ellos.

Quizá muchos de los que abren su corazón al evangelio y creen en el Señor no logran un nivel de entrega total ese mismo día. Sin embargo, si en ellos está el deseo de agradar a Cristo, cuando se rindan completamente a Él, entonces podrán decir como dijo Pablo: «Con Cristo estoy juntamente crucificado, y ya no vivo yo, mas vive Cristo en mí; y lo que ahora vivo en la carne, lo vivo en la fe del Hijo de Dios, el cual me amó y se entregó a sí mismo por mí» (Gálatas 2:20). ¿Puedes decir de todo corazón lo que dijo Pablo en este pasaje?

Tenemos que invitar a Cristo a que sea el guía de nuestra vida, que sea Él quien tenga control total de nosotros, para que sus deseos, sus anhelos, su voluntad, su mente, su corazón, sus ojos, sus pensamientos, todo lo de Él, sea también nuestro. De manera que dejemos atrás nuestros propios pensamientos, nuestras debilidades, inseguridades, orgullo, y nuestras maldades; dejemos de desear el reconocimiento personal y la alabanza de los demás para anhelar de corazón su gloria. Esta es una invitación verdadera: Jesús quiere reinar y gobernar en nuestra vida.

Creo que no todos los creyentes podrían decir con sinceridad la frase de Pablo en Gálatas 2:20, porque todavía hay mucho de ellos mismos, y muy poco de Cristo en sus corazones. No todos los creyentes se han entregado del todo al servicio de Dios. Y no estoy hablando solamente de entregarlo todo para servir a la iglesia, sino más bien, hablo de despojarnos de nosotros mismos para servir a Cristo en donde sea y bajo las condiciones que Él quiera.

Para mí, el versículo de Gálatas 2:20 es la meta de la obra salvadora y redentora de Cristo, y la victoria de la obra del Espíritu Santo en nosotros aquí en la tierra. Es el pico de nuestra conversión, el momento cuando realmente vemos a Cristo. Es un momento cuando, luego de haber conocido a Cristo por años (sin haber entendido quien es Él verdaderamente), un nuevo panorama se despliega ante nuestros ojos. Este es el momento cuando todo hace clic, y la perspectiva de la vida cambia: tus deseos cambian, tu tesoro se vuelve el cielo, y la tierra no es más que un hotel temporal en donde esperas el tiempo de volver a casa. Todo ahora tiene para ti sentido.

Habíamos ya venido al Señor; creímos, escuchábamos la Palabra con regularidad, y nos hacíamos llamar *cristianos*; sin embargo, aún nos encontrábamos luchando con el pecado día a día, con nuestras pasiones, con una mente arraigada en la tierra, y no puesta en el cielo. Tiempo en que nuestros deseos y amor por las cosas de este mundo estaban por encima del anhelo de Dios. Nuestros pensamientos eran constantemente terrenales y no celestiales. Nuestro deleite en las cosas de este mundo nos parecía superior a los tiempos que pasábamos meditando las Escrituras y a los tiempos de adoración del nombre de Dios. No obstante, cuando se abren nuestros ojos y vemos a Cristo, todo esto cambia. Ahora somos capaces de aborrecer el pecado, y nuestro mayor deseo —y este es un deseo constante— es agradar al Señor Jesús y seguirle sin importar el costo.

En este momento cumbre los creyentes del camino a Emaús se convirtieron en discípulos fervorosos; el fuego de su corazón fue encendido, y la llama del amor ahora se mantendría encendida. Ahora estaban totalmente decididos a rendir sus vidas a Él. Esto fue lo que experimentaron Moisés, Job, María, Pedro, Pablo, Febe, Estaban y muchos otros: ellos invitaron a Cristo a morar en ellos y comenzaron a amarle sin reservas, sobre todo y sobre todos. Honrar a Dios en todo se convirtió en la meta constante, y en el motor de vida de estos hombres y mujeres.

Este es el lugar en donde los creyentes tibios son fervorizados, en donde finalmente estos se rinden al servicio a Dios. En ellos sus vidas son transformadas, y se vuelven capaces de ser una luz en medio de la oscuridad.

La voluntad del hombre y la voluntad de Dios

Sabemos que la salvación es por gracia (Efesios 2:8-9), que no hay nada que podamos hacer para ganarla y que desde antes de la fundación del mundo Dios quiso que fuésemos sus hijos (Efesios 1:4-5). Pero nosotros tenemos la responsabilidad de aceptar o no la Palabra predicada, dado que nadie puede convertirse en un hijo de Dios sin antes haber entendido el mensaje de su Palabra.

>«Que si confesares con tu boca a Jesús por Señor,
>y crees en tu corazón que Dios le resucitó de
>entre los muertos serás salvo» (Romanos 10:9).

>«Cristo dijo: Venid a mí todos los que estén cansados
>y cargados y yo os haré descansar» (Mateo 11:28).

Nosotros somos los que tenemos que arrepentirnos, humillarnos, orar, estudiar, y crecer para la gloria de Dios. Dios no hará esto por nosotros. Es evidente que existe una responsabilidad humana, algo que a cada uno le toca hacer, y todas las acciones de obediencia a la Palabra predicada son evidencia de salvación, pues aquel que es salvo da fruto para Dios. Asimismo, el hombre y la mujer que han venido a Cristo Jesús a entregarle su vida deben de crecer cada día en sabiduría de lo alto.

Cuando una persona ha nacido de nuevo y vive para Dios, le es otorgado un deseo ferviente por conocer a Jesús. Cuando invitamos a Cristo a reinar en nuestros corazones, entonces las cosas del mundo ya no tienen valor, por esta razón todo nuestro amor se concentra en Él. Él y solo Él es el gran amor de nuestra vida y por Él estamos dispuestos a todo. Incluso, cuando nos hemos rendido totalmente al Señor, ya no nos importa sufrir o padecer y estamos dispuestos a pasar por pruebas y dificultades si es necesario con tal de ganar a Cristo, ya que sabemos que cualquier cosa que padezcamos no se compara con nuestro premio: morar con nuestro Señor por la eternidad. En cuanto a esto el apóstol Pablo dijo por el Espíritu: «Pues tengo por cierto que las aflicciones del tiempo presente no son comparables con la gloria venidera que en nosotros ha de manifestarse» (Romanos 8:18).

El amor de Cristo se convierte en lo más importante. Eso es lo que pensaba Pablo, el apóstol de los gentiles, cuando escribe: «pero cuantas cosas eran para mí ganancia, las he estimado como perdida por amor de Cristo» (Filipenses 3:7). Cuando decides renunciar al mundo entero con tal de ganar a Cristo ya no te importa perderlo todo, dejarlo todo, y renunciar a todo lo que haces con tal de honrar el nombre de Dios, cueste lo que cueste, sin miedos y sin pena alguna, sabiendo que la mayor ganancia viene en la próxima vida.

Todos tenemos un caminar diferente con Cristo. Llegamos a Él en tiempos, circunstancias y momentos diferentes. Cristo se presentó a María, y ella lo reconoció en cuestión de minutos. Lo mismo sucedió con las otras mujeres, fue algo casi en el momento. Sin embargo, con estos discípulos no fue así, a ellos les costó varias horas reconocer al Cristo resucitado. Esto nos ilustra que algunos necesitan más tiempo para ver al Cristo vivo, otros lo reconocen de inmediato, pero sea cual sea el caso, cuando una persona logra ver a Jesús, su vida siempre será transformada.

Escuchemos el mensaje, no el mensajero

La integridad y honra del mensajero es extremadamente importante para que el evangelio no sea blasfemado. Aquel líder que Dios usa para propagar el evangelio tiene que cuidar su integridad, pues, si cae en pecado público, puede traer deshonra al nombre de Dios. Por eso los líderes son llamados a ser irreprensibles en la Iglesia, a estar sujetos a un estándar más alto que las ovejas ante Dios (1 Ti 3:1-7), y a dar cuenta por su ministerio y sus obras. No obstante, todos debemos tener nuestra mirada puesta en Cristo, no en el siervo de Dios. El enfoque de la oveja del Señor no debe ser el pastor de una congregación, y el pastor de la congregación debe de tener el objetivo de guiar a las ovejas a Jesús, no a él o ella.

Todos tenemos el mandato de Dios de llevar su Palabra a otras personas. Y las personas a quienes predicamos no lo saben, pero no somos nosotros los que traemos la Palabra, sino Dios mismo en su gracia y bondad. Cuando una persona nos escucha predicar ¿a quién ve? ¿A quién oye?, ella ve al mensajero, a la persona de carne y hueso que está delante de ella.

Esa es la razón por la que muchos terminan idolatrando a los pastores, a los evangelistas, y a los hombres o mujeres de Dios: ellos no logran ver a Dios sino tan solo al mensajero. Muchos de estos mensajeros tienen un talento natural para comunicarse, y hay quienes los idealizan al punto de verlos como si fueran artistas cristianos. La palabra de Dios viene de Dios, no del hombre. Cuando llevamos el mensaje del evangelio, llevamos la palabra que proviene de Dios, y esta no nos pertenece (siempre y cuando sea predicada fielmente, claro está).

> «Después que oraron, el lugar donde estaban reunidos tembló y todos fueron llenos del Espíritu Santo y hablaban la palabra de Dios con valor» (Hechos 4:31).

Cuando predicamos la palabra de Dios no está en nosotros que una persona acepte o no la Palabra, eso depende de la obra del Espíritu Santo en sus corazones. Nuestro trabajo está en llevar la Palabra, y si quien escucha quiere escuchar más, en ellos mismos estará el deseo de seguir escuchando o no.

> «Y si la casa fuere digna, vuestra paz vendrá sobre ella; más si no fuere digna, vuestra paz se volverá a vosotros. Y si alguno no os recibiere, ni oyere vuestras palabras, salid de aquella casa o ciudad, y sacudid el polvo de vuestros pies» (Mateo 10:13-14).

Podemos presentar el evangelio, y luego seguir caminando. Esto mismo fue lo que Cristo hizo, Él les predicó a estos discípulos, y después siguió de largo; Él sabía que, si estas personas verdaderamente tenían hambre de escuchar la Palabra, lo invitarían a morar con ellos para escuchar más de Dios. Y aunque todavía el que escucha no entienda bien la Palabra, tendrá en su corazón un hambre de seguir escuchando. Tiene una sana curiosidad por saber más de Dios.

Los discípulos de Emaús tenían la opción de dejar que Cristo prosiguiera su camino; sin embargo, la consecuencia de ello (si dejaban ir a Jesús) hubiera sido que sus ojos quizá jamás serían abiertos: ellos hubieran continuado con su vida mundana, y eventualmente se habrían apartado totalmente de Dios. Afortunadamente, lo que sucedió fue que estos discípulos de Emaús estaban dispuestos a alojar a un perfecto extraño a fin de continuar aprendiendo de Él. Por eso dice la Palabra que algunos han hospedado ángeles sin darse cuenta (Hebreos 13:2), y en este caso se trataba nada más y nada menos que del Rey de reyes y Señor de señores.

Me sorprende la reacción de estos hombres. ¿Cuál sería la reacción natural de alguien que es reprendido de la manera que lo hizo Jesús? ¡Él les había dicho que eran insensatos, y lentos para entender! La reacción natural ante una ofensa como esta sería ira, resistencia, negación, aversión, etc. Habían sido reprendidos duramente por un extraño, quien todavía los hace estar atentos y escuchar —durante más de dos horas— una clase de Antiguo Testamento respecto al tema del Mesías. Lo único que ellos habían hecho fue expresar su opinión de los últimos acontecimientos en Jerusalén, y en respuesta habían recibido el regaño de un perfecto desconocido.

LA RESURRECCIÓN DE JESÚS

Por tanto, algo que podemos admirar en estos discípulos es su humildad. Inicialmente rechazaron el testimonio de las mujeres, pero ahora habían sido receptivos a escuchar la voz de Dios. Así que, ellos, después de escuchar a Cristo, le invitaron a quedarse con ellos y Él accedió y entró en su casa. Y cuando Cristo aceptó, algo sucedió con estos hombres: sus ojos fueron abiertos y fueron capaces de entender el mensaje del Señor. ¿Qué fue exactamente lo hizo que estos hombres recibieran esta bendición?

«Y sucedió que al sentarse a la mesa con ellos, tomó pan, y lo bendijo; y partiéndolo, les dio» (Lucas 24:30).

Estos hombres por fin entendieron la importancia de la resurrección de Jesús. ¿Y cuál fue el punto decisivo para que esto ocurriera? La cena con Cristo. Quizá estos discípulos varias veces habían comido junto con el Señor durante el tiempo de su ministerio terrenal; y tenían recuerdos indelebles de ello. Esto por cierto tiene estrecha relación con la santa cena, la cena que Cristo había instituido cuando Él comió la última vez con sus apóstoles. Estos discípulos no habían estado allí (pues dice la Biblia que Jesús comió solo con sus apóstoles), pero muy seguramente sabían lo que había ocurrido allí, dados los poderosos acontecimientos contenidos en ese evento.

«Y habiendo tomado el pan, después de haber dado gracias, lo partió, y les dio, diciendo: "Esto es mi cuerpo que por vosotros es dado, haced esto en memoria de mí"» (Lucas 22:19).

Este fue el momento cuando estos hombres por fin quedaron convencidos de que la persona que estaba frente a ellos era Jesús. Entendieron también —mediante las explicaciones del Señor— cuál era la verdadera misión que tuvo su Maestro al venir a la tierra: vivir una vida sin pecado y morir en la cruz en nuestro lugar y así salvar a la humanidad de las consecuencias del pecado. Fue entonces que entendieron lo que Cristo quiso decir cuando dijo que Él es el pan de vida, el maná que descendió del cielo.

En Juan 6 leemos el milagro de la multiplicación de los panes. Después de esto, la multitud siguió a Jesús hasta Capernaum; lo buscaban porque querían comida gratis, no porque realmente creyeran en Él. En este caso, la gente seguía a Jesús como quien sigue a un político que regala canastas de comida. En respuesta, Jesús les dijo que creyeran en Él; sin embargo, la respuesta de la multitud —aún después de haber visto con sus propios ojos el maravilloso milagro de la multiplicación—, fue esta: «Nuestros padres comieron del maná que él les dio en el desierto, ¿qué señal haces tú?». Entonces Cristo les dijo:

> «Porque el pan de Dios es el que baja del
> cielo y da vida al mundo» (Juan 6:33).

Y también:

> «Jesús les dijo: Yo soy el pan de la vida, el que
> viene a mí no tendrá hambre, y el que cree
> en mí nunca tendrá sed» (Juan 6:35).

El maná que Dios dio a los israelitas en el desierto diariamente no era más que un mensaje para ellos: vendría un Pan del cielo que sería enviado por Dios para el sustento eterno de sus vidas, y este maná representaba a Cristo mismo. Todos los que comieron del maná en el desierto murieron, así también todos los que comen de Cristo ahora tienen que morir para poder resucitar (1 Co. 15:42). Pero el fin de este maná, de este Pan que descendió del cielo, que es Cristo, es que tengamos vida eterna con Él, y Él nos resucitará en el día postrero.

> «Y esta es la voluntad del que me envió: que todo
> lo que Él me ha dado yo no pierda nada, sino
> que lo resucita en el día final» (Juan 6:39).

Ahora surgen algunas otras preguntas: ¿Cuándo fue que estos hombres decidieron dejar sus pensamientos mundanos (dado que ellos antes eran esclavos del pecado)? ¿En qué momento ellos se convirtieron en siervos de Cristo? ¿Cuándo fue que ellos entendieron el mensaje de la muerte y resurrección del Señor? ¿Cuándo entendieron que el cuerpo de Cristo tenía que ser partido y molido para lograr la salvación del mundo? Veámoslo con más detalle en la sección siguiente.

El Convencimiento

«Entonces les fueron abiertos los ojos y le reconocieron; pero Él desapareció de la presencia de ellos. Y se dijeron el uno al otro: ¿No ardía nuestro corazón dentro de nosotros mientras nos hablaba en el camino, cuando nos abría las Escrituras?» (Lucas 24:32)

LA RESURRECCIÓN DE JESÚS

Ahora — después de años en su presencia— estos discípulos vieron a Cristo por primera vez. Ellos habían caminado con Él por muchos días, pero en aquella hora precisamente, por fin, se dieron cuenta de quién era el que estaba delante de ellos. Los discípulos del camino a Emaús eran creyentes (igual que muchos de nosotros), pero no habían entendido quién era Jesús verdaderamente.

Ellos lo amaban, y por eso su corazón ardía al escuchar su Palabra. Dios tenía planes de salvación para con ellos y les tuvo compasión, por eso acudió a su encuentro. Ahora, luego de exponerles la Palabra y de entrar a posar con ellos, la prueba había pasado. Dios les había ayudado a superar todo su pecado, su ignorancia, su pobre concepto que tenían de Cristo, todo por fin había sido superado. Ahora todo estaba preparado para el milagro. Entonces el milagro ocurrió: ellos pudieron reconocerle; el Espíritu Santo abrió sus ojos y pudieron ver al Hijo de Dios; finalmente pudieron contemplar con sus propios ojos al Verbo hecho carne, que habitó entre nosotros. Ellos pudieron ver la gloria de Dios.

Y una vez que ellos hubieron visto a Jesús, Él desapareció de su presencia. Ya no necesitaban nada más, ahora estaban listos para esperar la venida del Espíritu Santo y así cumplir con su propósito, pues su fe se había sido solidificado como el diamante. Ellos estaban listos para continuar en el camino del Señor, y con Su ayuda, seguirían firmes hasta el fin. Ahora los discípulos del camino a Emaús estaban dispuestos a dejarlo todo por Cristo y vivir por Él hasta la muerte.

Si no invitamos a Jesús a morar en nosotros —como lo hemos visto ya—, si no lo invitamos a que sea el Rey de nuestra vida y a que guie nuestro camino, entonces no podremos hacer lo que viene ahora, en la siguiente sección; esto es, no podremos hacer lo que hicieron estos discípulos luego de reconocer quién estaba delante de ellos. La única forma de cumplir eficazmente con el llamado que Dios tiene para nuestras vidas es que dejemos de vivir nosotros para dar lugar solo a la vida de Cristo en nosotros (Gálatas 2:20).

El llamado

«Y levantándose en esa misma hora, regresaron a Jerusalén, y hallaron reunidos a los once y a los que estaban con ellos que decían: Es verdad que el Señor ha resucitado y se ha aparecido a Simón. Y ellos contaban sus experiencias en el camino, y cómo le habían reconocido en el partir del pan» (Lucas 24:33-35).

Estos discípulos no esperaron ni un solo minuto para salir a compartir el mensaje de la resurrección. No se fueron a dormir, ni esperaron al otro día para contar las buenas nuevas. Ya era de noche; sin embargo, decidieron volver a su llamamiento original, y continuar así la obra de Cristo en la tierra. No podían esperar, no podían contener la realidad de lo que acababan de ver; por tanto, de inmediato fueron a atestiguar a los demás que Cristo había resucitado, y ellos eran testigos de esto.

Hermanos, el gozo de predicar la Palabra y de hablar de Jesús solo ocurre cuando nuestros ojos son abiertos ante la realidad de la majestad del Señor. El deseo de servir a Cristo a cualquier hora y en cualquier tiempo; y de llevar el mensaje de la cruz y de la resurrección a todo lugar fue lo que movió a estos discípulos a caminar de dos a cuatro horas más, ya de noche, para contar a los discípulos aquello que había sucedido, que habían visto a Cristo resucitado. Aquello que antes les había parecido una locura, ahora les era la mayor de las corduras.

Cristo nos dejó una gran comisión

«Por tanto, id, y haced discípulos a todas las naciones, bautizándolos en el nombre del Padre y del Hijo, y del Espíritu Santo; enseñándoles que guarden todas las cosas que os he mandado; y he aquí yo estoy con vosotros todos los días, hasta el fin del mundo. Amén» (Mateo 28:19-20).

Este es nuestro llamado, y esto hicieron los discípulos de Emaús luego de enfrentarse con la realidad de la resurrección. De la misma manera que las mujeres, quienes vieron a Jesús resucitado e inmediatamente llevaron el mensaje a los demás, los discípulos del camino a Emaús se apresuraron para hacer lo mismo. Asimismo, el Señor se apareció en algún momento a Pedro (aunque ese episodio no está narrado por los evangelios sino solo de ello se hace mención en Lucas 24:33); por tanto, cuando llegaron estos discípulos, ya el testimonio de Pedro había convencido a los demás apóstoles. Sin embargo, el testimonio de los discípulos del camino a Emaús reforzó todos los testimonios previos: el de las mujeres y el de Pedro; y aunque inicialmente los apóstoles no habían creído al testimonio de las mujeres, el de Pedro para ellos fue suficiente.

Tenemos que saber que nuestro llamado es llevar el mensaje de la resurrección, el mensaje de las buenas nuevas de salvación a todos los que quieran escuchar; pues, si escuchan y creen, sus ojos serán abiertos y recibirán el regalo de la salvación.

> «Porque todo aquel que invocare el nombre del Señor, será salvo. ¿Cómo, pues, invocarán a aquel en el cual no han creído? ¿Y cómo creerán en aquel de quien no han oído? ¿Y cómo oirán sin haber quien les predique? ¿Y cómo predicarán si no fueren enviados? Como está escrito: ¡Cuán hermosos son los pies de los que anuncian la paz, de los que anuncian buenas nuevas!» (Romanos 10:13-15).

Jesús tomó a estos hombres, quienes, aunque lo amaban verdaderamente, tenían una fe equivocada; asimismo eran incrédulos, descarriados, apartados, de poca fe, sin ningún tipo de mérito, y en medio de toda esta desesperanza, los hizo testigos de su resurrección. Y gracias al fruto de estos hombres, y al de los apóstoles, tú y yo estamos aquí para seguir siendo portavoces de la gloria de Dios a un mundo que vive en tinieblas. Vemos que lo que cambió el corazón de estos discípulos fue el encontrarse con el Cristo resucitado.

¿Qué significa todo esto para ti? ¿Cristo ha cambiado tu corazón como lo hizo con estos discípulos? Es mi oración que nuestros ojos también sean abiertos para que podamos ver a Cristo como Él verdaderamente es, y se despierte en nosotros el fervor ardiente de su Espíritu, pues entonces podremos vivir por Él y para Él, hoy y siempre. Amén.

Capítulo VIII

LA PRIMERA APARICIÓN A SUS DISCÍPULOS

Antes de continuar, recomiendo que leas Lucas 24:36-42, en donde también se narra esta historia.

«Entonces, al atardecer de aquel día, el primero de la semana, y estando cerradas las puertas del lugar donde los discípulos se encontraban por miedo a los judíos, Jesús vino y se puso en medio de ellos, y les dijo: Paz a vosotros. Y diciendo esto, les mostró las manos y el costado. Entonces los discípulos se regocijaron al ver al Señor. Jesús entonces les dijo otra vez: Paz a vosotros; como el Padre me ha enviado, así también yo os envío. Después de decir esto, sopló sobre ellos y les dijo: Recibid el Espíritu Santo. A quienes perdonéis los pecados, estos les son perdonados; a quienes retengáis los pecados, estos les son retenidos» (Juan 20:19-23).

LA RESURRECCIÓN DE JESÚS

¿Qué veremos en este capítulo? Haremos un recuento de la primera aparición de Jesús a sus apóstoles (y a otros de sus discípulos), cuando estaban reunidos diez de ellos (Tomás no estaba). Juan narra con más detalles esta parte de la historia; él cuenta que hubo dos visitas de Jesús a las reuniones de sus apóstoles (y otros discípulos). En este capítulo hablaré de la primera aparición, mientras que en el siguiente hablaré de la segunda aparición. En esta última ya estaba presente Tomás y ocurrió una semana después.

En Lucas 24:33-42 también se describe la primera aparición, aquella en la que Tomás no estuvo, y según la narración de Lucas, esta aparición ocurrió justo cuando estaba Simón Pedro contando la experiencia de su encuentro con Jesús, y en el momento en que llegaron los discípulos de Emaús, los cuales también contaron lo que ellos habían vivido. Fue en ese escenario, cuando estaban todos ahí reunidos y contando lo que habían visto; en esa misma noche de domingo (el mismo domingo en que había resucitado el Señor, Lucas 24:13) o quizá en la madrugada del lunes, cuando Jesús se les aparece. El domingo es el primer día de la semana para los judíos (Juan 20:19).

Algunas Biblias capitulan estos pasajes como «La aparición a los diez» y otras «La aparición a los once»; sin embargo, la verdad es que, si leemos cuidadosamente el relato bíblico, nos damos cuenta de que no dice cuántos discípulos había. Pero seguro no eran diez, ya que estaban los de Emaús, y probablemente muchos otros discípulos más, entre los cuales posiblemente estaban Matías, José llamado Barsabás, Esteban, y quizá también las mujeres que vieron a Jesús.

En la semana judía existe un solo día que tiene nombre, el *Shabbath (sábado)*, el último día de la semana. Este es el día de reposo, el día en que Dios descansó después de la creación (Genesis 2:2). El día siguiente para ellos es el primer día después del sábado (para nosotros, el domingo); luego el segundo día después el sábado (el lunes), y así sucesivamente.

Ubiquémonos ahora en el tiempo cuando ocurrieron estos hechos. Dice en Juan 20:19 que los discípulos estaban reunidos al atardecer, lo cual normalmente ocurre alrededor de las 7 p. m. Estaban en Jerusalén, y era el primer día de la semana (el domingo). Así también, estos hechos tuvieron lugar alrededor del año 30-33 a. C, en el mes de Nisán (marzo-abril), el día 17 del mes.

LA PRIMERA APARICIÓN

«Entonces, al atardecer de aquel día, el primero de la semana, y estando cerradas las puertas del lugar donde los discípulos se encontraban por miedo a los judíos, Jesús vio y se puso en medio de ellos, y les dijo: Paz a vosotros» (Juan 20:19).

En este versículo podemos notar que los discípulos estaban asustados y escondidos debido a una posible persecución en su contra (y en contra de todos los que profesaban seguir a Cristo). Mientras hablaban de estas cosas, ellos estaban asustados, con la puerta cerrada, con miedo de que los judíos los encontraran y les hicieran daño. Ellos tenían miedo de que también a ellos los crucificaran o que tuvieran que padecer algún tipo de persecución.

Cristo había aparecido a las mujeres, a los discípulos de Emaús y a Simón. Entonces, debido a tales testimonios, los demás discípulos comenzaron a creer que realmente Cristo había resucitado. Esto lo confirman las palabras de los discípulos que se registran en Lucas 24:34: «Es verdad que el Señor ha resucitado, y se ha aparecido a Simón».

Esto es lo sorprendente. Estos hombres, a pesar de saber que Cristo había resucitado, todavía tenían miedo. Aquí veremos nuestro primer punto en esta interacción. Debemos preguntarnos todos: ¿A quién temo? ¿Le temo a los hombres, a satanás o a Dios?

Nuestro temor en esta tierra nunca debería ser a los hombres. Esta vida es temporal y este cuerpo también. Todos tenemos nuestra hora de nacer, y nuestra hora de morir. Por más tiempo que alguno viva en esta tierra, nunca escapará de este cuerpo de muerte. Cristo ya les había advertido a sus discípulos —y nos advierte a todos nosotros— que en este mundo tendrían aflicción.

«Ahora entendemos que sabes todas las cosas, y no necesitas que nadie te pregunte; por esto creemos que has salido de Dios. Jesús les respondió: ¿Ahora creéis? He aquí la hora viene, y ha venido ya, en que seréis esparcidos cada uno por su lado, y me dejaréis solo; mas no estoy solo, porque el Padre está conmigo. Estas cosas os he hablado para que en mí tengáis

LA RESURRECCIÓN DE JESÚS

paz. En el mundo tendréis aflicción; pero confiad, yo he vencido al mundo» (Juan 16:30-33).

En la conversación que Jesús tuvo con sus discípulos en este pasaje, ellos le dijeron que creían que Él venía de Dios. Y Cristo les dijo: «¿Ahora creéis?». Era como que si les estuviera diciendo: «¿De verdad ustedes creen? ¿De verdad ustedes creen ser creyentes en mí? Veamos si es cierto que ustedes realmente creen a mis palabras. A ver si realmente creen que yo he salido de Dios». En otras palabras, es como si Cristo les estuviera diciendo:

«Ustedes todavía no creen (aunque afirmen creer); aún no están preparados para obedecerme hasta la muerte. De labios creen en mí, pero cuando me persigan, huirán y me dejarán solo. Serán esparcidos, y no permanecerán conmigo, me dejarán solo por temor. Pero les digo esto para que cuando pase, se acuerden de mis palabras. De que, si están conmigo, ustedes tendrán paz, pues descansarán en la voluntad del Padre. Si ustedes permanecen en mí, yo guiaré sus destinos, porque no hay rey, ni soldado, ni sacerdote, ni demonio, ni nadie que pueda hacerles absolutamente nada sin mi consentimiento».

Y les advirtió: «En el mundo tendréis aflicción, pero confíen en mí, porque yo he vencido al mundo, no teman a aquellos que matan el cuerpo, sino crean en mí, en mi palabra, que ¡Yo Soy la resurrección y la vida! Síganme hasta la muerte y tengan paz, sabiendo que su galardón es grande en los cielos, que, en mí, ¡aunque estén muertos vivirán! ¡Pues yo he vencido al mundo!».

Cristo les dijo esto desde el principio de su ministerio:

«Bienaventurados aquellos que han sido perseguidos por causa de la justicia, porque de ellos es el reino de los cielos, bienaventurados cuando os insulten y persigan, y digan todo género de mal contra vosotros falsamente, por causa de mí, regocijaos y alegraos, porque vuestra recompensa en los cielos es grande» (Mateo 5:10-12b).

Es increíble como Cristo siempre les enseñó la verdad a estos discípulos, y el verdadero costo de seguirlo a Él. Él nunca les ocultó que iban a sufrir por su causa. Sino que les decía (parafraseado): «tengan fuerza, resistan, confíen en mí, tengan paz».

Mientras Cristo estaba con ellos, ellos se creían invencibles. Hasta Pedro trató de matar a uno de los soldados cuando fueron a apresar a Jesús, aunque falló y solo le cortó una oreja (Juan 18:10-11). Pedro no tenía miedo porque estaba confiado en Cristo. Pero Cristo les fue quitado, entonces el miedo se adueñó de sus vidas. Ellos vieron lo que realmente significa ser crucificado, la persecución y el verdadero costo de seguir a Jesús.

En Mateo 8:24-27 está narrada la historia de una tormenta que se levantó en el mar de Tiberias. Los discípulos estaban desesperados y pensaban que se iban a ahogar. Y Cristo, en medio de todo esto, estaba durmiendo. Entonces ellos despertaron a Jesús, y Él calmó la tormenta. Así también nosotros tenemos que despertar a Cristo en nuestras vidas, para que tengamos paz cuando venga la tempestad. Si Cristo esta dormido en mí, es decir, si no creo que Él tiene el poder para darme paz en medio de una tormenta, es porque no he creído su Palabra.

Mi temor solo debe ser el temor de Dios, mi temor debe estar reservado solo para Él. Es decir, mi confianza debe estar puesta solo en Dios y no en nadie más. No en mis finanzas, no en mi casa, no en mi estatus, no en mis bienes, ni en mi familia.

Todas estas cosas nos podrían ser quitadas, pero nadie nos puede quitar la salvación que tenemos en Cristo, y la paz que ahora tenemos con Dios (Romanos 8:38-39). En cualquier circunstancia, Dios nunca permitirá que pases por una prueba mayor a la que no puedes resistir (1 Corintios 10:13). Todas las pruebas que podamos pasar en esta tierra, por duras que sean, no deben ser ocasión para poner en duda la palabra de Dios; más bien, debemos confiar plenamente en Él; no dudar de que Dios está siempre cuidándonos.

«Porque has guardado la palabra de mi perseverancia, yo también te guardaré de la hora de la prueba, esa hora que está por venir sobre todo el mundo para poner a prueba a los que habitan sobre la tierra» (Apocalipsis 3:10).

Podemos vivir atemorizados de perder el trabajo, atemorizados de no tener suficientes finanzas, de perder la casa, de padecer una enfermedad, de no pasar un examen, de no poder cumplir con una meta; atemorizados por causa de demonios o de un espíritu malo, de un huracán que viene, etc.

El miedo nos paraliza, y no nos deja progresar. El miedo nos hace escondernos para no ser confrontados, heridos, o martirizados. El miedo nos nubla la vista, se adueña de nosotros, y hace que nos olvidemos de lo que Dios ha dicho en su Palabra.

«No os afanéis, pues, diciendo: ¿Qué comeremos, o qué beberemos, o qué vestiremos? Porque los gentiles buscan todas estas cosas; pero vuestro Padre celestial sabe que tenéis necesidad de todas estas cosas. Mas buscad primeramente el reino de Dios y su justicia, y todas estas cosas os serán añadidas» (Mateo 6:31-33).

Al único que realmente debemos de temer no es al que mata el cuerpo, sino el que puede, no solo matar el cuerpo, sino también —y esto es lo más terrible— echar tanto el alma como el cuerpo en el infierno. Cristo dijo: «Y no temáis a los que matan el cuerpo, pero no pueden matar el alma; más bien temed a aquel que puede hacer perecer tanto el alma como el cuerpo en el infierno» (Mateo 10:28).

¿Y quién es el que puede hacer eso? Solamente Dios puede juzgarnos para condenación, y solo Él es el Juez de nuestra alma. El temor de Dios es el principio de la sabiduría (Proverbios 1:7). Si tememos a Dios desearemos honrar su nombre por encima de todo, aun si nos cuesta perder todo lo que tenemos. Ahora bien, si tememos a los hombres, ese temor podría impedirnos compartir nuestra fe; sin embargo, puesto que este es el mandato de Dios, debemos hacerlo de todos modos. En este caso, los discípulos de Jesús estaban paralizados a causa del temor, escondidos, sin saber ni entender que Dios tenía muchos planes para ellos, y para el evangelio de Cristo.

«Entonces, al atardecer de aquel día, el primero de la semana, y estando cerradas las puertas del lugar donde los discípulos se encontraban por miedo a los judíos, Jesús vino y se puso en medio de ellos, y les dijo: Paz a vosotros» (Juan 20:19).

¿Por qué Cristo dijo *paz a vosotros* a sus discípulos? La razón por la que Cristo se presentó ante ellos y les dijo *paz a vosotros* es porque ellos ya no tendrían que temer. Desde ese momento ellos podrían estar confiados en que Dios tiene el control absoluto de su vida, y de su muerte. Ellos podrían confiar de que cada prueba que viniera a sus vidas sería una expresión del amor de Dios para formar su carácter al Cristo.

Era como si Cristo les dijera: «Tengan paz, confíen, descansen en mí. Ciertamente serán perseguidos, pero no den lugar al miedo. Tengan paz, recuerden que son mis ovejas y yo soy su Pastor; yo los cuidaré, y mi propósito se cumplirá en ustedes».

Lo hermoso de ser hijos de Dios es que tenemos un Padre celestial que lo sabe todo; que conoce todo lo que hay en nuestro corazón. Él tiene un conocimiento perfecto del pasado, del presente y del futuro; es todopoderoso, y mandó a su Hijo a morir por nosotros, a fin de que jamás dudáramos de que Él nos ama.

Dios estuvo presente cuando naciste, cuando te graduaste de la primaria; en cada cumpleaños, en cada accidente, en cada cortada, en cada pérdida de trabajo; cada vez que murió alguno de tus familiares; cada vez que participabas de los alimentos; en todas tus vacaciones. Él estuvo presente en todos tus dolores. Dios siempre ha estado presente y nunca te ha dejado solo(a), aun desde antes de conocerlo, ya Él estaba ahí, y sabía de ti.

Hermanos, todos seremos probados mientras estemos en este cuerpo caído. Así es que, nuestra fe tiene que estar por encima de las pruebas y las tentaciones. Y aquí, lo que Cristo les está diciendo es esto: «¡Mírenme! ¡Yo morí, y resucité! ¡Vencí la muerte, y ahora ustedes tienen paz con Dios por medio de mi sacrificio en la cruz!, paz a vosotros».

> «Mas él herido fue por nuestras rebeliones, molido por nuestros pecados; el castigo de nuestra paz fue sobre él, y por su llaga fuimos nosotros curados» (Isaías 53:5).

Lo peor que podría pasarnos en esta tierra es que nos persigan, nos hieran, nos maltraten. Cristo ya pasó por eso, pero resucitó en gloria; por tanto, esa es también la promesa divina que tenemos de Él: que tendremos paz con Dios y la garantía de vida eterna con Él por siempre.

> «Pero ellos, aterrorizados y asustados, pensaron que veían un espíritu. Y Él les dijo: ¿Por qué estáis turbados, y por qué surgen dudas en vuestro corazón? Mirad mis manos y mis pies, que soy yo mismo; palpadme y ved, porque un espíritu no tiene carne ni huesos como veis que yo tengo» (Lucas 24:37-39).

Después de esto, Cristo reprendió a los discípulos que estaban reunidos ahí, así como lo había hecho con los discípulos de Emaús. Es como si Cristo les preguntara: «¿Por qué dudan? ¿Por qué no creen? ¿Porque se amedrentan? ¿Dónde está su fe en Dios? ¿Dónde están esos discípulos valientes que dijeron hace unos días que darían su vida por mí?

Cristo les dice (parafraseado): «Tóquenme, pálpenme, miren mis manos y mis pies, soy yo. No soy un espíritu, miren que yo también como pan, como lo hacen ustedes; soy real, he resucitado». Los discípulos podían papar al Señor, y lo vieron comer, todo esto lo hizo para que no quedara en ellos la menor duda de que Él era real; para que después de su experiencia, jamás volvieran a dudar.

¡Discípulos de Cristo! ¡Hermanos en Cristo! Sea lo que sea que tengas que pasar en esta tierra, no es nada comparado con la riqueza que tendremos al vivir en la presencia de Dios por la eternidad.

El cuerpo glorificado

> «Entonces, al atardecer de aquel día, el primero de la semana, y estando cerradas las puertas del lugar donde los discípulos se encontraban por miedo a los judíos, Jesús vino y se puso en medio de ellos, y les dijo: Paz a vosotros» (Juan 20:19).

Quiero centrarme ahora en un pasaje que se relaciona con cuerpo glorificado de Jesús. Observa que el pasaje dice que Cristo apareció en medio de ellos mientras la puerta estaba cerrada. Juan escribe esto en su evangelio, y él fue uno de los discípulos que estaba presente. Lucas no lo menciona, pero Lucas no estaba con ellos cuando eso sucedió. Quizás fue el mismo Juan quien había cerrado la puerta, y posiblemente por ello pudo recalcar este dato importante.

Cuando morimos en Cristo nuestras almas van al paraíso (Lucas 23:43), un lugar de reposo en la presencia de Dios; ahí estaremos hasta la venida de Señor. La primera resurrección será para vida eterna, la cual ocurrirá cuando la Iglesia sea arrebatada para reunirse con Cristo, según pasajes como Apocalipsis 3:10, 2 Corintios 12:2, 1 Tesalonicenses 4:15-17, 2 Tesalonicenses 2:1-17, etc.; y también, en ese momento, todos los que estamos en Él (los que vivimos todavía en la tierra), seremos transformados en un cuerpo glorificado.

Nadie hasta ahora, excepto Jesús, ha resucitado en un cuerpo glorificado. Sin embargo, en la resurrección de los muertos (cuando Jesús venga por su Iglesia), tanto a los que han muerto en Cristo como a los que habremos quedado hasta entonces, nos será dado un cuerpo glorificado, y con este cuerpo viviremos en Su presencia para siempre (Apocalipsis 20:4-5).

Ahora bien, ¿qué pasará con lo que mueren sin Cristo? Los que mueren sin Cristo también resucitarán; a esta resurrección la Biblia le llama «la segunda resurrección». No obstante, esta resurrección será para juicio. A ellos también les será otorgado un cuerpo diferente, pero ese cuerpo será para poder resistir por la eternidad los horrores del lago de fuego (Apocalipsis 20:11-15).

Examinemos ahora con cuidado cómo es que será nuestro cuerpo glorificado.

1. **Será semejante al de Jesús.** Nuestro cuerpo glorificado será semejante al de Jesús. Este cuerpo podrá resistir ver a Jesús en toda su gloria y esplendor. No veremos a Dios el Padre en toda su gloria, porque nadie puede ver a Dios el Padre de esta manera y vivir (1 Juan 4:12); sin embargo, sí podremos ver la majestuosidad y gloria de Cristo, quién es la imagen visible de nuestro Padre. Cristo Jesús

es la manifestación del Dios invisible, y a Él podremos ver y palpar (Colosenses 1:15-17).

> «Amados, ahora somos hijos de Dios y aún no se ha manifestado lo que habremos de ser. Pero sabemos que cuando Él se manifieste, seremos semejantes a Él porque le veremos como Él es» (1 Juan 3:2).

2. **Serán cuerpos físicos (que se pueden tocar, no espíritus).** Cristo dijo a los discípulos que lo palparan. Él quería que ellos se cercioraran de que su cuerpo se podía tocar, que no era solo un espíritu (Lucas 24:39). Este cuerpo no necesita comida para vivir, pues Dios es su sustento; puede comer, por mero placer, pero no necesita ser alimentado.

También, cuando Dios haya hecho el cielo nuevo y la tierra nueva, cosas de las cuales Juan habla en el penúltimo capítulo de la Biblia, la nueva Jerusalén bajará del cielo, tal y como lo vio Juan en visión. Esta es la maravillosa ciudad que está reservada para los redimidos. Y de esta, Juan dijo por el Espíritu, que en ella no habrá mar (Apocalipsis 21:1). Por tanto, la tierra no necesitará de agua para su sostenimiento. No obstante, la Biblia habla de un mar de cristal (Apocalipsis 4:6). Así que, el cuerpo glorificado que Dios nos dará no será dependiente ni del oxígeno ni del hidrógeno (que es lo que forma el agua). Este cuerpo será totalmente sostenido por Dios mismo.

3. **Serán cuerpos con capacidades sobrehumanas.** Cristo atravesaba las paredes (Juan 20:19), desaparecía de repente (Lucas 24:31); asimismo, algo había en el cuerpo glorificado del Señor que su apariencia era distinta, y por eso sus discípulos no podía reconocerlo de inmediato:

- Los discípulos de Emaús se tardaron horas para reconocerlo (Lucas 24:13-35).

- Sus discípulos —cuando se manifestó a ellos en el mar de Tiberias— no le reconocieron (Juan 21:12).

- María Magdalena no le reconoció de inmediato tampoco (Juan 20:11-18)

4. **Serán cuerpos dados por Dios.** Nuestros cuerpos serán de origen divino, preparados para poder servir a Dios por la eternidad.

> «Pero Dios le da un cuerpo como Él quiso, y a cada semilla su propio cuerpo» (1 Corintios 15:38).

5. **Serán cuerpos sin las necesidades humanas que ahora tenemos.** No habrá necesidad de dormir, o descansar. Como hijos de Dios, reinando con Él por la eternidad, vamos a disfrutar de muchas de las características divinas.

> «Se siembra en deshonra, se resucita en gloria; se siembra en debilidad, se resucita en poder» (1 Corintios 15:43).

6. **Serán cuerpos eternos sin deseos sexuales.** Nuestros cuerpos resucitados serán parecidos en honor y gloria al de los ángeles de Dios. No habrá deseo o necesidad sexual, pues ya que el placer de vivir en la presencia de Dios por la eternidad será el placer más pleno, más hermoso, y de mayor gozo que hayamos experimentado jamás; y este placer será por la eternidad. No existe goce en el universo entero que supere esto.

> «Pero los que son tenidos por dignos de alcanzar aquel siglo y la resurrección de entre los muertos, ni se casan ni son dados en matrimonio; porque tampoco pueden ya morir, pues son como ángeles, y son hijos de Dios, siendo hijos de la resurrección» (Lucas 20:35).

7. **Todas las partes de nuestro ser serán glorificadas.** La biblia habla de dos partes en el ser humano, el espíritu o alma, y el cuerpo. Existen varias teorías de como se relacionan estos dos elementos; sin embargo, de algo podemos estar seguros: de que existe, además del cuerpo físico, algo invisible dentro de nosotros. Los siguientes versículos son tan solo un ejemplo de esto, 1 Corintios 15:45; 1 Samuel 1:15; Job 7:11; Mateo 12:18.

Cuando resucitemos, nuestra alma y nuestro espíritu también serán glorificados; por tanto, ya no habrá posibilidad de que seamos influenciados por los deseos de este mundo.

> «Se siembra un cuerpo natural, se resucita un cuerpo espiritual. Si hay un cuerpo natural, hay también un cuerpo espiritual» (1 Corintios 15:44).

8. **Nuestros cuerpos serán inmortales e incorruptibles.** El cuerpo que ahora tenemos envejece, se enferma y se va desgastando. La Biblia dice que este cuerpo debe morir para que resucite en gloria (a menos de que sea transformado en la venida del Señor). Así como una semilla que se siembra debe morir para que nazca una planta, así también este cuerpo mortal necesitará morir antes de ser resucitado por el Señor en un cuerpo glorificado.

> «Así es también la resurrección de los muertos. Se siembra un cuerpo corruptible, se resucita un cuerpo incorruptible. Porque es necesario que esto corruptible se vista de incorrupción, y esto mortal se vista de inmortalidad» (1 Corintios 15:42, 53).

9. **Posiblemente, este nuevo cuerpo será luminoso o radiante.** Cristo irradiaba luz cuando se transfiguró; lo mismo sucedía con Moisés y Elías (Mateo 17:2). Cuando Moisés estuvo en la presencia de Dios por 40 días en el monte Sinaí, luego de que bajó, su rostro era resplandeciente (Éxodo 34:35).

> «Entonces los justos resplandecerán como el sol en el reino de su Padre. El que tiene oídos, que oiga» (Mateo 13:43).

10. **Mantendremos nuestra propia identidad, pero tendremos un nuevo nombre.** Cuando Cristo se transfiguró estaba presente Moisés y Elías, y por alguna razón los discípulos de Jesús sabían quiénes eran ellos. Jesús continuó siendo el mismo en su personalidad aun después de resucitar.

> «Y Dios, que resucitó al Señor, también nos resucitará a nosotros mediante su poder» (1 Corintios 6:14).

> «El que tiene oído, oiga lo que el Espíritu dice a las iglesias. Al vencedor le daré del maná escondido y le daré una piedrecita blanca, y grabado en la piedrecita un nombre nuevo, el cual nadie conoce sino aquel que lo recibe» (Apocalipsis 2:17).

El poder del Espíritu Santo

Ahora veremos cómo Cristo empodera o equipa a estos hombres con lo más importante en sus vidas para poder seguir verdaderamente a Cristo de ahora en adelante: les dio el Espíritu Santo.

> «Después de decir esto, sopló sobre ellos y les dijo: Recibid el Espíritu Santo. A quienes perdonéis los pecados, estos les son perdonados; a quienes retengáis los pecados, estos les son retenidos» (Juan 20:22-23).

Ahora te pediré que te transportes por un momento a ese escenario. Imagina que estás ahí, y que eres uno de los discípulos de Jesús. Es un domingo, han pasado ya tres días después de la muerte de Cristo, y tú eres uno de los que están encerrados en ese lugar llenos de temor. Jesús, el Mesías esperado, ha muerto, y a ti, junto con los otros discípulos, los culpan de haber robado el cuerpo.

Te aterroriza morir martirizado y te sientes totalmente indefenso. El gobierno romano está en contra de ustedes, y el cuerpo sacerdotal de Israel también. No tienen armas ni ningún tipo de defensa. Son un grupo pequeño, de no más de 120 personas.

Ustedes tienen un deseo de creer y seguir el mensaje de Jesús, pero sienten que el mundo se les viene encima. Sus pensamientos están abrumados y no ven ningún tipo de salida para esta situación. De repente llega el mensaje de la resurrección, y un rayo de esperanza empieza a brillar. Lo vieron las mujeres, lo vio Pedro, y ahora los discípulos de Emaús. Pero, aun así, no ven una salida confiable, siguen atemorizados, con las puertas cerradas y paralizados.

De repente, en esta situación tan estresante, se aparece en medio de todos la Luz del mundo, el Creador del cielo y de la tierra, el principio y el fin, el Alfa y la Omega, el Dios creador, el Cordero de gloria, el verdadero Rey de reyes y Señor de Señores.

Este se presenta ante ustedes y les dice: «Paz a vosotros», es decir, ya no hay nada de que temer. Jesús entiende lo que ustedes están viviendo, y se les apareció allí para quitarles ese miedo. Para mostrarles sus manos y sus pies, y de esta manera aprecien el martirio que Él acababa de vivir, y también —y esto es lo más importante para ti y el resto de los discípulos—, para afirmar sus corazones y darles confianza de que Él tiene el control total sobre la vida y la muerte. «Vengan, tóquenme», les ha dicho Jesús «véanme comer, vean que soy real». Regresemos ahora de ese escenario.

Algo comenzó a suceder con estos hombres llenos de temores y dudas. De repente su fe comenzó a levantarse. Comenzaron a tener esperanza. Cristo se había fijado en estos hombres infieles, incrédulos, llenos de miedos, y los preparó para una gran comisión; una tarea que requería suprema fe, una confianza en Dios inquebrantable.

Con sus fuerzas, estos hombres habían fallado a Cristo una y otra vez. Y en ellos su forma de pensar habían ido muchas veces en contra de las enseñanzas de Jesús, tanto, que Cristo mismo reprendió a Pedro diciéndole: «Apártate de mí Satanás» (Mateo 16:23). Se trataba de hombres que con facilidad eran engañados por el enemigo y no necesitaban mucho para que se corrompieran, por ello, necesitaban apoyo continuo y sobrenatural. Necesitaban una fuerza y una valentía que de ellos no podría venir.

Recibid el Espíritu Santo

Hacer esta obra en sus propias fuerzas era imposible, por tanto, necesitaban de Alguien que hiciera en ellos lo imposible posible. Necesitaban de una fortaleza sobrenatural para vencer en todas las pruebas que vendrían a sus vidas. Lo que vendría era algo inaudito: tendrían que sufrir lo insufrible y soportar lo insoportable, aun hasta el punto del martirio, por causa del Señor. Así que, la Biblia dice:

> «Después de decir esto, sopló sobre ellos y les dijo: Recibid el Espíritu Santo» (Juan 20:22).

Encontramos aquí la mención del Espíritu Santo de Dios. En los escritos teológicos es común que se mencione con frecuencia la palabra *Trinidad* para referirse al Padre, al Hijo y al Espíritu Santo. Se dice que el Padre es la primera persona de la Trinidad, el Hijo la segunda persona y se designa al Espíritu Santo como la tercera persona de la Trinidad. No obstante, en mi opinión, el hecho de que se mencione al Espíritu Santo como la tercera persona de la Trinidad, en la mente de muchos creyentes, podría causar que se disminuya significativamente la enorme importancia que tiene el Espíritu de Dios.

Asignar un tercer lugar al Espíritu Santo podría interpretarse como si este tuviera un papel secundario e inclusive inferior al del Padre y al de Jesús. Creo que cuando pensamos en la Trinidad, debemos visualizar a Dios el Padre, a Dios el Hijo y Dios el Espíritu Santo como un solo Dios. Juntos son Dios, ellos son uno. Ninguno es primero, ninguno es segundo, y ninguno es tercero. Ellos tres son primero, y los tres son dignos de la misma adoración, reverencia, importancia, gloria, majestad y poder.

Entre la Trinidad no existen envidias, discordias, pleitos, o deseos de poder. Entre la Trinidad, ni el Padre, ni el Hijo, ni el Espíritu Santo, ninguna de las tres personas es más digna de gloria que las otras. Ellos son los *Creadores* del universo, ellos juntos hicieron todo lo que existe. Ellos juntos hicieron al ser humano:

«Y dijo Dios: Hagamos al hombre a nuestra imagen, conforme a nuestra semejanza; y ejerza dominio sobre los peces del mar, sobre las aves del cielo, sobre los ganados, sobre toda la tierra, y sobre todo reptil que se arrastra sobre la tierra» (Génesis 1:26).

Muchos creyentes hablan del Espíritu Santo como si fuera una persona manipulable. Considero que es un atrevimiento nuestro el mandar a Dios a hacer lo que queremos. Este gusano de hombre, —como decía el rey David de sí mismo—, este hombre corruptible, ¿cómo ordenará a Dios lo que tenga que hacer? ¿podría yo ordenar que Él haga mi voluntad? ¿Acaso Dios vive para el servicio nuestro? No, ciertamente no, la realidad es que nosotros estamos al servicio de Él, porque Él es Dios. Así que, ninguno podría jamás manipular al Espíritu Santo, porque Él es tan Dios como lo es Jesús y el Padre.

Todo aquel que ha sido salvo ha sido sellado con el Espíritu Santo, y el sello del Espíritu Santo es nuestra evidencia de salvación. Si hemos sido lavados con la sangre de Cristo, fuimos sellados con el Espíritu y tenemos entrada a la presencia de Dios. Pero tengamos algo muy presente: Dios no habita en donde hay pecado, su templo es sagrado, y nosotros, siendo templos del Espíritu Santo, somos santificados por Él. Cristo cargó con el precio de nuestro pecado, y ahora nosotros somos santificados por la hermosa y gloriosa presencia del Espíritu de Dios.

Cristo venció al pecado y terminó con él (1 Pedro 4:1); por tanto, la sangre preciosa de Cristo santifica a los hijos de Dios para que habite su Espíritu Santo en ellos. Y esta es la maravilla: que este cuerpo mortal sea morada del Espíritu de Dios. El Espíritu de Dios hace un extraordinario trabajo en nosotros, por eso nos redarguye de pecado, nos guía por el sendero correcto, nos ayuda a tomar decisiones sabias, nos conforta, nos alienta, nos da gozo y paz, y nos santifica por completo (1 Tesalonicenses 5:23).

Así como Cristo perdonaba los pecados y sanaba a los enfermos; y así como Cristo nunca fue contaminado por el pecado, sino todo lo contrario, Él santificaba lo inmundo, de la misma manera el Espíritu de Dios continuamente purifica, santifica, vivifica y rectifica a los que ponen su fe en Cristo.

A Dios nada lo puede volver inmundo, absolutamente nada. Su presencia es tan santa que Él es quien santifica; lo inmundo no puede contaminarlo, Él siempre es vencedor. Es por eso que para quien permanece lleno del Espíritu no hay pecado que le pueda dominar, no hay cabida en el cristiano para el pecado. Y si el cristiano tiene algún contacto con el pecado por causa de su andar en esta tierra, Dios le da el poder para vencerlo y no caer en las tentaciones del diablo y de la carne. Es el poder del Espíritu Santo quien actúa en el creyente para hacerle siempre victorioso.

En el pasaje de Juan 20:22 Cristo equipó a sus discípulos con el arma más poderosa que jamás ellos podrían recibir, esto es, Dios mismo viviendo en ellos. Dios mismo escudriñando cada pensamiento, dictando cada predicación, y guiando cada paso de sus vidas. En el libro de los Hechos vemos como fue el Espíritu Santo quien guio a los discípulos del Señor de principio a fin. Nosotros hoy tenemos la Biblia. La Biblia fue inspirada por el Espíritu Santo para guiar al creyente, para que este conociera la voluntad de Dios, y viviera con plena certeza. Y en los asuntos particulares, aquellos que no están comprendidos en las Escrituras, en eso también el cristiano puede estar seguro de que, si ora al Señor, el Espíritu le dará a conocer los más profundos pensamientos del Dios Padre y de Jesús.

«Pero Dios nos las reveló por medio del Espíritu, porque el Espíritu todo lo escudriña, aun las profundidades de Dios» (1 Corintios 2:10).

El Espíritu Santo tiene la capacidad infinita y eterna de llegar a lo más profundo de Dios y entenderlo. La razón por la que el Espíritu Santo puede revelarnos a la perfección el sentir de Dios es porque Él es Dios mismo.

Su majestad, su gloria, su dignidad, su gracia, su misericordia, su bondad, su sabiduría, su poder, todo es igual a Dios Padre, y Jesús. Si la gracia del Espíritu Santo de Dios no fuera infinita y eterna, ¿Cómo entonces estamos ahora vivos y no condenados a muerte? Él ve cada pensamiento de pecado que pasa por nuestra mente, y pacientemente nos guía y nos renueva. Su trabajo es incansable y constante. Sin el trabajo del Espíritu Santo nadie podría venir a Jesús, nadie podría aceptar a Cristo en su corazón, nadie podría permanecer en Cristo, ni agradar a Dios Padre.

Cada cristiano necesita obligatoriamente del Espíritu Santo para aceptar a Cristo y vivir como Él. Él es quien guía a los creyentes a creer, y quien convence los corazones de aquellos que se rebelan contra Dios.

> «Por tanto, os hago saber que nadie que habla por el Espíritu de Dios llama anatema a Jesús; y nadie puede llamar a Jesús Señor, sino por el Espíritu Santo» (1 Corintios 12:3).

Es absolutamente imposible venir a Cristo sin que el Espíritu de Dios nos revele a Jesús. Solo el Espíritu de Dios puede guiarnos a Cristo. Esta es la razón por la que Cristo dijo:

> «Pero cualquiera que blasfeme contra el Espíritu Santo, no tiene jamás perdón, sino que es reo de juicio eterno» (Marcos 3:29).

Aprendemos por este pasaje que aquel que blasfeme o maldiga al Espíritu Santo, y atribuya las obras de Cristo al diablo no puede tener salvación, ya que es precisamente el Espíritu quien convence a las personas para que sean salvas. Así también, la evidencia de que el Espíritu Santo mora en nosotros es la fe; creemos en Cristo en verdad por causa del Espíritu Santo; y si alguno no cree en la obra de Cristo, niega también la obra del Espíritu de Dios.

El Espíritu Santo es quien nos muestra a Cristo, es quien da testimonio de Él, quien revela nuestro pecado, nuestra necesidad de arrepentimiento, de salvación y de Cristo como el Hijo de Dios. Él es quien abre nuestros ojos espirituales para ver, nuestros oídos para oír y entender la palabra de Dios.

> «Cuando venga el Consolador, a quien yo enviaré del Padre, es decir, el Espíritu de verdad que procede del Padre, Él dará testimonio de mí» (Juan 15:26).

Entonces, todo aquel que cree en la palabra de Dios es porque ha creído en el testimonio del Espíritu Santo, quien ha inspirado toda la Palabra; podemos decir que el Espíritu Santo es el verdadero autor de la palabra de Dios.

Lo vemos actuando en todo el Antiguo Testamento:

- En Éxodo 31:2 opera en Bezalel, quien fue lleno del Espíritu de Dios para trabajar en la construcción del tabernáculo.

- El Espíritu Santo convenció aun a los enemigos de Dios para que estos hicieran su voluntad. Esto ocurrió, p. ej. con Saúl (1 Samuel 19:23), el cual, aun cuando perseguía a David, profetizó en nombre de Dios, y el Espíritu de Dios vino sobre Él.

- Vino sobre el falso profeta Balaam, el cual se vendió para profetizar en contra de Israel; no obstante, luego de ser reprendido —y esto es algo único en la historia quizá— por un burro, el Espíritu de Dios vino sobre él, y no pudo hablar maldición contra el pueblo de Dios (Números 24:2).

- Está presente en el Génesis, interviniendo en la creación del universo (Genesis 1:2).

Dios prometió que derramaría de su Espíritu sobre toda carne, es decir, sobre todos los creyentes en Él. Mediante el profeta Joel, Dios predijo que llenaría los corazones de muchos, y multitudes de todo el mundo vendrían a Él para el arrepentimiento de pecados. La gloria de Dios sería vista por todos, y manifestada a través de las personas. El poder del Espíritu Santo estaría presente en el mundo entero.

> «Y sucederá que después de esto, derramaré mi Espíritu sobre toda carne; y vuestros hijos y vuestras hijas profetizarán, vuestros ancianos soñarán sueños, vuestros jóvenes verán visiones» (Joel 2:28).

Jesús entregó al Espíritu Santo el cuidado de su Iglesia hasta su segunda venida. Esto quiere decir que Cristo reconocía y confiaba plenamente en el Espíritu de Dios, quien es poderoso para sostener a los redimidos, de manera que ni una sola de sus ovejas, de su novia, de su Iglesia, puede perderse si esta se mantiene bajo su cuidado. El Espíritu Santo tiene el poder para guardar perfectamente a aquellos por los cuales Cristo murió.

> «Pero yo os digo la verdad: os conviene que yo me vaya; porque si no me voy, el Consolador no vendrá a vosotros; pero si me voy, os lo enviaré. Y cuando Él venga, convencerá al mundo de pecado, de justicia y de juicio; de pecado, porque no creen en mí; de justicia, porque yo voy al Padre y no me veréis más; y de juicio, porque el príncipe de este mundo ha sido juzgado» (Juan 16:7-11).

Jesús dijo que parte del trabajo que el Espíritu Santo haría sería este: convencer al mundo de pecado, de justicia y de juicio. Es decir que, sin el Espíritu de Dios, nadie puede reconocer su pecado; nadie es capaz de reconocer sus faltas ante Dios, y si esto no ocurre, no es posible que una persona crea en Jesús. En consecuencia, él o ella no puede ser justificado por su sacrificio, y el tal es condenado eternamente. Toda persona que no se arrepiente delante de Dios es reo de juicio eterno.

> «Después de decir esto, sopló sobre ellos y les dijo: Recibid el Espíritu Santo» (Juan 20:22).

Existe debate en qué significan exactamente estas palabras, si Jesús está hablando en un sentido profético o si realmente ellos recibieron en ese instante el Espíritu Santo. Sin embargo, de algo podemos estar seguros: sin el Espíritu Santo, no existe vida espiritual. Así como Adán recibió vida en su cuerpo inanimado, cuando Dios sopló sobre Él aliento de vida (Genesis 2:7), así ahora, los discípulos, mediante el Espíritu Santo, estaban recibiendo la vida espiritual. Jesús aquí estaba dando aliento de vida a estos hombres; y mediante su Palabra —habiendo ya efectuado su sacrificio perfecto en la cruz, y habiendo ya resucitado— trasladó a estos hombres de la oscuridad a la luz, de la mentira a la verdad, de la ceguera a una visión perfecta, de la muerte a la vida. Después de esto los discípulos tendrían al Espíritu Santo trabajando en ellos, guiándolos a hacer las obras de Dios en la tierra.

El perdón de pecados

Otra pregunta importante que debemos hacernos es esta: ¿Quién puede perdonar los pecados?

> «A quienes perdonéis los pecados, estos les son perdonados; a quienes retengáis los pecados, estos les son retenidos» (Juan 20:23).

¿Qué significa esto? ¿Acaso nosotros tenemos la autoridad para perdonar pecados? En ningún lugar de las Escrituras se lee que los discípulos perdonasen los pecados de alguno. En ninguna de las epístolas del Nuevo Testamento ni en la narrativa sagrada del libro de Hechos, se menciona que los discípulos hayan declarado a alguno «Tus pecados te son perdonados», tal y como lo hizo Jesús. Nadie fuera de Jesús hizo esto. Observemos estos pasajes en donde Jesús perdona los pecados de la gente:

- Jesús perdonó los pecados de la María de Betania (la hermana de Lázaro, a quien Jesús resucitó de los muertos), cuando ella derramó sobre sus pies un perfume (Lucas 7:48).

- Jesús perdonó los pecados de un hombre paralítico, el cual fue descolgado por el techo de una casa al ser traído por sus amigos (Mateo 9:2).

Incluso, los fariseos odiaban a Jesús porque Él decía tener la autoridad para perdonar pecados, cosa que era para ellos una blasfemia, ya que solo Dios tiene la autoridad para hacer esto. (Marcos 2:7). El mismo apóstol Juan testifica que solo Dios tiene potestad para perdonar pecados.

> «Si confesamos nuestros pecados, Él es fiel y justo para perdonar nuestros pecados, y limpiarnos de toda maldad» (1 Juan 1:9).

La Biblia ordena que confesemos nuestros pecados a Dios. Solo Él puede limpiar nuestros pecados y culpas. No obstante, aunque los hombres no pueden perdonar los pecados, sí podemos buscar ayuda en la Iglesia de Dios. Es decir, todos podemos pertenecer a un grupo íntimos de creyentes, un grupo de discipulado, integrado por gente madura en el Señor, en donde encontramos apoyo. Podemos confesar nuestros pecados a los pastores de la iglesia local a fin de recibir de ellos su ayuda espiritual y ser restaurados. La razón de hacer esto no es para recibir perdón de estos seres humanos (tan imperfectos como nosotros), sino porque la confesión de nuestro pecado nos ayuda a sanar.

El primer paso para lograr el arrepentimiento es la confesión. El arrepentimiento implica un giro en sentido opuesto a nuestro caminar; y este tiene su raíz en el convencimiento del Espíritu Santo y en la confesión, ya sea a Dios en privado, o delante de un grupo de amigos en la fe, los cuales se ayudan mutuamente para mantenerse en Cristo; de hecho, la confesión debería ser a Dios y a ellos (idealmente). Dios no nos creó en Cristo para que caminemos solos. La razón por la que existe la Iglesia es para que nos ayudemos y sostengamos mutuamente en amor, y mostremos un corazón compasivo.

> «Por tanto, confesaos vuestros pecados unos a otros y orad unos por otros para que seáis sanados. La oración eficaz del justo puede lograr mucho» (Santiago 5:16).

Es muy difícil caminar la vida cristiana solo, sin el respaldo de una iglesia o hermanos maduros en la fe, personas que nos guíen y nos muestren la Palabra cuando estamos en pecado. El pecado ciega, y solo la palabra de Dios puede traer luz.

Dicho todo esto, ¿que quiso decir Jesús con esto de «a quienes les perdonen los pecados les serán perdonados»? Veamos el contexto.

> «Jesús entonces les dijo otra vez: Paz a vosotros; como el Padre me ha enviado, así también yo os envío. Después de decir esto, sopló sobre ellos y les dijo: Recibid el Espíritu Santo» (Lucas 24:21-22).

Cristo aquí está enviando a sus discípulos (a la Iglesia) al ministerio; sin embargo, antes de enviarlos, les da el Espíritu Santo, el cual convencería al mundo de pecado mediante la predicación de la palabra de Dios. Este es el contexto del texto.

En breve ellos serían empoderados para llevar la Palabra de salvación a otros; y a todos aquellos que se arrepintiesen y creyesen a la Palabra recibirían perdón de pecados, mientras que aquellos no diesen frutos de arrepentimiento, sus pecados les serían retenidos. Lo que Cristo está diciendo aquí es que la Iglesia podría identificar a aquellos que realmente han creído por sus frutos, y aquellos que no han creído, también por sus frutos. Un creyente verdadero que camina en la fe normalmente puede distinguirse de aquel que todavía no ha sido perdonado debido a sus frutos. Aquel en quien se ha operado un verdadero cambio de corazón sus frutos lo manifestarán; y en quien no, (debido a su falta de arrepentimiento) también sus frutos dirán que el tal persiste en su pecado (aunque intente tergiversar la Palabra para tratar de justificarse a sí mismo).

Lo que Jesús dijo a sus discípulos en Lucas 24:21-22 se parece mucho a lo que dijo en este otro pasaje:

«Yo te daré las llaves del reino de los cielos; y lo que ates en la tierra, será atado en los cielos; y lo que desates en la tierra, será desatado en los cielos» (Mateo 16:19).

En este pasaje Jesús da autoridad (las llaves) a su Iglesia, para interceder y orar al Padre, a fin de qué, mediante la voluntad de Dios, ocurran milagros y maravillas en la tierra. Todo lo hace Dios, y nosotros no podemos hacer nada, es su poder el que sana a los enfermos y el que salva a los perdidos; sin embargo, le ha sido dada a la Iglesia la autoridad para interceder ante el Padre, a fin de que esta voluntad de Dios sea hecha realidad en la tierra. Dado esto, la gloria de todo lo bueno que ocurre en la tierra no nos pertenece, pues suyo es el reino, el poder y la gloria (Mateo 6:13). Es el Espíritu Santo quien lo hace, pero nosotros podemos interceder al Padre para que envíe su Espíritu y se haga la voluntad de Dios en la tierra, la cual es, que los pecados del mundo sean perdonados, pues para eso fue que Él envió a su Hijo a morir al mundo. Si la Iglesia no cumple con esta misión —además de la predicación— entonces los pecados de la humanidad no serán perdonados. Como dijo Wesley una vez: «Dios no hace nada sino es a través de la oración».

Veamos este otro pasaje que habla también del perdón de pecados:

«¿Sufre alguno entre vosotros? Que haga oración. ¿Está alguno alegre? Que cante alabanzas. ¿Está alguno entre vosotros enfermo? Que llame a los ancianos de la iglesia y que ellos oren por él, ungiéndole con aceite en el nombre del Señor; y la oración de fe restaurará al enfermo, y el Señor lo levantará, y si ha cometido pecados le serán perdonados. Por tanto, confesaos vuestros pecados unos a otros, y orad unos por otros para que seáis sanados. La oración eficaz del justo puede lograr mucho» (Santiago 5:13-16).

En este pasaje el apóstol Santiago dice que los que estén enfermos y en sufrimiento, y aquellos que andan en pecado, necesitan del respaldo de su iglesia, y de sus pastores. Necesitan de personas que cuiden de sus almas, no porque ellos tengan la autoridad para perdonar los pecados de su alma, sino porque pueden ayudar a que el enfermo —a través de la dirección divina, de la oración, y del amor mostrado por los hermanos— sea levantado por Dios, y que sus pecados sean perdonados por el arrepentimiento de su corazón.

Estos que vienen a los discípulos del Señor, es decir, a la Iglesia, buscando sanidad o salvación, demuestran con su actitud humilde evidencia de arrepentimiento; y demuestran con ello también su fe, que Dios perdonará sus pecados y sanará sus enfermedades. Por cierto, la incredulidad de por sí es pecado ante Dios. Así que, si Dios promete en este pasaje la sanidad del enfermo por el cual los ancianos de la iglesia oran la oración de fe, y la unción con aceite es una señal de que el enfermo ha decidido consagrar su vida al Señor y que se ha arrepentido de todo corazón (porque de otra manera, esto sería un obstáculo para su sanidad), si Dios lo ha prometido esto, se entiende entonces que el enfermo ha creído en la promesa de Dios.

Como he estado demostrando, un hombre, por más consagrado a Dios que esté, no tiene la santidad suficiente para perdonar el pecado de una persona. Ni tampoco este perdón podrá lograrse mediante repeticiones de oraciones, ni mediante las buenas obras que alguno pueda realizar (por más excelentes que estas sean). Para que una persona pueda alcanzar el perdón de sus pecados lo único que necesita hacer está expresado en el versículo siguiente:

> «Los sacrificios de Dios son el espíritu contrito; al corazón contrito y humillado, oh Dios, no despreciarás» (Salmos 51:17).

Solo un corazón verdaderamente arrepentido, humillado, y quebrantado delante de Dios alcanzará su favor y obtendrá Su perdón. ¿Quieres que Dios escuche tu oración? Observa lo que dice Jesús respecto a la actitud que necesitamos tener cuando oremos:

> «Mas tú, cuando ores, entra en tu aposento, y cerrada la puerta, ora a tu Padre que está en secreto; y tu Padre que ve en lo secreto te recompensará en público. Y orando, no uséis vanas repeticiones, como los gentiles, que piensan que por su palabrería serán oídos» (Mateo 6:6-7).

Busquemos el rostro de Dios en lo privado, en donde nadie nos ve, en donde nadie nos oye, y derramemos nuestro corazón ante su presencia, pues solo Él puede perdonar nuestros pecados y limpiarnos de toda maldad.

Capítulo IX

LA INCREDULIDAD DE TOMÁS

«Tomás, uno de los doce, llamado el Dídimo, no estaba con ellos cuando Jesús vino. Entonces los otros discípulos le decían: ¡Hemos visto al Señor! Pero él les dijo: Si no veo en sus manos la señal de los clavos, y meto el dedo en el lugar de los clavos, y pongo la mano en su costado, no creeré. Ocho días después, sus discípulos estaban otra vez dentro, y Tomás con ellos. Y estando las puertas cerradas, Jesús vino y se puso en medio de ellos, y dijo: Paz a vosotros. Luego dijo a Tomás: Acerca aquí tu dedo, y mira mis manos; extiende aquí tu mano y métela en mi costado; y no seas incrédulo, sino creyente. Respondió Tomás y le dijo: ¡Señor y Dios mío! Jesús le dijo: ¿Por qué me has visto has creído? Dichosos los que no vieron, y sin embargo creyeron» (Juan 20: 24-29).

En este capítulo estaré hablando sobre un hombre quien quizá ha sido juzgado más allá de lo que debido por todos los cristianos de la historia. A Tomás se le ha conocido por siglos como «el incrédulo»; y aunque era un apóstol de Jesús, no fue capaz de recibir y creer el testimonio de *todos* los discípulos que estuvieron presentes en la primera aparición del Señor. Este suceso ha hecho de Tomás un símbolo universal de la incredulidad.

No obstante, no deberíamos hacer de Tomás el ícono de la duda o incredulidad, ni decir que esta sea la característica que mejor lo representa, antes bien, la incredulidad va más allá de Tomás: se encuentra presente en muchos de nosotros que decimos ser creyentes. Si hacemos un rastreo de las interacciones de este apóstol en los evangelios —aunque son muy pocas las veces que aparece— podríamos darnos una mejor idea de su carácter; no obstante, es muy posible que nuestro análisis no sea del todo justo.

Tomás, el apóstol

Tomás fue uno de los doce discípulos escogidos por Jesús. Él fue elegido por el Maestro para seguirle en su ministerio (Marcos 3:13-19). El ministerio de Jesús estaba creciendo, y asimismo, el número de sus seguidores, y de todos los discípulos que seguían a Cristo, Él escogió a doce para enseñarles de una manera más personal. De entre esos doce, con tres de ellos tuvo un trato más íntimo, estos fueron Pedro, Juan y Jacobo (Marcos 13:3; Mateo 26:37; Mateo 17:1). Así es que Tomás, aunque era apóstol, no era uno de los del círculo más íntimo de Jesús.

La mayoría de los discípulos eran de Galilea, a excepción de Judas Iscariote, quien era probablemente de Queriot, una ciudad al sur de Jerusalén, en Judea. Dentro de la región de Galilea estaba Nazaret, la cual era probablemente de las peores ciudades que había en Israel, probablemente la peor de Galilea.

Por esto se sorprendían todos —incluso los mismos discípulos— que Jesús fuese de Nazaret. Las personas de Galilea eran consideradas como campesinos, gente no educada, trabajadora del campo, pescadores, gente humilde, gente común. Ellos no eran típicamente considerados como personas dignas de ser discípulos de los fariseos, saduceos, herodianos, etc., ya que no había personas de renombre procedentes de Galilea. Nazaret, era despreciada aún por los mismos galileos.

Al comienzo del ministerio de Jesús, Felipe buscó a Natanael, y este le dijo: «¿Puede algo bueno salir de Nazaret?», entonces Felipe le respondió: «Ven, y ve» (Juan 1:46).

Era extremadamente difícil pensar que, de una ciudad tan humilde como Nazaret, ciudad considerada (al parecer) como la escoria de Israel, y de donde nada bueno podría salir, fuese la ciudad en donde creció el ser más santo que ha caminado en esta tierra: nuestro Señor Jesucristo. Si lo observamos bien, ninguno de los apóstoles que Cristo eligió poseía educación superior; ninguno era maestro de la ley, ni contaba con algún dote especial.

Ninguno de ellos pertenecía a la secta de los fariseos, ni a la de los escribas ni era un político de renombre. No había ningún príncipe entre los discípulos. Estos hombres eran más bien gente común, del populacho, gente que jamás podría aspirar a algo grande. Estos hombres no eran más que gente ordinaria como tú y yo, como la mayoría de los que leerán este libro.

A estos hombres escogió Cristo para que llevaran su mensaje al mundo. No había un plan B, plan C o plan D. Cristo solo tenía el plan A, que era que su iglesia se extendiera y se consolidara mediante el ministerio de estos hombres sencillos. Cristo enseñó a estos hombres de una forma especial. Cristo los escogió, pues sabía el plan que tenía para ellos, y la obra que a través del Espíritu de Dios ellos iban a realizar. El fundamento de la fe cristiana mundial fue depositado en las manos de estos hombres poco sofisticados.

Ellos eran pecadores, y lo reconocían; sin embargo —por el otro lado— a la luz de la Palabra vemos que los apóstoles eran poco humildes, buscaban las mejores posiciones en el reino de Jesús (Mateo 20:20-21) y les faltaba misericordia y amor por el pecador (Lucas 9:54). Ellos necesitaban ser transformados a la imagen de Dios, así como tú y yo.

Cristo iba a tener de 16 a 18 meses para entrenar a estos hombres para la tarea más difícil de su vida. Una tarea que al final cobraría un precio de sangre, este era el costo de seguir a Jesús. Dios no escogió lo mejor que había en Israel, Él escogió personas que ante el mundo podrían parecer insignificantes, personas de quienes poco se podría esperar, y de las que jamás alguien pensaría que serían capaces de realizar algo grande. Eran hombres comunes y corrientes, y de bajo estrato social.

Escogió a pescadores; escogió a Mateo, un publicano (uno de esos judíos considerados traidores. Los publicamos eran consideradas de muy baja moral y pésima reputación debido a que estos se habían vendido a los romanos por dinero). Escogió a Simón, el Zelote. (Simón era posiblemente un asesino que tenía el sueño de ser un revolucionario que luchara en contra del gobierno romano).

En esta tarea no podía haber tráfico de influencias (para que alguno pudiera hacerse del poder). Los apóstoles no eran hombres poderosos ni con grandes alcances, no eran del tipo de hombres de clase, considerados destacados socialmente. Ninguno de ellos podría tener amigos en la alta sociedad de los cuales auxiliarse para llevar a cabo el llamado de Jesús. Por cierto, el éxito en el cumplimiento de la misión no consistía en gozar de una posición social elevada, ni de terminar bien posicionados en la sociedad. Por esto dijo Pablo:

> «Sino que Dios ha escogido lo necio del mundo para avergonzar a los sabios; y Dios ha escogido lo débil del mundo, para avergonzar a lo que es fuerte; y lo vil y despreciado del mundo ha escogido Dios; lo que no es, para anular lo que es; para que nadie se jacte delante de Dios» (1 Corintios 1:27-29).

Si Dios te escogió a ti es porque eres débil, pobre, necesitado, y todo lo que crees que son tus fortalezas probablemente sean tus debilidades, y todo lo que crees que son tus debilidades quizá sean tus fortalezas. La debilidad de Pedro era que siempre fue muy pronto para hablar, y tardo para pensar. Sin embargo, algo podemos admirar de él: no tenía temor a equivocarse, sino que tenía un gran entusiasmo por agradar a Dios.

Así como Pedro en un momento dijo una gran verdad (Mateo 16:16), después dijo algo horrendo (Mateo 16:23). Era muy emocional, y también muy impulsivo; pero Dios uso este carácter para poner a Pedro como cabeza de la iglesia de Jerusalén. Dios usó todas las debilidades de Pedro, las usó para formar su carácter, y las usó para impulsar el evangelio.

Dios nos escogió porque somos débiles, para que no haya nada de lo que podamos gloriarnos o jactarnos. Para que ninguno diga que es por su inteligencia, sabiduría o conocimiento que la obra de Dios va adelante. Dice un dicho popular: «Dime de qué te jactas y te diré de qué careces» [dime de qué te glorías, y te diré en qué área debes humillarte].

Nuestras mayores fortalezas deben ser doblegadas para que nuestras debilidades resplandezcan y Dios reciba la gloria. La grandeza de los creyentes no está en las riquezas o en el poder terrenal, sino en su humildad. Por esto dijo Cristo:

«Pero Jesús, llamándolos junto a sí, dijo: Sabéis que los gobernantes de los gentiles se enseñorean de ellos, y que los grandes ejercen autoridad sobre ellos. No ha de ser así entre vosotros, sino que el que quera entre vosotros llegar a ser grande, será vuestro servidor» (Mateo 20:25-26).

¿Cómo fue que Cristo escogió a sus apóstoles? Varios de ellos, como Pedro, Andrés, y Mateo, fueron invitados por Cristo para seguirlo mientras Él andaba predicando; pero de los demás no tenemos datos específicos, tan solo sus nombres aparecen en la lista de los doce seleccionados.

«Y los nombres de los doce apóstoles son estos: primero, Simón, llamado Pedro, y Andrés su hermano; y Jacobo, el hijo de Zebedeo, y Juan su hermano; Felipe y Bartolomé; Tomás y Mateo, el recaudador de impuestos; Jacobo, el hijo de Alfeo, y Tadeo; Simón el cananita, y Judas Iscariote, el que también le entregó» (Mateo 10:2-3).

«Cuando se hizo de día, llamó a sus discípulos y escogió doce de ellos, a los que también dio el nombre de apóstoles: Simón, a quien también llamó Pedro, y Andrés su hermano; Jacobo y Juan; Felipe y Bartolomé; Mateo y Tomás; Jacobo, hijo de Alfeo, y Simón, al que llamaban el Zelote; Judas, hijo de Jacobo, y Judas Iscariote, que llegó a ser traidor» (Lucas 6:13-16).

LA RESURRECCIÓN DE JESÚS

Es interesante notar que la lista de los apóstoles que proveen los evangelistas está organizada en grupos de cuatro. Así que eran tres grupos de cuatro discípulos. En el primer grupo, Pedro siempre es mencionado primero y era el líder principal de todos los apóstoles, y junto a Pedro siempre se menciona a Andrés, su hermano, y a los hijos del trueno (Marcos 3:17), Juan y Jacobo (quien fue el primer apóstol mártir, [Hechos 12:2]).

En el segundo grupo Felipe va primero, y junto a él Bartolomé (Natanael); luego Mateo y Tomás. Finalmente, en el tercer grupo se menciona a Jacobo (hijo de Alfeo) como el principal; luego a Simón, el Zelote; Judas, hijo de Jacobo y Judas Iscariote.

Todos estos discípulos creían en Cristo como el Mesías, y pensaban que el reino de Dios finalmente había llegado a la tierra. Sin embargo, hay suficiente evidencia para pensar que eran altivos de corazón, orgullosos; querían los mejores asientos, amaban la fama que tenía Jesús y el ser vistos con Cristo (el hacedor de milagros); pero ninguno se humilló para lavar los pies de los demás en la última cena. Todos profesaban amar a Jesús; sin embargo, en el momento de la crisis, cuando Cristo fue capturado y luego colgado en la cruz, lo abandonaron.

No existe en la Biblia un solo discípulo en donde se mencione que alguno de ellos haya creído que Cristo habría de resucitar. Ni aun María, su madre, pensó que esto era posible, incluso ella no es mencionada sino hasta después de la resurrección, en el Pentecostés.

Ya estudiamos que María Magdalena y las otras mujeres no creyeron en la resurrección del Señor sino hasta ver a Jesús vivo. Los discípulos de Emaús no creyeron hasta que fueron abiertos sus ojos cuando Jesús partió el pan. Ni aún Pedro —el apóstol de mayor fe entre ellos [pues caminó sobre el agua, como Jesús]—, creyó sin haber visto; y ninguno del resto de los discípulos fueron convencidos de que Cristo había resucitado sino hasta que Él mismo se apareció delante de ellos. Todos, absolutamente todos fueron incrédulos, y no creyeron en la resurrección del Señor hasta que lo vieron vivo; e incluso Mateo registra un hecho todavía más sorprendente:

«Y cuando le vieron, le adoraron; pero algunos dudaban» (Mateo 28:17).

Esto quiere decir que incluso hubo algunos discípulos que, viendo con sus propios ojos al Cristo resucitado, con todo, dudaban. La incredulidad humana es algo tan fuerte, que tan solo con la ayuda del Espíritu Santo podemos vencerla.

Tomás no fue la excepción, su incredulidad no fue mayor que la de los otros discípulos. Si de incredulidad se trata, todos se llevan el premio. Ninguno se atrevió a enfrentar al sanedrín o a los romanos para impedir que Cristo fuera a la cruz; todos estaban llenos de miedo, todos huyeron y estaban escondidos. Entre los discípulos atemorizados estaba Tomás.

A fin de entender el pasaje que habla de la incredulidad de Tomás (firme, aun desafiando el testimonio del resto de los discípulos, quienes le aseguraban que Cristo había resucitado), necesitamos entender un poco más el corazón de este apóstol. John MacArthur escribió un libro titulado *íMen* [12 hombres comunes y corrientes]. En este interesante libro —el cual recomiendo— el autor trata de dilucidar el corazón de cada uno de los apóstoles usando para ello la evidencia bíblica y los registros históricos disponibles. Mucho de lo que estaré mencionando en este capítulo está basado en ese libro.

Tomás, el hombre ordinario

¿Quién fue Tomás? Él fue también conocido como *Dídimo*, palabra que significa *gemelo* en griego. En el Nuevo Testamento no se menciona quién era su gemelo ni tenemos ningún dato al respecto.

¿Dónde estaría Tomás en la primera aparición de Jesús? Si examinamos un poco, e intentamos conocer algo de su carácter, quizá podríamos inferir en dónde estaba Tomás en ese momento, y respecto a cuál era la condición de su corazón al enfrentar la muerte de Jesús.

Es interesante notar, en primer lugar, que solo el Evangelio de Juan registra el episodio de la incredulidad de Tomás, y en general, es el único evangelio que registra los dichos de este apóstol de Jesucristo existentes en la Biblia. Ni Mateo, Lucas ni Marcos registraron las palabras de Tomás.

La primera frase de Tomás registrada en la Biblia está en la historia de Lázaro. En el capítulo 10 de Juan leemos que el ministerio de Cristo estaba floreciendo; por esos entonces Él ministraba en Judea (una región de Israel cerca de Jerusalén); pero mientras estaba en Judea, debido a los comentarios de Jesús respecto a su identidad (pues Él se identificaba como Hijo de Dios, haciéndose igual a Dios), los judíos intentaron apedrearlo. A pesar de ello, Él salió de ahí, y junto con sus discípulos, cruzó el Jordán. Fue durante esa travesía que Él escuchó que su amigo Lázaro, el hermano de María de Betania, y de Marta estaba gravemente enfermo. Betania estaba a dos millas [un poco más de 3 km] de Jerusalén, y el río Jordán a unas 21 millas [un poco más de 33.5 km] de Jerusalén. El pasaje bíblico en referencia dice lo siguiente:

> «Y estaba enfermo cierto hombre llamado Lázaro, de Betania, la aldea de María y de su hermana Marta. María, cuyo hermano Lázaro estaba enfermo, fue la que ungió al Señor con perfume y le secó los pies con sus cabellos. Las hermanas entonces mandaron a decir a Jesús: Señor, mira, el que tú amas está enfermo. Cuando Jesús lo oyó, dijo: Esta enfermedad no es para muerte, sino para la gloria de Dios, para que el Hijo de Dios sea glorificado por medio de ella. Y Jesús amaba a Marta, a su hermana y a Lázaro. Cuando oyó, pues que Lázaro estaba enfermo, entonces se quedó dos días en el lugar donde estaba. Luego, después de esto, dijo a sus discípulos: Vamos de nuevo a Judea. Los discípulos le respondieron: Rabí, hace poco que los judíos procuraban apedrearte, ¿y vas otra vez allá? Jesús respondió: ¿No hay doce horas en el día? Si alguno anda de día no tropieza, porque ve la luz de este mundo. Pero si alguno anda de noche, tropieza, porque la luz no está en él» (Juan 11:1-10).

Cristo amaba a Lázaro, Él tenía un amor especial por esta familia. Por esos días Lázaro cayó enfermo y su enfermedad era de muerte; sin embargo, Cristo les dijo a sus apóstoles que esta enfermedad sería para que Dios fuera glorificado. Cristo sabía que esta situación, por más difícil que fuera, no terminaría en tragedia, sino que sería para que el poder de Dios fuese demostrado, y para que todos se diesen cuenta de que Él tiene poder sobre la vida y la muerte.

Fue así que, en lugar de acudir de inmediato en auxilio de su amigo, Cristo planificó quedarse dos días más antes de ir a dónde estaba Lázaro [quien para entonces ya estaba muerto]. En esos momentos los discípulos de Jesús estaban sintiendo el clima de tensión que se vivía para ellos en la región de Judea, especialmente cerca de Jerusalén. Ellos habían sido amenazados de muerte hacía apenas una semana o dos; y se habían retirado de allí porque los judíos tuvieron la firme intención de apedrear a Jesús; sin embargo, lo difícil de entender para ellos era que Jesús quisiera volver a ese lugar. Fue por eso que los discípulos le preguntaron con miedo y asombro: «Rabí, hace poco que los judíos procuraban apedrearte, ¿y vas otra vez allá?» (v. 8).

Es como si le dijeran: «¿No podrías sanarlo desde aquí? ¿Por qué habrías de exponerte a un peligro totalmente innecesario?» Y luego agregaron: «¿Y vas otra vez para allá?», como diciendo: «¿No tienes miedo de morir?». Básicamente, estas palabras eran un intento de los discípulos por dar a Cristo un «consejo sabio y prudente»: «Tienes que esconderte; tenemos miedo, y tú deberías tenerlo también. Todos estaremos en peligro de muerte, y no hay necesidad de ello, aquí estamos seguros».

Claramente vemos aquí que los discípulos no habían aprendido a escuchar la voz de su Maestro. Incluso Pedro, el discípulo valiente, aquel que dijo a Cristo: «¡Señor, si eres tú, manda que yo vaya a ti sobre las aguas!» (Mateo 14:28), esta vez permaneció en silencio. Seguro él mismo también tenía temor de ir a Judea.

Ante esto, la respuesta de Cristo es sorprendente. Él no titubeaba respecto a donde habría de ir; Él andaba en luz, no en oscuridad y tenía plena certeza de la perfecta voluntad del Padre; Él sabía a lo que había venido a esta tierra. Cristo nunca temió a la muerte mientras caminó como uno de nosotros, ni hacía las cosas a escondidas. Él es la luz del mundo, y en Él no hay oscuridad.

> «Dicho esto, les dijo después: Nuestro amigo Lázaro duerme; mas voy para despertarle. Dijeron entonces sus discípulos: Señor, si duerme, sanará. Pero Jesús decía esto de la muerte de Lázaro; y ellos pensaron que hablaba del reposar del sueño. Entonces Jesús les dijo claramente: Lázaro ha muerto; y me alegro por vosotros, de no haber estado allí, para que creáis; mas vamos a él» (Juan 11:11-15).

Se observa en este pasaje una vez más cómo los discípulos no tenían suficiente confianza en Cristo, y cómo dejaban que sus temores llenaran sus corazones. Ellos buscaban cualquier excusa para no volver a esa tierra —a la región de Judea— por temor a la persecución y a la muerte. Jerusalén y Betania estaba en la región de Judea, y Betania estaba a tan solo dos millas de Jerusalén. Ellos definitivamente no querían ir allá y trataron por todos los medios de convencer a Jesús para que no fuesen.

A veces, en nuestras propias oraciones o peticiones a Dios, actuamos de una manera muy egoísta, y quizá, ni siquiera nos damos cuenta. Es como si los discípulos le dijeran a Cristo: «Él no necesita de ti, de tu poder, de tu presencia, de tu gracia y de tu eterno amor. Mejor, Señor, quedémonos aquí donde estamos a salvo».

Si Cristo hubiera escuchado su petición egoísta, la humanidad no hubiese visto uno de los milagros más impresionantes del Señor al estar en esta tierra. Él quería enseñarles a no temer. Él quería enseñarles en quién ellos debían de confiar: en Aquel que tiene poder sobre la vida y la muerte. Aquí es precisamente en donde, por primera vez, se registra a Tomás hablando en las Escrituras.

> «Tomás, llamado Dídimo, dijo entonces a
> sus condiscípulos: Vamos nosotros también
> para morir con Él» (Juan 11:16).

Vemos que la idea que los discípulos tenían era esta: *Si volvemos a Judea, moriremos.* Fue aquí que Tomás — y no Pedro—, es quien toma esta vez la iniciativa, y dice: «Vamos, sigamos a Jesús hasta la muerte. Yo quiero estar donde Cristo esté, y si tenemos que morir, muramos». Gracias a la intervención de Tomás, los discípulos, aún con temor, decidieron obedecer la voz de Cristo.

Este hombre amaba a Jesús y no vivía en la ilusión de que seguirlo sería algo fácil. Él prefería morir que apartarse de Él. En este contexto podríamos quizás pensar que Tomás era un pesimista, uno que ve en todo el peor escenario; porque un optimista diría: «Vamos, ¡Dios nos librará de la muerte!»

Para Tomás volver a Judea significaba morir, pero él prefería morir con Cristo, que vivir apartado de Él. Tal parece que Tomás tendía a ver lo peor en una circunstancia dada; era como aquellos que siempre ven lo negativo en todo (y no lo positivo). No obstante, se distingue aquí un tipo de fe: Tomás estaba dispuesto a morir por el Señor. ¿Tendríamos nosotros esta fe que expresó Tomás sabiendo del peligro al que tanto Jesús como sus discípulos se enfrentarían? Este peligro fue luego más real para ellos cuando Jesús murió, y fue la causa por la que ellos huyeron. Preguntémonos ahora: ¿Estamos dispuestos a seguir a Cristo hasta la muerte?

El mostró con su vida las palabras de Pablo cuando dijo: «Para mí el vivir es Cristo y el morir es ganancia» (Filipenses 1:21). De las palabras de Tomás podemos aprender a tener la valentía suficiente para honrar a Jesús sin importar el costo. Es muy cómodo vivir un evangelio que no demanda nada, uno que lo vivimos solo en la iglesia, con nuestras familias; sin sufrir la persecución que seguir a Cristo conlleva. Pues la verdad es que, si vivimos una vida siguiendo a Cristo, adorando a Dios en espíritu y en verdad, en algún momento de la vida seremos perseguidos. Cristo dijo:

> «Bienaventurados seréis cuando os insulten y persigan, y digan todo género de mal contra vosotros falsamente, por causa de mí. Regocijaos y alegraos, porque vuestra recompensa en los cielos es grande, porque así persiguieron a los profetas que fueron antes que vosotros» (Mateo 5:11-12)

En Tomás, yo veo el amor que él tenía por Cristo. Sin embargo, era un pesimista, él dijo: «Vamos, muramos con Él». Él estaba seguro de que si volvían a Judea sería solo para encontrar la muerte. Él tendía a ver solo el lado negativo de las cosas, pero aun en su pesimismo, en su negatividad, Tomás siguió a Cristo y llevó a los otros discípulos a hacer lo mismo.

Así hay también algunos en el reino de Dios. Estos son buenos para ver el peor escenario, pero al mismo tiempo, son fieles, aman a Dios con todo el corazón, y Dios los usa para dirigir a otros a Su santa voluntad.

La segunda interacción de Tomás se registra en Juan 14, pero veamos el preámbulo, Juan 13. En el capítulo 13 de Juan se narra lo que sucedió en la última cena, durante la pascua judía, unas cuantas horas antes de la crucifixión. Recordemos que unos días antes de esta cena, Cristo hizo su entrada triunfal a Jerusalén (Juan 12:12-19). Los discípulos estaban probablemente empoderados y esperanzados pensando que Cristo tomaría pronto el reino y pronto comenzaría a reinar sobre Israel.

En Juan 13 se menciona que Cristo lavó los pies de sus discípulos, incluyendo los de Judas, el traidor, y lo expuso abiertamente como tal. En esa misma noche, Jesús les dijo que tendrían un nuevo mandamiento; Él les dijo: «Que os améis unos a otros, como yo os he amado, que también os améis unos a otros» (v.34). En ese momento, Jesús también predice la negación de Pedro, y en medio de todo esto, Cristo les dice:

> «No se turbe vuestro corazón, creed en Dios, creed también en mí. En la casa de mi Padre hay muchas moradas, si no fuera así, os lo hubiera dicho; porque voy a preparar un lugar para vosotros. Y si me voy y preparo un lugar para vosotros, vendré otra vez y os tomaré conmigo; para que donde yo estoy, allí estéis también vosotros. Y conoceréis el camino adonde voy. Tomás le dijo: Señor, sino sabemos adónde vas, ¿cómo vamos a conocer el camino? Jesús le dijo: Yo soy el camino, y la verdad, y la vida; nadie viene al Padre sino por mí» (Juan 14:1-6).

Este es el preámbulo o el contexto de uno de los versículos más famosos de la Biblia, Juan 14:6. En esta sección Jesús está hablando de su partida, que ya no lo verán más, que tenía que ir de regreso a Dios. Cristo les dice que preparará moradas para ellos, y después volverá por ellos. Claramente Cristo dice que Él es el único camino al Padre.

Mientras Cristo decía todo esto, uno de los discípulos escuchó solo la parte en la que el Señor dijo: «me tengo que ir y ustedes no estarán conmigo». Aquí conocemos un poco más del corazón de Tomás. Él es el único de los discípulos que se atrevió a preguntar a Jesús respecto a su partida. Este dato comenzó a causar en él un pánico interno: ¡Cristo se separaría de él (ellos)! Aquí, se denota una vez más la inclinación pesimista del apóstol Tomás. El no escuchó lo que Cristo haría en su partida (preparar lugar para ellos), sino que se preocupó por saber primero el camino para llegar a donde Cristo estuviera. Tomás se vio asimismo como una oveja sin pastor, una que sería devorada por este mundo; dado que Jesús, el buen Pastor, ya no estaría con él (ellos). Tomás no quería separarse de Jesús de ninguna manera. El más grande temor de Tomás era que Cristo se fuera, y que él se viera apartado de Jesús. Prefirió ir con Jesús y morir que separarse de Él;

y ahora que Jesús dice que se va, Tomás perdió la orientación de su vida. Él hubiera preferido morir a estar sin Cristo. La expresión de Tomás refleja gran ansiedad.

El más grande temor de Tomás se hizo realidad en Juan 18, cuando Cristo fue arrestado y luego crucificado. Este hombre, el que estaba dispuesto a morir con Cristo, que no quería por nada separarse de Él (y que expresó que ese era su mayor temor), no sabía que en unas cuantas horas le acontecería lo que temía (cuando Cristo fue arrestado y crucificado).

Su alma estaba confusa. Estaba asustado, indefenso, perdido, sin un rumbo. Las palabras de Cristo le habían vuelto en una oveja sin pastor. No sabía a dónde Cristo iría, y no sabía cómo buscarlo. Tomás se sentía solo, sin esperanza, destruido emocionalmente. Era un hombre, que aunque pesimista, amaba a Cristo intensamente y su peor pesadilla era que el Señor se fuera de él (ellos).

Podemos imaginar el dolor intenso que tuvo Tomás cuando crucificaron a Cristo. Este hecho seguramente quebró el corazón de Tomás en mil pedazos (pues, por naturaleza, los pesimistas tienden a sufrir más que los optimistas). Para el pesimista, el dolor y el sufrimiento se intensifican. Las personas pesimistas usualmente no ven la solución a su problema, tienden a encerrarse en ellos mismos, y a deprimirse más que los demás. Estas personas no quieren que las molesten, ni que les hablen, pues nada que uno diga puede sacarlos de su sufrimiento. Tomás no quería saber nada de nadie.

Viéndolo en este contexto, uno podría pensar que la ausencia de Tomás en la primera aparición de Jesús a los discípulos se debió al gran dolor que sentía, él quería estar solo. Si observamos de cerca las narraciones de la resurrección, notaremos que la otra persona que no estaba presente en el sepulcro cuando Cristo resucitó, ni presente en las apariciones a los discípulos, fue María, la madre de Jesús. Es muy posible que ambos (María y Tomás) estaban inconsolables por la muerte del Señor, y simplemente querían estar solos.

Ahora volvamos a Juan 20 y veamos a Tomás con este lente. Veamos a Tomás con ojos de compasión: era un hombre que pensaba que había perdido su mayor tesoro; quien, en su pesimismo, se resistía a vislumbrar una solución a los problemas. En su pesimismo, no quería crear en su corazón una falsa esperanza, no quería creer que Jesús había resucitado por temor a que no fuese verdad.

> «Tomás, uno de los doce, llamado Dídimo, no estaba con ellos cuando Jesús vino. Entonces los otros discípulos le decían: ¡Hemos visto al Señor! Pero él les dijo: Si no veo en sus manos la señal de los clavos, y meto el dedo en el lugar de los clavos, y pongo la mano en su costado, no creeré. Ocho días después, sus discípulos estaban otra vez dentro, y Tomás con ellos. Y estando las puertas cerradas, Jesús vino y se puso en medio de ellos, y dijo: Paz a vosotros. Luego dijo a Tomás: Acerca aquí tu dedo, y mira mis manos; extiende aquí tu mano y métela en mi costado; y no seas incrédulo, sino creyente. Respondió Tomás y le dijo: ¡Señor mío, y Dios mío! Jesús le dijo: ¿Por qué me has visto has creído? Dichosos los que no vieron, y sin embargo creyeron» (Juan 20:24-29).

Ahora, conociendo un poco más del carácter de Tomás, percibiendo el amor que sentía por Cristo, y su tendencia pesimista y depresiva, y su ansiedad al pensar en perder a Cristo, podemos entender porque él no estaba presente al principio. Podemos entender que lo que él sentía no era solamente incredulidad, sino, también, un verdadero amor por Cristo y un gran deseo por volver a estar con Él.

Tomás estaba aislado emocionalmente, no quería creer la posibilidad de un milagro como este. Podemos ver su pesimismo cuando dice: «Si no veo sus manos clavadas, y meto mis manos en su costado no creeré» (Juan 20:25). Él no quería creer para no tener una falsa esperanza. Asimismo, Tomás no se conformaba con lo que otros decían, él quería experimentar por sí mismo que Cristo había resucitado.

Quería tener seguridad de esta realidad: de que su Señor y Salvador estaba vivo. A pesar de decir que no creería si no lo veía él mismo, a pesar de su negación a creer, y de su pesimismo, Tomás no se apartó, y las palabras de los discípulos lo movieron a regresar con ellos. A pesar de su pesimismo, en lo profundo de su corazón, sí quería que fuera realidad aquello que le dijeron. Esto lo sabemos, porque si fuera verdaderamente tan incrédulo, ¿qué hacía Tomás con los otros apóstoles ocho días después de la primera aparición de Cristo?

A pesar de ver todo lo negativo, y con poca esperanza; a pesar de no creer en el testimonio de los discípulos, una vez más, sus acciones demuestran cuánto amaba a Jesús. A pesar de decir que no creía con su boca, él volvió con los discípulos y esta vez no se apartó.

Veamos ahora el amor y la gracia que Cristo le muestra a Tomás. Observemos la delicadeza con que Cristo lo trata. Cristo no llega y lo reprende con dureza. Él cuida de su corazón, le muestra gracia, y permite que Tomás sea convencido de que Él es real. Así como Cristo tuvo paciencia con la incredulidad de los demás discípulos; así como Él mostró gracia y paciencia con los de Emaús, así también la mostró con Tomás. Jesús mostró para con este apóstol también, un gran amor.

Cristo otorgó a Tomás exactamente lo que necesitaba. Jesús amaba a Tomás y volvió a restaurar su fe. Después de convencer a Tomás de que Él es real, con amor y paciencia, Cristo reprende su incredulidad y lo motiva a nunca más volver a dudar de Sus palabras.

¿Cuántas veces Cristo tiene que mostrarse a nosotros para que por fin decidamos creerle? ¿Cuándo vamos a dejar el pesimismo para seguir al evangelio? ¿Cuándo dejaremos de ver todo sombrío, oscuro, y negro? La cura para nuestra falta de fe y de confianza; el antídoto que mata las amarguras, y disipa nuestras dudas es, y por siempre será, la manifestación de nuestro hermoso, glorioso, majestuoso, poderoso, amoroso y santo Señor Jesucristo.

Una persona podrá vivir apartada de Cristo, en lo más profundo del fango del pecado, y vivir en la situación espiritual más ruin que podría vivirse, pero si él o ella es oveja de Cristo, el Señor dejará las noventa y nueve e irá a buscarla; Él la buscará en donde quiera que se encuentre (Mateo 18:12). Tenemos un Buen Pastor que ama a sus ovejas, y que no importa que tan bajo estas hayan caído, Él hará todo para hacerlas volver al redil. No es la voluntad de Dios que se pierda ni una sola de sus ovejas (Juan 6:39). Por tanto, es necesario que cada uno de nosotros camine a la luz de la palabra de Dios. Cristo dijo:

> «No se turbe vuestro corazón; creed en Dios, creed también en mí. En la casa de mi Padre hay muchas moradas; si no fuera así, os lo hubiera dicho; porque voy a preparar un lugar para

vosotros. Y si me voy y preparo un lugar para vosotros, vendré otra vez y os tomaré conmigo; para que donde yo estoy, allí estéis también vosotros» (Juan 14:11-12;14:1-3).

De ninguna manera podríamos consentir que el cristiano muestre incredulidad a la Palabra de Dios, pues este es un pecado grave delante de Dios desde el Génesis hasta el Apocalipsis; no obstante, podemos confiar que, si permanecemos en oración y súplicas delante del Señor; si continuamos pegados a su Palabra y nos aferramos a ella, el Señor enviará su Espíritu para fortalecer nuestra fe, y nos hará ver con nuestros ojos lo que necesitamos ver y hará que oigamos con nuestros oídos lo que necesitamos oír, a fin de que nuestra fe sea fortificada en Él.

Y en cuanto a ti, amado lector, no importa cuál sea tu tribulación, no te preocupes. Si eres un discípulo de Jesús, Él ha preparado una mansión para ti, para que donde Él esté, tú también estes con Él por siempre. Solo espera y confía, cree en sus palabras, ellas son verdad.

Aunque vengan tiempos de dificultad y persecución; aunque temores nos asalten, y suframos pérdidas; aunque nuestros ojos se inunden de lágrimas, pongamos siempre nuestra fe en las palabras de Cristo, quien ha preparado una morada eterna para todos los que le amamos. Es por eso que nada podrá por toda la eternidad; repito, nada podrá jamás podrá jamás separarnos del Señor (Romanos 8:35-39).

Nuestro Señor Jesús vino a cumplir una obra, y transformó a un pesimista como Tomás en un hombre lleno del Espíritu Santo que hizo grandes cosas para el reino de Dios. La tradición dice que Tomás llevó el evangelio a la India, y que murió allí alrededor del año 72 d.C. La tradición atestigua que fue asesinado por un sacerdote hindú el diciembre 21, acusado de insultar a una deidad de ellos y de llevar a muchos a seguir a Cristo. Todavía hay iglesias cuya fundación se atribuye al apóstol Tomás.

Gracias al amor y a la paciencia del Señor, este hombre, siendo un pesimista e incrédulo, fue transformado tan radicalmente por el Señor, que se convirtió en uno de los más grandes ejemplos de fe que ha tenido esta tierra. Este es el poder transformador de Dios en el corazón humano. Ahora bien, si Dios usó a un hombre común y corriente como lo fue Tomás, Él puede usar también a cualquiera de nosotros si somos capaces de amarlo tanto como Tomás le amó.

Capítulo X

LA APARICIÓN EN EL MAR DE TIBERIAS

«Después de esto, Jesús se manifestó otra vez a sus discípulos, junto al lago de Tiberias; y lo hizo de esta manera: Estaban juntos Simón Pedro, Tomás, conocido como el Dídimo, Natanael, el de Caná de Galilea, los hijos de Zebedeo, y otros dos de sus discípulos. Simón Pedro les dijo: "Voy a pescar". Ellos le dijeron: "También nosotros vamos contigo". Fueron, y entraron en una barca; pero aquella noche no pescaron nada.   Cuando ya estaba amaneciendo, Jesús se presentó en la playa; pero los discípulos no se dieron cuenta de que era Jesús. Y él les dijo: "Hijitos, ¿tienen algo de comer?". Le respondieron: "No". Él les dijo: "Echen la red a la derecha de la barca, y hallarán". Ellos echaron la red, y eran tantos los pescados que ya no la podían sacar. Entonces el discípulo a quien Jesús amaba le dijo a Pedro: "¡Es el Señor!". Y cuando Simón Pedro oyó que era el Señor, se puso la ropa (porque se había despojado de ella) y se echó al mar. Los otros discípulos vinieron con la barca, arrastrando la red llena de pescados, pues estaban como a doscientos codos de la orilla. Al descender a tierra, vieron brasas puestas, un pescado encima de ellas, y pan. Jesús les dijo: "Traigan algunos de los pescados que acaban de pescar". Simón Pedro salió del agua sacó la red a tierra, llena de grandes pescados. Eran ciento cincuenta y tres, y a pesar de ser tantos la red no se rompió. Jesús les dijo: "Vengan a comer". Y ninguno de los discípulos se atrevía a preguntarle: "¿Tú, quién eres?", pues sabían que era el Señor. Entonces Jesús tomó el pan y les dio de él, lo mismo que del pescado. Esta era la tercera vez que Jesús se manifestaba a sus discípulos, después de haber resucitado de los muertos» (Juan 21:1-14).

En este capítulo estudiaremos sobre la aparición de Cristo a los discípulos en el mar de Tiberias. Aquí encontraremos un hermoso ejemplo del maravilloso amor de Dios, y de la gracia de Cristo para con nosotros. No solo el Señor pagó el precio de nuestra paz, sino que Él mismo, mediante el Espíritu Santo, nos lleva de la mano en cada paso de la vida, tallando su obra en nosotros y forjando su carácter; guiándonos con infinito amor y paciencia.

Después de la primera aparición a los discípulos el domingo de resurrección, y de la segunda, ocho días después, el Señor se apareció por tercera vez luego de algún tiempo no especificado. Seguro los discípulos esperaban que Cristo volviera aparecer, pero debió haber pasado un tiempo considerable, tanto, que ellos quizá pensaron que Cristo no volvería más.

Después de su resurrección, Jesús se apareció en repetidas ocasiones en un lapso de cuarenta días (Hechos 1:3), antes de ascender al cielo. Por tanto, la tercera aparición del Señor a los discípulos ocurrió entre el octavo y el cuadragésimo día después de su resurrección. Quizás habían pasado unas dos semanas desde su última aparición (no lo sabemos). Lo único que sí sabemos con certeza es que fue la tercera aparición de Cristo a los discípulos.

Ellos inicialmente estaban cerca del Gólgota (lugar en donde crucificaron a Cristo en Jerusalén). Ahora bien, el ángel que se había aparecido a las mujeres en la tumba les dijo: «Él va delante de vosotros a Galilea, allí le veréis, como os dijo» (Marcos 16:7).

Ya Cristo les había dicho esto antes de morir: «Pero después que yo haya resucitado, iré delante de vosotros a galilea» (Mateo 26:32). Fue así que los ángeles les recordaron lo mismo que Cristo ya les había dicho. ¿Qué hicieron ellos? Después de la segunda aparición ellos fueron a Galilea; y aquí es donde nos encontramos ahora.

Ellos estaban obedeciendo la voz de Cristo de ir, y esperar en Galilea. Ellos no sabían específicamente en dónde habrían de estar esperando; por tanto, lo más probable es que pasaron los días y no sabían exactamente qué hacer, pero sabemos que ellos prestaron atención y obedecieron. Leamos de nuevo el primer versículo de nuestro pasaje:

> «Después de esto, Jesús se manifestó otra vez a los discípulos junto al mar de Tiberias, y se manifestó de esta manera» (Juan 21:1).

Después de la segunda aparición, la siguiente ocurre aquí, en el mar de Tiberias. No sabemos exactamente en qué ciudad estaban los discípulos, pero sí podríamos tener una muy buena idea en cuanto a ello.

¿Por qué se le llama mar de Tiberias? La ciudad de Tiberias permanece en Israel hasta hoy. Se localiza en la costa suroeste del mar de Galilea, y fue nombrada en honor al segundo emperador romano Tiberio Cesar Augusto (14 a. C.-37 d. C.), quien fue sucesor de Augusto Cesar. Hoy día tiene una población de alrededor de 45 mil personas.

La ciudad fue fundada por Herodes Antipas, quien era el rey que gobernaba en Israel cuando Jesús ejercía su ministerio. Antipas era hijo del rey Herodes el Grande, aquel que gobernaba cuando Jesús nació, y que propició la matanza de los niños en Belén (Mateo 2:16).

Tiberias también era la capital de Galilea; una ciudad cosmopolita, llena de gentiles y judíos helenistas, esto es, judíos que habían adoptado la cultura griega. El prestigio de esta ciudad era tan grande, que el mar de Galilea se llegó a conocer como el mar de Tiberias; sin embargo, no hay indicios de que los discípulos se encontraran en esa ciudad.

Si leemos el pasaje en donde se menciona el llamamiento de Jesús a Pedro entonces tendremos una idea de dónde él solía pescar. Esta era más bien una ciudad ubicada al noroeste del mar de Tiberias o el mar de Galilea. Por el evangelio de Marcos sabemos que Pedro vivía en Capernaum (o muy cerca de allí).

> «Entraron en Capernaum y enseguida en el día de reposo entrando Jesús en la sinagoga comenzó a enseñar. Inmediatamente después de haber salido de la sinagoga fueron a casa de Simón y Andrés con Jacobo y Juan» (Marcos 1:21, 29).

Cerca de Capernaum estaba Genesaret, lugar en donde Pedro inicialmente fue llamado por Cristo (Lucas 5:1-11). Entre estas dos ciudades había una distancia aproximada de tres millas (casi cinco kilómetros), y es muy probable que era el sitio en donde Pedro y estos discípulos se encontraban, ya que ahí normalmente trabajaban Pedro y Andrés, y Juan y Jacobo, y era el sitio en donde ellos tenían su negocio de pesca antes de ser discípulos de Jesús.

Ellos quizá fueron a la casa de Pedro a esperar a Cristo, y como Cristo no aparecía, Pedro decidió —así como los discípulos de Emaús—, volver a su antiguo negocio. Probablemente, sintiéndose indigno de seguir a Cristo por causa de su pecado, por su traición; siendo un hombre impulsivo e impaciente, no quiso esperar el tiempo de Dios.

> «Estaban juntos Simón Pedro, Tomás llamado el Dídimo, Natanael de Caná de Galilea, los hijos de Zebedeo y otros dos de sus discípulos. Simón Pedro les dijo: Me voy a pescar. Ellos le dijeron: Nosotros también vamos contigo. Fueron y entraron en la barca, y aquella noche no pescaron nada» (Juan 21:2-3).

En ese momento solo siete de los discípulos estaban reunidos. Pedro, siendo inquieto, impaciente y siendo el líder del grupo, él decide volver otra vez a su trabajo original. Pedro dejó de esperar en Cristo, pero la realidad es que él estaba batallando en su corazón con algo más grande. Probablemente sentía que no era digno de continuar este camino de fe.

¡¿Cómo Pedro podría continuar siendo la cabeza del grupo después de haber traicionado a su Señor?!

¿Alguna vez te ha sucedido algo así? Te da temor presentarte ante Dios porque te sientes totalmente indigno debido al pecado que has cometido. Quieres huir de su presencia, y prefieres continuar tu vieja vida que tener que presentarte ante Dios, y mostrar tu vergüenza, tu falta de amor por él, tu indignación y afrenta ante Dios.

> «Porque todo el que hace lo malo odia la luz,
> y no viene a la luz para que sus acciones
> no sean expuestas» (Juan 3:20).

A veces, nosotros los creyentes, no queremos venir a la luz, y pasamos por tiempos de frialdad espiritual, hasta que el Espíritu de Dios nos guía de nuevo a volver a clamar a Dios. Ya Pedro había visto a Cristo tres veces hasta ahora, y Cristo no le había mencionado nada respecto a su traición. Ya habían pasado semanas, y mientras tanto, Pedro rumiaba en su mente aquello que había hecho. Estaba luchando una batalla interna que no se atrevía ni a mencionar.

Es muy probable que Pedro tenía mucha vergüenza por causa de su pecado; se sentía indigno de su Señor. Fue entonces que volvió al comienzo, al mismo lugar donde él fue llamado. Al mismo lugar en donde Cristo comenzaba su ministerio; aquel lugar en donde ocurrió —por orden del Señor— la pesca milagrosa. Ese fue el día cuando Pedro creyó en Cristo como su Señor y su Dios.

> «Al ver esto, Simón Pedro cayó a los pies de
> Jesús, diciendo: ¡Apártate de mí, Señor, pues
> soy hombre pecador!» (Lucas 5:8).

Pedro ya tenía tres años caminando con Cristo, y seguía siendo un hombre pecador. Este era el discípulo más cercano a Cristo, el más reprendido, el más exaltado, y el más instruido por Él. Este era el líder del grupo de los apóstoles, quien dijo que nunca lo negaría una noche precisamente antes de su crucifixión (Mateo 26:33). Aquel que se creía más fuerte y más creyente que todos los demás, ahora no siente tener la capacidad para liderar el grupo, ni para realizar la tarea que Cristo le ha encomendado.

Así como los discípulos de Emaús habían empezado a regresar a sus antiguas vidas, a sus viejos trabajos, así Pedro. Pedro estaba volviendo al mismo trabajo del cual Cristo lo había sacado. Y sus amigos, quizá con un sentir similar, le siguieron. Ellos estaban —con sus acciones— renegando de su trabajo al servicio de Dios. Veamos ahora cómo Cristo llamó a Pedro:

> «Andando Jesús junto al mar de Galilea, vio a dos hermanos, Simón, llamado Pedro, y Andrés su hermano, que echaban la red en el mar; porque eran pescadores. Y les dijo: Venid en pos de mí, y os haré pescadores de hombres. Ellos entonces, dejando al instante las redes, le siguieron» (Mateo 4:18-20).

Este hombre había soltado su vieja manera de vivir; y luego de ese suceso, el único pescado que había pescar fue para pagar los impuestos; pescado que, por cierto, el mismo Cristo le mandó que pescara (Mateo 17:24-27). Ya Pedro había dejado esta vida, él había sido llamado a ser un pescador de hombres (Mateo 4:19), a dejar su vieja vida atrás para vivir por el evangelio de Cristo. Sin embargo, Pedro, siendo un hombre muy emocional, fue afectado grandemente por haber negado a Jesús. Él había decidido seguir a Cristo de por vida, pero ahora se sentía indigno de ser llamado su discípulo.

¿Qué pasa cuando un líder de la iglesia cae en pecado? ¿Qué sucede en la comunidad? Y si hablamos de lo secular, ¿qué trascendencia tiene que caiga un jefe de estado? ¿el ejecutivo principal de un negocio, etc.? Si un soldado muere en la guerra, hay más soldados; pero si matan al general de estos soldados, el impacto en esa guerra será mucho mayor: la experiencia, y la táctica de un general es más difícil reemplazar. Si despiden a una persona, no es tan grave como si el dueño decide cerrar el negocio, ya que todos los que trabajan en esa compañía se quedarían sin trabajo.

Podemos observar cómo es que afectó el vacío de liderazgo de Pedro. Su falta de entrega a Cristo en este momento arrastró a otros seis de los discípulos; Pedro los llevó por el mismo mal camino: ellos dejaron de esperar en Cristo, y volvieron a su vieja vida en el mundo.

Este es un claro ejemplo de los trágicos resultados de la falta de liderazgo en una sociedad, en una familia, o en una iglesia. Los que están bajo esos líderes tienden a ser arrastrados por su ejemplo para bien o para mal.

Nosotros hemos sido llamados a ser sal de la tierra y luz del mundo (Mateo 5:13), pero cuando nos apartamos de Dios, nos volvemos una sal insípida que no tiene la capacidad de preservar nada. Y en vez de ser una lámpara encima de una mesa que ilumina toda la habitación, nos convertimos en una luz oculta que permite que la oscuridad prevalezca (Lucas 11:33).

Si un cristiano se aparta del Señor esto tendrá consecuencias en su familia (pues ahora su familia no verá el evangelio a través de su vida); tendrá consecuencias con sus compañeros de trabajo (porque en vez de ayudarlos a acercarse a Cristo los alejará de Él), etc. Hermanos, cuando algún seguidor de Cristo se aparta de Él, este terminará siendo una piedra de tropiezo para otros. Y si esta persona continúa profesando ser cristiana —viviendo mundanamente—, su vida, no solo no traerá gloria a Dios, sino que estará con ello envileciendo y ensuciando el precioso y santo Nombre del Señor.

Si alguno de nosotros profesa ser creyente, pero camina, habla, se viste, etc., como un/una mundano/a; y si actúa como actúa el mundo (bebiendo, bailando, maldiciendo, adulterando, etc.) entonces esta persona (consciente o inconscientemente) estará liderando a otras personas por el camino de perdición, está mostrando con su vida que no existe ninguna diferencia entre ser creyente o no creyente. Si alguno de nosotros profesa tener fe en Cristo, pero vuelve al mundo, arrastrará a otros a la hipocresía, a la frialdad espiritual, y será piedra de tropiezo para aquellos que andan en oscuridad y que necesitan ver la luz del evangelio.

Esto no es algo que pueda tomarse con ligereza. Para Cristo es una falta realmente grave el que un líder desvíe a sus ovejas de la verdad, pues esto tendrá consecuencias eternas. Observemos cuan grande es la advertencia que hace Cristo a aquellos que hacen tropezar o apartarse del evangelio a otros:

> «Y cualquiera que haga tropezar a alguno de estos pequeños que creen en mí, mejor le fuera que se le colgase al cuello una piedra de molino de asno, y que se le hundiese en lo profundo del mar. ¡Ay del mundo por los tropiezos!, porque es necesario que vengan tropiezos, pero, ¡ay de aquel hombre por quien viene el tropiezo! (Mateo 18:6-7).

LA RESURRECCIÓN DE JESÚS

Vivir profesando ser creyentes, pero, al mismo tiempo, vivir apartados de Cristo, es algo que provoca la perdición de otros. Cuando una persona vive día a día sin buscar honrar el nombre de Dios, y va a la iglesia para cumplir (aunque su corazón está endurecido por el pecado), tal persona solo traerá daño espiritual a todo aquel que le rodea. Como ya comenté, en su actitud, Pedro arrastró a Tomás, a Natanael, a Juan, a Jacobo, y a otros dos discípulos, quienes, por cierto, no pescaron absolutamente nada durante toda la noche.

¿Sabes por qué no pescaron nada? Porque se apartaron de Jesús. Tal y como lo estaban sus redes, sus corazones estaban vacíos, por tanto, la obra de sus manos no sería bendecida, su camino no prosperaría. Ellos se habían apartado de Cristo, y siendo que ya habían dejado de ser pescadores de peces para ser pescadores de hombres (pues Jesús ya lo había dicho de ellos), sus esfuerzos estaban condenados al fracaso.

Cristo dijo en Juan 15:5 que apartados de Él nada podríamos hacer; y esto fue precisamente lo que estaban intentando hacer estos discípulos: trabajar sin el Señor. Por tanto, trabajaron en vano toda aquella noche, y su trabajo fue infructífero. Los apóstoles necesitaban trabajar para el reino de Dios, para que las almas recibiesen un beneficio eterno, no material (los pescados).

Después de haber visto a Jesús resucitado, después de haberlo visto con sus ojos, de haberlo tocado con sus manos, y escuchado su voz, Pedro y estos discípulos volvieron a su antigua vida.

> «Cuando ya amanecía, Jesús estaba en la playa; pero los discípulos no sabían que era Jesús. Entonces Jesús les dijo: Hijos, ¿acaso tenéis algún pescado? Le respondieron: No. y Él les dijo: Echad la red al lado derecho de la barca y hallaréis pesca. Entonces la echaron, y no podían sacarla por la gran cantidad de peces» (Juan 21:4-6).

Si podemos decir algo positivo de estos hombres en cuanto a su trabajo, es que eran persistentes. Ellos pasaron toda la noche intentándolo una y otra vez; pero no habían tenido ningún resultado. Cuando ya iba amaneciendo, Cristo les habló desde la playa, desde lejos, y les pidió un pescado. Parece que se está repitiendo la historia de Mateo 4, cuando Jesús dijo a estos pescadores que serían pescadores de hombres. Ahora el Cristo resucitado les recuerda de dónde los había sacado. Así fue que una palabra de Jesús fue suficiente para que se desatara el poder de Dios, e inmediatamente ellos pescaron una gran cantidad de pescados, 153, para ser exactos.

Había al menos 18 clases de peces en el mar de *Kinneret* (el nombre en hebreo del mar de Galilea). Sin embargo, eran tres los grupos de peces que más eran comercializados en aquella época. La sardina *«gr. opsaria»* (pez pequeño), era el pez que más abundaba en *Kinneret*. El segundo grupo era el *musht* (tilapia galilea), pez que llegaba a pesar unas cuatro a cinco libras [2 kg] (este pez es también llamado «el pez de San Pedro», y todavía existe en el mar de Galilea). El tercer grupo era el pez más grande, el *binny*, o *barbel (barbus longiceps)*, y estos llegaban a medir unas 30 pulgadas (76 cm) y pesar unas 15 libras (7 kg).

Basándonos en la fuerza de los hombres que se ocuparon en sacar la red con los peces y en la capacidad de la barca, es posible que los discípulos pescaran los últimos dos tipos de peces más comunes, el *musht* y el *binny*. Ellos eran seis hombres, pescaron 153 pescados, y apenas pudieron sacar la red; por tanto, si consideramos que la pesca fuese de *mushts*, entonces estaríamos hablando de alrededor de 750 libras (340 kg) de pescado; y si fuese el *binny*, entonces serían unas 2,000 libras (900 kg). Así que, si la pesca hubiese sido únicamente de este último tipo de peces, entonces la barca no habría soportado sin hundirse. Por tanto, lo más seguro es que la pesca fue de ambos tipos de peces, pero obviamente, no lo sabemos.

Uno puede palpar en esta historia la paciencia y el amor de Cristo por estos hombres. Cristo, quien conoce el fin desde el principio, sabe exactamente el final de esta historia. Él estaba completamente seguro de que ellos iban a cumplir su propósito en esta tierra. La gracia y la misericordia que Cristo muestra a estos hombres es la misma que nosotros debemos tener con los demás, con esos hermanos en Cristo que se apartan para volver a su antigua vida, y que necesitan que se les recuerde una y otra vez de dónde Cristo los ha sacado.

Todos llegamos a Cristo en formas diferentes, en tiempos diferentes y en circunstancias diferentes; pero todos necesitamos de la misma gracia, paciencia y amor, cosas con los cuales Cristo trata a todos los seres humanos. Nunca podemos olvidar el ministerio de restauración del Señor.

Él nunca se olvida de ninguna de sus ovejas, sino que va, las corrige, las restaura y las regresa al redil. Nosotros deberíamos tener un corazón que se duela por el pecado, no solo por el nuestro, sino también por el de los otros; y no creernos más santos, o justos, sino manifestar humildad y misericordia.

¿Cuántos de nosotros juzgamos con rapidez? ¿A cuántos de nosotros nos ha faltado gracia cuando un hermano ha caído en pecado? Sucede con frecuencia que cuando un hermano cae, los otros lo juzgan sin compasión (aunque los que lo juzgan también estén en pecado, aunque podrían tener apariencia de piedad). La gente rechaza a los hermanos caídos; el chisme desbarata sus corazones, y no hay quien les extienda la mano para restaurarles.

> «El que de ustedes esté sin pecado, sea el primero en tirarle una piedra» (Juan 8:7b).

Dejemos que el concilio de la iglesia, los pastores, y los ancianos oren y determinen la disciplina que consideren adecuada. Nosotros, las ovejas, amemos al hermano caído. No hablemos a sus espaldas, sino unámonos en oración por el caído para que sea restaurado. Hagámoslo con sinceridad de corazón, sabiendo que podríamos ser nosotros mismos los que estemos en sus zapatos. Es verdad que no todos los que han caído se arrepienten, y hay quienes prefieren dejar de congregarse, quizá comprobando que realmente no eran de nosotros (1 Juan 2:19); sin embargo, habrá quienes sí logran ser restaurados.

Si Cristo no desechó a estos pecadores que se apartaron del camino para volver a su antigua vida, ¿por qué habremos de desechar y acusar a un hermano que se aparta del camino? Este es precisamente el tiempo en que más nos necesita para ayudarle a volver al camino de la fe, pues esa es la voluntad de Dios.

> «Entonces se le acercó Pedro, y le dijo: Señor, ¿cuántas veces pecará mi hermano contra mí que yo haya de perdonarlo? ¿Hasta siete veces? Jesús le dijo: No te digo hasta siete veces, sino hasta setenta veces siete» (Mateo 18:21-22).

Tenemos que seguir el ejemplo de Cristo, quien siempre mostró gracia para sus discípulos, aun cuando estos no iban por el buen camino, aun cuando se apartaban de Él. Siempre los encarriló para que cumplieran su obra en esta tierra, y Él sigue haciendo lo mismo con nosotros, porque Él es el mismo ayer, hoy y siempre (Hebreos 13:8).

> «Por tanto, si estás presentando tu ofrenda en el altar, y allí te acuerdas que tu hermano tiene algo contra ti, deja tu ofrenda allí delante del altar, y ve, reconcíliate primero con tu hermano, y entonces ven y presenta tu ofrenda» (Mateo 5:23-24).

El perdón al hermano significa que nunca más le tomarás en cuenta aquello que cometió contra ti; es decir, no exigirás justicia ni venganza; dejarás de sentir dolor por la ofensa recibida, y mostrarás amor hacia el ofensor (incluso si este no te corresponde de la misma manera). No significa que necesariamente el ofensor y tú serán los mejores amigos de ahí en adelante, pero sí que, en tu corazón, no habrá ni una pizca de resentimiento en contra de él o ella. Poco antes de morir, Cristo oró por los pecadores diciendo: «...Padre, perdónalos, porque no saben lo que hacen» (Lucas 23:34).

¿Qué pasa si el hermano, el jefe, el amigo, o el cónyuge, cada vez que pide perdón vuelve y hace lo mismo? ¿Debo seguir perdonándolo?

> «¡Tened cuidado! Si tu hermano peca, repréndelo; y si se arrepiente, perdónalo. Y si peca contra ti siete veces al día, y vuelve a ti siete veces, diciendo: "Me arrepiento", perdónalo» (Lucas 17:3-4).

Este es el corazón de Cristo, Él siempre muestra continua gracia y perdón con nosotros. ¿Acaso nosotros no pecamos continuamente contra Él, y venimos siempre pidiendo perdón? ¿Te imaginas escuchar la respuesta de Cristo diciéndote que ya te ha perdonado mucho?

Si pudiéramos ver el libro de Dios (Apocalipsis 20:11-12) con el listado de nuestros pecados, todos nos sorprenderíamos al ver la cantidad enorme de faltas: pensamientos, acciones, actitudes y palabras. Todas esas cosas han sido ofensas en contra de Dios. Si lo pensamos bien, ¿qué si se leyera delante de nosotros toda esa gran lista de pecados? ¿Merecemos ser condenados por ello? ¡Sí! ¡Desde luego que sí! Por tanto, tan solo su gracia y perdón continuos somos librados de semejante condenación. Es el perdón continuo del Señor nuestra única salvación.

> «Entonces aquel discípulo a quien Jesús amaba dijo a Pedro: ¡Es el Señor! Oyendo, pues, Simón Pedro que era el Señor, se ciñó la ropa (porque se la había quitado para poder trabajar), y se echó al mar. Pero los otros discípulos vinieron en la barca, porque no estaban lejos de tierra, sino a unos cien metros, arrastrando la red llena de peces. Entonces, cuando bajaron a tierra, vieron brasas ya puestas y un pescado colocado sobre ellas, y pan. Jesús les dijo: Traed algunos de los peces que habéis pescado ahora. Simón Pedro subió a la barca, y sacó la red a tierra, llena de peces grandes, ciento cincuenta y tres; y aunque había tantos, la red no se rompió. Jesús les dijo: Venid y desayunad. Ninguno de los discípulos se atrevió a preguntarle: ¿Quién eres tú?, sabiendo que era el Señor. Jesús vino, tomó el pan y se lo dio; y lo mismo hizo con el pescado. Esta fue la tercera vez que Jesús se manifestó a los discípulos, después de haber resucitado de entre los muertos» (Juan 21:7-14).

Entonces Jesús se les apareció sin que supieran que era Él, y les pidió un pescado. Ellos habían intentado pescar algo durante toda la noche, pero no habían pescado nada. Así fue que les mandó echar la red al lado derecho, y los peces que capturaron en la red eran muchísimos. Fue en ese momento que Juan dijo a Pedro: «¡Es el Señor!». Entonces Pedro se puso la ropa, se tiró al mar, y fue a Jesús nadando. Cuando llegaron a la orilla, ya Jesús estaba preparándoles un pescado y les pidió más.

Los discípulos no lo reconocieron físicamente; sin embargo, no se atrevieron a preguntarle *¿quién eres tú?*, pues sabían que era el Señor. Aquí vemos una vez más el temperamento típico de Pedro, siempre: quería ir delante de todos. A él no le importó que sus amigos se quedaran con el trabajo de sacar todos esos peces; a él no le importó la gran cantidad de dinero que eso representaba; lo único que él quería era ir a donde estaba su Jesús.

¿Por qué se puso Pedro la ropa y después se tiró al agua a nadar? Creo que una buena razón sería que no quería presentarse ante Jesús semidesnudo. Una vez más vemos brillar el carácter de Pedro: él siempre quería ser el primero e ir delante de todos.

También podemos observar que Jesús ordenó a los discípulos a ir y traer más pescados, y Pedro —una vez más— es quien va, y busca el pescado, parece que los demás no mostraron tal iniciativa. Ellos sabían que era Jesús, pero no lo podían reconocer por causa de su apariencia física. Vemos también que la forma en que Jesús les habló al principio fue la que usaría un anciano, porque les llama *hijos* (o *hijitos*, en otras traducciones); este no fue un término común que Él usara durante su ministerio para referirse a los discípulos (la única otra vez que les habló así fue en Juan 13:33).

Estos hombres estaban cansados. Habían trabajado toda la noche, y su trabajo había sido infructuoso hasta que Jesús se apareció en la escena. No habían comido, y seguro en ese momento sentían una gran hambre. Ellos necesitaban del sustento; y entonces Cristo se les aparece y con esta aparición y con este milagro les dice que Él era para ellos su sustento y su alimento. Es como si les dijera: «Aquí estoy, haciéndoles el desayuno para que recobren las fuerzas. Para demostrarles que ustedes dependen totalmente de mí». Si ustedes siguen mi voz y obedecen mis palabras, entonces les daré sustento y prosperidad. Yo les he ordenado que ganen almas (Mateo 4:19), y si les predican, ellos escucharán su mensaje, muchos se salvarán, y ustedes no tendrán por qué preocuparse por el sustento material».

«Mas buscad primeramente el reino de Dios y su justicia, y todas estas cosas os serán añadidas» (Mateo 6:33).

Debemos buscar primeramente el reino de Dios, y Él traerá los peces a sus redes, para que tengan el sustento espiritual de su alma. Como hijos de Dios, no toca a nosotros confiar en que, mediante nuestras fuerzas, lograremos el sustento: Dios es quien nos da todo lo que necesitamos. No es mediante nuestra inteligencia, ni por nuestra sabiduría, ni por nuestra educación que logramos nuestro propio sustento, es Dios quien nos lo da.

Estos hombres estaban afanados, buscando toda la noche su propio sustento. Sin embargo, aunque se esforzaron por muchas horas, no pudieron pescar absolutamente nada. Así que, como hijos de Dios, si hemos creído y confiado en Él, y le honramos en nuestros caminos, Él ha prometido siempre sostenernos y darnos todo lo que necesitemos.

«Por tanto, os digo: No os afanéis por vuestra vida, qué habéis de comer o qué habéis de beber; ni por vuestro cuerpo, qué habéis de vestir. ¿No es la vida más que el alimento, y el cuerpo más que el vestido? Mirad las aves del cielo, que no siembran, ni siegan, ni recogen en graneros; y vuestro Padre celestial las alimenta. ¿No valéis vosotros mucho más que ellas?» (Mateo 6:25-26).

Tal como sucedió con los discípulos de Emaús, Jesús tomó el pan, recordándoles que Él es el pan de Dios que descendió del cielo. Cristo es el pan que da vida eterna (Juan 6:35), el que dio su vida por nosotros. También Cristo recordó a sus discípulos que nunca debían olvidar el precio que Él pagó por su libertad (y por la nuestra).

La restauración de Pedro

Recordemos que ahora los discípulos estaban en Galilea, en el mar de Tiberias o mar de Galilea. Entonces Simón Pedro, sintiéndose indigno de cumplir con el llamado para el cual fue encomendado por Cristo e incapacitado moralmente para seguirlo debido a su traición — y aunque en el fondo amaba a su Maestro—, estaba seguro de que no lo amaba lo suficiente como para entregarse a Él de por vida (al menos en este momento).

Ese era para él el momento más oscuro, el de su peor bajeza desde que hubo conocido a Cristo (hacía más de tres años). Especialmente después de haber prometido que nunca lo negaría, y que estaba incluso dispuesto a morir por él. Pedro había negado a Jesús en el momento más difícil de Su vida sobre la tierra, poco tiempo antes de Su martirio. Ahora Pedro era quien había sido testigo de más apariciones de Cristo, y esa era para Él la cuarta aparición del Señor. Cristo Jesús había aparecido a Pedro de manera personal, inmediatamente después de aparecer a las mujeres (Lucas 24:33).

No había duda de que Pedro estaba convencido de la realidad de la resurrección de Jesús. Él había visto, tocado, abrazado y comido con el Cristo resucitado, con Dios mismo en forma humana, y este Pedro, conociendo esto, decidió apartarse del ministerio, y arrastró a otros seis con él.

Cristo se apareció a ellos en el mar de Tiberias, y por segunda vez hace el milagro de la pesca; y esa vez lo hace para recordarles de dónde los había sacado. Él les recuerda el ministerio que les había dado y para qué los había llamado. Cristo había llamado a estos hombres a ser pescadores de hombres y no de peces. Los llamó a que dejaran su vieja vida por esta *nueva* vida; esa era la razón de su fracaso aquella noche, pues a pesar de ser pescadores expertos, esa noche no había pescado ni un solo pez. Leamos ahora la continuación del tercer encuentro de Cristo por los discípulos.

«Entonces, cuando habían acabado de desayunar, Jesús dijo a Simón Pedro: Simón, hijo de Juan, ¿me amas más que estos? Pedro le dijo: Sí, Señor, tú sabes que te quiero. Jesús le dijo: Apacienta mis corderos. Y volvió a decirle por segunda vez: Simón, hijo de Juan, ¿me amas? Pedro le dijo: Sí, Señor, tú sabes que te quiero. Jesús le dijo: Pastorea mis ovejas. Le dijo por tercera vez: Simón, hijo de Juan, ¿me quieres? Pedro se entristeció porque la tercera vez le dijo: ¿Me quieres? Y le respondió: Señor, tú lo sabes todo; tú sabes que te quiero. Jesús le dijo: Apacienta mis ovejas. En verdad, en verdad te digo: cuando eras más joven te vestías y andabas por donde querías; pero cuando seas viejo extenderás las manos y otro te vestirá, y te llevará adonde no quieras. Esto dijo, dando a entender la clase de muerte con que Pedro glorificaría a Dios. Y habiendo dicho esto, le dijo: Sígueme. Pedro, volviéndose, vio que les seguía el discípulo a quien Jesús amaba, el que en la cena se había recostado sobre el pecho de Jesús y había dicho: Señor, ¿quién es el que te va a entregar? Entonces Pedro, al verlo, dijo a Jesús: Señor, ¿y este qué? Jesús le dijo: Si yo quiero que él se quede hasta que yo venga, ¿a ti qué? Tú, sígueme. Por eso el dicho se propagó entre los hermanos que aquel discípulo no moriría; pero Jesús no le dijo que no moriría, sino: Si yo quiero que se quede hasta que yo venga, ¿a ti, qué? Este es el discípulo que da testimonio de estas cosas y el escribió esto, y sabemos que su testimonio es verdadero. Y hay también muchas otras cosas que Jesús hizo, que si se escribieran en detalle, pienso que ni aun el mundo mismo podría contener los libros que se escribirían» (Juan 21:15-25).

Después de trabajar toda la noche, Jesús les preparó el desayuno, y después de terminar de comer, Jesús puso a Simón Pedro como ejemplo, y lo corrigió para ejemplo de todos sus compañeros. Por fin había llegado la hora de que Pedro enfrentara aquello que en su corazón lo había apartado de Cristo. Recordemos la noche en la que Pedro traicionó a Cristo con el siguiente versículo:

> «Entonces el Señor se volvió y miró a Pedro. Y recordó Pedro la palabra del Señor, de cómo le había dicho: Antes que el gallo cante hoy, me negarás tres veces. Y saliendo fuera, lloró amargamente» (Lucas 22:61-62).

Imaginemos ese momento: Cristo había sido arrestado y enjuiciado injustamente, y Pedro, presente entre los que lo juzgaban, lo negó tres veces. En ese preciso momento la mirada de Jesús debió penetrarle hasta el alma. Esta mirada de Jesús fue como si le dijera: «Ay Pedro, te dije que me ibas a negar». Pedro debió haber sentido como si le clavaran un cuchillo en el corazón.

Aquel que creía ser el fuerte, el grande, el líder, el de rápido accionar, el único que se atrevió a ir donde estaba el juicio por su fuerza y destreza, ahora se estaba dando cuenta de lo débil, pequeño, y pecador que realmente él era. Este debe haber sido el momento más decepcionante en la vida de Pedro.

Pedro, viendo el sufrimiento de Jesús, no hizo más que traicionarlo y negarlo, así como lo había hecho Judas; y lo hizo por miedo a perder su vida. Cuando escuchó el gallo cantar, el salió y lloró amargamente. Pedro había pecado muchas veces y de muchas maneras, pero nunca lo vemos llorando como lo hizo aquel día. No había sido quebrantado por su pecado todavía, ni tampoco había reconocido la profundidad de la maldad de su corazón.

Pedro creía que realmente amaba a Cristo, pero aquí le vemos mostrando lo poco que realmente lo amaba. Jesús le estaba mostrando a Pedro, que, en realidad, él no estaba dispuesto a dar su vida por Él (como había dicho). Pedro no se había dado cuenta todavía de que no se había rendido totalmente a Dios.

Doliéndose todavía por haber traicionado al Señor, y sintiéndose todavía muy avergonzado, Pedro, aunque seguramente tenía un vivo deseo por ayudar a Jesús, sentía que sería incapaz de lograrlo. Esto, aunado al temor de que lo condenaran a él también, ¡pues cómo había sido capaz de llegar a tanto!: ¡Había negado a Cristo! La traición de Pedro sirvió para que él se diera cuenta de una vez y por todas que el amor que él sentía por el Señor en ese momento no era mayor que el amor que tenía por sí mismo, ya que había preferido su vida antes que darla por la causa del Señor. Ahora bien, preguntémonos a nosotros mismos: ¿cuál es nuestro llamado? ¿Cómo es que debemos amar a Cristo? ¿Hasta dónde debe llegar nuestra devoción por él?

> «Entonces Jesús dijo a sus discípulos. Si alguno quiere venir en pos de mí, niéguese a sí mismo, tome su cruz y sígame. Porque el que quiera salvar su vida, la perderá; pero el que pierda su vida por causa de mí, la hallará» (Mateo 16:24-25).

Pedro quiso ganar su vida en vez de entregarla por Cristo; sin embargo, en lugar de ganarla la perdió, pues su corazón se apartó del Señor. Pedro no quería morir, y su instinto carnal le hizo salvaguardar su vida, esto es, negó al Señor para «salvar su vida» (*el que quiera salvar su vida...*). Pedro, en aquel tiempo, no entendía que, si quería ser un verdadero discípulo de Cristo Jesús, tenía que *perder su vida*, ya que es Cristo quien tiene el control de la vida del discípulo y no morirá hasta que su tiempo sea cumplido. Por tanto, él podría haber dado testimonio de Cristo y Dios seguramente lo habría librado. Veamos ahora otro detalle.

> «Entonces, cuando habían acabado de desayunar, Jesús dijo a Simón Pedro: Simón, hijo de Juan» (Juan 21:15).

Jesús le había cambiado el nombre a Simón, y ahora se llamaba Pedro (Juan 1:42). Simón significa en hebreo *aquel que escucha*, mientras que Pedro o Cefas significa *piedra* o *roca*. Si observamos bien, nos daremos cuenta de que en muchas ocasiones Cristo usaba el nombre de Simón (o Simón Pedro), para representar la vieja naturaleza de Pedro, cuando no actuaba de manera correcta. Es el equivalente hoy en día al llamado de nuestros padres, cuando ellos nos llamaban por nuestro nombre completo para advertirnos de algo o corregirnos por estar haciendo algo malo, o al ser desobedientes.

Un ejemplo lo encontramos en Marcos 14:37 en donde dice: «Entonces vino y los halló durmiendo, y dijo a Pedro: Simón, ¿duermes? ¿No pudiste velar ni por una hora?» Es como si Cristo le llamara *Simón* cuando él estaba mostrando su vieja vida, su vieja naturaleza; y *Pedro* cuando estaba actuando correctamente.

Otra cosa interesante que podemos ver es que Jesús, habiendo acabado de desayunar con los discípulos, tomó a Pedro y lo llevó a caminar. Así fue como se encontraron Jesús y Pedro a solas; sin embargo, Juan les seguía de cerca escuchando la conversación (por esto es que Juan es el único que relata esta conversación en su evangelio).

> «Entonces, cuando habían acabado de desayunar, Jesús dijo a Simón Pedro: Simón, hijo de Juan, ¿me amas más que estos? Pedro le dijo: Sí, Señor, tú sabes que te quiero. Jesús le dijo: Apacienta mis corderos. Y volvió a decirle por segunda vez: Simón, hijo de Juan, ¿me amas? Pedro le dijo: Sí Señor, tú sabes que te quiero. Jesús le dijo: Pastorea mis ovejas. Le dijo por tercera vez: Simón, hijo de Juan, ¿me quieres? Pedro se entristeció porque la tercera vez le dijo: ¿Me quieres? Y le respondió: Señor, tú lo sabes todo; tú sabes que te quiero. Jesús le dijo: Apacienta mis ovejas» (Juan 21:15-17).

Aquí veremos la restauración, el llamado, y la tarea asignada de Cristo a Pedro. También, vemos el llamado a los creyentes, lo que Cristo dice a Pedro, nos lo dice a todos nosotros. Esta pregunta no es solo para Pedro, es para nosotros también.

Muchos de nosotros simpatizamos con Pedro porque nos representa de una manera tangible en nuestro andar con Dios. Así como muchos de nosotros, Pedro, desde el principio, ha sentido que ama más a Jesús de lo que realmente lo amaba, siempre se ha creído más fuerte de lo que es, ha creído que puede hacer más de lo que él realmente puede, y por esto, una y otra vez, Pedro falla en su servicio a Cristo, hasta terminó negando a Cristo en el momento de la mayor crisis de su Señor.

Ahora, aunque ha visto a Cristo resucitado, aun así, Pedro se veía así mismo como un pecador, y que, debido a su negación, él era indigno de perdón o de llevar a cabo el ministerio que Cristo le había dado. Aquí vemos el llamado de Cristo a amar, sacrificar y seguir obedeciendo a Dios por encima de todo en este mundo.

Seguir a Cristo, amarle y sacrificar todo por Él no es algo fácil (aunque a veces lo parezca). Esto requiere todo de nosotros, un sacrificio completo. Debemos perder nuestra vida para ganarla (Mateo 15:25), esto es, morir a nosotros mismos para realmente estar vivos (Filipenses 1:21). El costo puede ser que dejemos todo lo que tenemos, que nos odie nuestra propia familia, e incluso, que lleguemos quedarnos solos en este mundo (Mateo 10:34-37). El costo de seguir a Cristo puede ser persecución y muerte.

Seguir a Cristo significa tomar nuestra cruz, y seguirlo (Mateo 16:24). El costo de seguir a Cristo es nuestra vida entera. Es el llamado extremo de seguir a un Hombre, que, siendo un ser humano, dijo ser Dios en la tierra, el Emanuel, Dios con nosotros, el Creador de todo cuanto existe. Seguir a Cristo es un llamado a ser esclavos de Él por amor, e imitar su ejemplo de sacrificio hasta el final.

En su humanidad, nuestro hermoso Dios, nuestro Señor Jesús, pasó hambre, sed, escasez, pobreza, tribulaciones, tentaciones, persecución, rechazo, humillación, desprecio; y siendo niño, adolescente y luego un hombre adulto, vivió como cualquier otro en el mundo. Él pasó los primeros 30 años de su vida en el anonimato, como un total desconocido; habitando en una de las ciudades más pobres y despreciadas que había en todo Israel. Y durante toda su vida, sufrió un sinnúmero de persecuciones, hasta que finalmente fue martirizado y muerto en una cruz por nosotros.

¿Por qué lo hizo? Lo hizo por amor; porque quien verdaderamente ama, se sacrifica, está dispuesto a todo, y aún se entrega por amor encima de todo lo demás. Es así que, cuando verdaderamente amas a alguien, tu propia vida no te parece tan importante. ¿Por qué piensas que el amar a Dios es el primero y más grande mandamiento? (Mateo 12:30).

Tu amor por Dios debe ser mayor al amor que tienes por tu esposa, tus hijos, tus bienes, tu tiempo, tus vacaciones, y lo más importante, debe ser mayor a tu pecado. La demostración de que amas verdaderamente a Dios, y de que realmente lo estas siguiendo, es que lo estas buscando, escuchando y obedeciendo de todo corazón (Juan 14:15). Cristo dio su vida por nosotros porque nos amó hasta la muerte. ¿Quién no daría su vida fácilmente por un hijo? En Juan 15:13 dice «Nadie tiene mayor amor que este, que uno ponga su vida por sus amigos», es decir, por aquellos que ama. Podemos ver claramente que el amor es una motivación extremadamente poderosa.

Si realmente amamos a Dios, entonces ese amor controla nuestras decisiones, nos motiva a ser obedientes a su Palabra, nos guía a través de su Espíritu. El amor es lo que nos lleva a servir a Dios por encima de todo. Y el amor es un mandamiento: tenemos que amar a Dios con todo nuestro corazón, nuestra alma y nuestra fuerza (Mateo 22:37-39). El amor es lo que nos lleva a buscar a Dios aun cuando fallamos. La Biblia no nos llama a seguir a Dios por legalismo, ni por temor, sino por amor.

Este es el verdadero primer amor del cual habla Apocalipsis 2:1-7. En ese pasaje Jesús alaba a la iglesia Efesios por sus obras, por ser fiel a su Palabra, por rechazar la falsa predicación, por sufrir por su Nombre; pero solo tenía una sola cosa en contra ellos:

«Pero tengo esto contra ti: que has dejado
tu primer amor» (Apocalipsis 2:4).

El primer amor no es el sentimiento que uno tiene al convertirse. No es una emoción que perdura unos meses y después se esfuma; esa es una creencia simplista y una total aberración, algo muy distinto a lo que es el verdadero amor de Dios. La iglesia de Éfeso había dejado de amar a Dios sobre todas las cosas, y se había vuelto como los fariseos: legalistas en sus corazones. Ellos hacían bien las cosas, y obedecían tan solo porque la Biblia lo dice; sin embargo, debido a su falta de amor por Dios, la iglesia estaba en camino a su propia destrucción, de ahí que su corazón se estaba inclinando por lo creado antes que por el Creador; por lo tanto, su adoración no es una verdadera adoración a Dios.

En una de sus prédicas, el pastor John MacArthur, al hablar sobre este tema, dijo: «Esto es como si un esposo dijera a su esposa: "Cariño, seré fiel a ti, cumpliré con todo lo que me toca como tu esposo, amaré a nuestros hijos, proveeré para nuestra familia, y nunca me iré de la casa, no voy a desviar mi corazón viendo otras mujeres, pero la verdad es que no te amo." ¡Que vacío terrible provocaría en su esposa que este hombre solo estuviera con ella por cumplir!».

¿Cómo crees que se sentirá esta mujer durmiendo cada día junto a un esposo fiel, y proveedor, pero que no la ama? Significaría que cada beso y cada abrazo de este esposo es tan solo una actuación. Esto es lo que Dios le dice a la iglesia de Éfeso, que su adoración a Él es tan solo la actuación falsa de un corazón apartado de Él. Esto no será un servicio agradable a Dios, ni es tampoco un verdadero amor.

Pedro era un hombre que necesitaba una restauración total debido al pecado que había cometido. De todo lo malo que antes había hecho, nada había destruido tanto el corazón de Pedro que el haber negado a su Maestro. Nada en el pasado había hecho que él se apartara del Señor, y ahora, ni siquiera el hecho de haber visto a Cristo resucitado fue suficiente para que Pedro desistiera de su idea de regresar a su antigua vida (aunque sabía que haciendo esto se estaría apartando de Cristo).

No sabemos si los otros discípulos sabían o no de la negación de Pedro; y si lo sabían, quizá era algo que simplemente guardaban en su corazón, pues ellos sabían que, de una manera u otra, todos los apóstoles (a excepción de Juan) habían traicionado al Señor. Todos habían sido desobedientes, pero Cristo tomó a Pedro como ejemplo; incluso al menos cinco, además de Pedro, se habían vuelto a su antiguo trabajo.

Pues bien, vemos en el pasaje que Cristo le preguntó tres veces a Pedro si lo amaba. Jesús quería confirmar el amor de Pedro hacia Él; quería también que no quedara en este apóstol ninguna duda de que su negación había sido perdonada. Cristo sabía bien que esto era lo que Pedro estaba enfrentando en ese momento.

¿Simón, hijo de Jonás, me amas? Esta es la pregunta que siempre se le hace a un creyente desobediente. Todo aquel que camina en desobediencia tiene un problema básico: ha decidido amar otra cosa o persona fuera de Dios. Es por ello que Cristo le pregunta a Pedro algo así como: «¿Estás preparado para dejar tu carrera, tus redes, tu negocio, tu pecado, tu incredulidad, a dejar toda tu vida para seguirme a mí por encima de todo?».

En las primeras dos veces que Cristo le preguntó a Pedro que si lo amaba la respuesta de Pedro fue esta: «Señor tú sabes que te quiero». La palabra que usa Cristo allí, en el griego, es *ágape* (¿Me amas?).

Hay tres palabras que se traducen como amor en el griego, a saber, *ágape*, *filia*, y *eros*. La palabra *ágape* es un amor incondicional; es un amor que no tiene que ver con cómo te trate el otro, ni si la otra persona te ofende o no, ni tampoco depende de lo que te ofrece. Este es el amor de Dios por nosotros, sus hijos adoptivos, y es el amor que debemos tener por Él también.

El amor *filial* es el amor que se tiene por un amigo; es el amor fraternal que, cuando las condiciones cambian, o si esa persona nos ofende, fácilmente podríamos negarle nuestra amistad. Este es un amor que está sujeto a cambios. El amor *eros* es el amor o el deseo sexual. Este es el amor que promueven las películas con contenido sexual hoy día, y que podría estar dentro de una connotación de lujuria, aunque este amor no es necesariamente pecaminoso, pues es el que se expresa también en una relación matrimonial.

Si combinamos estas palabras griegas con el español (a manera de ilustración) diríamos que Cristo le preguntó a Pedro: «¿tú me *ágape*?», y Pedro le contestó: «yo te *fileo*». Pedro estaba correspondiendo a Cristo con un nivel más bajo de amor, es decir, con el amor que se le tiene a un amigo, un amor condicional que depende de las circunstancias. Este era precisamente el amor que él le había demostrado a Cristo cuando lo negó, pues cuando las circunstancias cambiaron, también cambió su amor por el Señor. Pedro, por temor a la muerte, había mostrado un amor *fileo*, ese era el nivel de entrega que él tenía por Jesús en ese momento de su vida.

Él había mostrado que amaba a Jesús, pero siempre y cuando su vida no corriera peligro. Es por ello que Pedro no se atrevió a responder a Jesús que los amaba con un amor *ágape*, con un amor incondicional, el amor con el cual Dios nos ama a nosotros, pues él sabía que no había amado a Cristo de esta forma. Pedro, antes de su negación, era muy capaz de decir que amaba a Cristo de esa manera, y lo hubiera dicho sin pensarlo dos veces; incluso alcanzó a decir que lo seguiría hasta la muerte (Mateo 26:33).

¿Por qué Cristo le hizo esa pregunta a Pedro? Porque uno se sacrifica y entrega todo por el ser amado. Mientras Pedro no reconociera su pecado, se arrepintiera, y verdaderamente amara a Jesús con toda su mente, con toda su alma y todas sus fuerzas, él jamás sería capaz de sacrificarse así mismo.

El amor por Dios por encima de todo es lo que lleva a los creyentes a servirle con gozo y con regocijo, incluso hasta el punto de estar dispuestos a convertirse en mártires por causa de Él. Este fue el caso de Policarpo (70-155 d. C.) quien, según la tradición, fue quemado en la hoguera por causa del Señor. Policarpo era el líder de la iglesia de Esmirna y fue quemado vivo por negarse a ofrecer incienso y adorar al emperador romano Antonio Pío. Policarpo fue mártir a la edad de 86 años.

Si nos damos cuenta, lo que más caracteriza al mundo en el cual vivimos —desde la caída de Adán y Eva—, es la falta de amor o, mejor dicho, el odio hacia Dios y hacia todos sus representantes sobre la tierra. Consciente o inconscientemente, el mundo rechaza todo lo que Dios le pide. No quiere oír, no quiere saber de Dios (Juan 3:20); y si el mundo es confrontado por su pecado, este luego persigue a quienes le confrontan.

En el mundo impera el amor al *yo*. Este solo piensa en sus deseos, en sus pasiones, sus metas, sus logros, sus bienes, sus familias, sus tesoros, y lo que más ama el mundo es su pecado, todo esto en el mundo está por encima de Dios, y de su Palabra. La Biblia nos muestra cómo es el carácter del hombre en estos tiempos.

> «Pero debes saber esto: que en los últimos días vendrán tiempos difíciles. Porque los hombres serán amadores de sí mismos, avaros, jactanciosos, soberbios, blasfemos, desobedientes a los padres, ingratos, irreverentes, sin amor, implacables, calumniadores, desenfrenados, salvajes, aborrecedores de lo bueno, traidores, impetuosos, envanecidos, amadores de los placeres en vez de amadores de Dios» (2 Timoteo 3:1-4).

Como vemos, lo que caracteriza a los incrédulos es la falta de amor hacia el prójimo. Estos son amadores de sí mismos, y amadores de los deleites más que de Dios, y todos los demás pecados que ellos practican son consecuencia de su falta de amor por Él. Aquí era donde se encontraba Pedro, y por eso traicionó a Cristo; y con Pedro se pueden identificar muchos, aun siendo creyentes.

Muchos se jactan y se creen más de lo que son. Otros son ingratos con aquellos que los han servido, aborrecen lo bueno, desean aquello que Dios aborrece, y se envanecen fácilmente por las cosas materiales.

Cuando Cristo le preguntó por tercera vez a Pedro, «¿me amas?» ¿Cómo contestó el apóstol a Jesús? Él le contesto: «Señor tú lo sabes todo». Pedro apeló a la omnisciencia de Cristo para decirle qué tanto realmente él lo amaba. Tuvo que apelar a su omnisciencia, para que Cristo supiera su verdadero amor por él, porque de su boca no podía salir el gran amor que había proclamado tenerle anteriormente.

Pedro había declarado tener por Jesús un amor incondicional, un amor que no tendría temor a la muerte, él había dicho que estaba dispuesto incluso a dar su vida por Cristo. Él había declarado total rendición, obediencia y entrega por el evangelio, y por su Salvador, pero había fallado.

> «Entonces Pedro, respondiendo, le dijo: Aunque todos se aparten por causa de ti, yo nunca me apartaré. Jesús le dijo: En verdad te digo que esta misma noche, antes que el gallo cante, me negarás tres veces. Pedro, respondiendo, le dijo: Aunque todos se aparten por causa de ti, yo nunca me apartaré. Jesús le dijo: En verdad te digo que esta misma noche, antes que el gallo cante, me negarás tres veces. Pedro le dijo: Aunque tenga que morir contigo, jamás te negaré. Todos los discípulos dijeron también lo mismo» (Mateo 26:33-35).

Después de que Cristo le profetizara a Pedro que tanto él como los demás se apartarían de él durante la persecución, en ese momento, él se sintió tan empoderado y fuerte, que le dijo a Jesús, al Dios hecho hombre, que Él estaba equivocado. Es como si le dijera: «Tú estás equivocado Jesús, ¡mi amor por ti es incondicional!».

Hoy día, si un pastor negara públicamente a Cristo, o tergiversara el evangelio para evitar persecución cuando se vea confrontado por la ley o por no creyentes que lo atacaran por predicar el evangelio, lo más probable es que su reputación fuera desacreditada y perdiera el respeto de la iglesia. Hoy en día, probablemente Pedro hubiera sido rechazado y descalificado del ministerio. Los hermanos de la iglesia lo hubieran juzgado, condenado, y finalmente desechado para siempre.

Pero esto no fue lo que hizo Cristo. Él tomó a Pedro, aun siendo un hombre indigno del llamado de Dios: un hombre pecador, traicionero, volátil, mentiroso, cambiante, y lo vuelve una **roca**. Cristo hizo de Pedro un hombre transformado y sólido en la fe. No dejó de ser un hombre imperfecto, pero fiel a Jesús. Cristo no desechó a Pedro, aun cuando su amor por Él no estaba donde debía estar todavía. Cristo le mostró a Pedro cómo el poder de Dios sería perfeccionado en él, dejando atrás su pecado y su debilidad.

En este estado emocional, estando Pedro todavía quebrantado y apartado de Cristo, es que el Señor le ordena que cuide de sus ovejas. Por tercera y última vez Cristo le pregunta por tercera vez, ¿Pedro me *fileas*? o ¿Pedro me quieres?

Ahora Cristo hace la pregunta usando un nivel de amor inferior. Ya le había preguntado dos veces usando la palabra *ágape*, pero ahora utiliza la palabra *filia*. Tal parece que Cristo ahora está poniendo en duda aún el amor *filia*, el amor que Pedro ahora dice tener por Jesús. Las obras de Pedro no demostraban ni siquiera este tipo de amor.

> «Le dijo por tercera vez: Simón, hijo de Juan, ¿me quieres? Pedro se entristeció porque la tercera vez le dijo: ¿Me quieres?» (Juan 21:17).

Esta tercera pregunta de Jesús fue la que tocó el corazón de Pedro: él se entristeció porque Cristo estaba cuestionando aún el amor *fileo*, el que él decía tenerle. Las tres veces Cristo urge a Pedro a que apaciente sus corderos y ovejas. Era como si Cristo le estuviera diciendo: «No más pesca, tu trabajo no está con los peces, tu trabajo es ser pescador hombres, cuidar de mis ovejas y llevar el evangelio por todo el mundo. Ya te he sacado de allí, no vuelvas a tu antigua vida de perdición. Ve y cumple el propósito para el cual yo te llamé».

> «En verdad, en verdad te dijo: cuando eras más joven te vestías y andabas por donde querías; pero cuando seas viejo extenderás las manos y otro te vestirá, y te llevará adonde no quieras. Esto dijo dando a entender la clase de muerte conque Pedro glorificaría a Dios. Y habiendo dicho esto, le dijo: Sígueme» (Juan 21:18-19).

Increíblemente, Cristo le declara a Pedro aquí que iba a ser martirizado por Él, declarándole el tipo de muerte que iba a tener. Esta expresión de «extenderás tus manos», era asociada a la crucifixión. Cristo le dijo, Pedro tú vas a morir crucificado como yo. Tú vas a sufrir como yo también sufrí.

Hay una pregunta interesante aquí: ¿Por qué Cristo reveló a Pedro la forma como él moriría? Cristo le mostró a Pedro que precisamente en donde él había fallado en el futuro sería victorioso. En el área en donde él había pecado él después sería un gran paladín: un día no tendría miedo de ser crucificado para la gloria y honra de Dios. Dios usó la propia negación de Pedro para preparar su corazón para lo que vendría en el futuro, y entonces ya no volvería a cometer el mismo pecado.

Cristo quería mostrar a Pedro que la próxima vez que él fuera confrontado con el mismo reto ya no negaría a Jesús, sino que sería martirizado y muerto por el evangelio. El propio fracaso de Pedro sirvió para restaurar su fe y su confianza en Dios. Cristo estaba asegurando a Pedro que Él le daría la fuerza para caminar toda la vida con Él, y que ciertamente cumpliría totalmente con el ministerio al que fue llamado.

La historia dice que Pedro murió crucificado durante el reinado del emperador romano Nerón (alrededor del año 64 d. C.); y dice también que él se sintió tan indigno de morir como su Señor, que pidió ser crucificado de cabeza. Donde antes había temor de morir, ahora había un corazón dispuesto, un corazón como el de Jesús, dispuesto a padecer lo necesario por amor a Dios. Pedro perdió el temor de morir por Cristo, y ganó la corona de vida con su muerte. Después de todo esto, para Pedro —así como con Pablo—, el vivir era Cristo, y el morir, ganancia (Filipenses 1:21).

Luego Cristo, después de decirle la forma en que iba a morir, agregó: «Sígueme». En otras palabras: «Lo único que tienes que hacer es seguirme. Deja de preocuparte, yo me encargaré de transformarte, solo sígueme, obedéceme, créeme a mí».

> «Pedro, volviéndose, vio que les seguía el discípulo a quien Jesús amaba, el que en la cena se había recostado sobre el pecho de Jesús y había dicho: Señor, ¿quién es el que te va a entregar? Entonces Pedro, al verlo, dijo a Jesús: Señor, ¿y este, qué? Jesús le dijo: Si yo quiero que él se quede hasta que yo venga, ¿a ti qué? Tú, sígueme» (Juan 21:20-22).

Pedro se dio cuenta de que estaba ahí Juan, y le dice: «Señor ¿y Juan?», ¿acaso Juan no va a morir también crucificado o martirizado? ¿Acaso seré yo el único que sufriré esto? Cristo básicamente le respondió: «Si yo decido que Juan viva hasta mi segunda venida, ¿qué a ti? Yo te estoy hablando a ti, Pedro, tú sígueme, enfócate en mí. Olvídate del plan que tengo para Juan, o para los demás discípulos». De igual manera nosotros debemos poner nuestros ojos en Cristo, y en hacer la voluntad de Dios para nosotros, la cual es diferente para cada uno. Es como si Cristo le dijera a Pedro: «Tú sígueme a mí, y deja que cumpla el plan que tengo contigo; para Juan yo tengo *otro* plan diferente».

> «Por eso el dicho se propagó entre los hermanos que aquel discípulo no moriría; pero Jesús no le dijo que no moriría, sino: Si yo quiero que se quede hasta que yo venga, ¿a ti, qué?» (Juan 21:23).

Esto causó que surgiera un rumor entre los hermanos respecto a que Juan viviría para siempre. Es increíble lo fácil que es mal interpretar o tergiversar la palabra de Dios. Recordemos que Juan fue el que escribió este evangelio años después, y él mismo tenía claro el mensaje de Cristo: que el Señor —en esta conversación que tuvo con Pedro— estaba simplemente usando una hipérbole.

> «Este es el discípulo que da testimonio de estas cosas y el que escribió esto, y sabemos que su testimonio es verdadero. Y hay también muchas otras cosas que Jesús hizo, que, si se escribieran en detalle, pienso que ni aun el mundo mismo podría contener los libros que se escribirían» (Juan 21:24-25).

El apóstol Juan da validez a su propio evangelio, pues se trata de su testimonio. Dice que es verdadero ya que él había visto y vivido todas las cosas que están allí descritas. Hay tantas maneras en que Juan pudiera haber terminado su evangelio; sin embargo, lo hizo narrando la conversación que Jesús tuvo con Pedro. Y al hacerlo así, nos está diciendo a todos que, aun cuando hubiéremos pecado contra Dios, Él es poderoso para restaurarnos y cumplir su obra en nosotros. Dios es poderoso para restaurarnos y hacer que se haga su voluntad en nosotros. Así también, dice el apóstol Pablo:

> «Estando convencido precisamente de esto: que el que comenzó en vosotros la buena obra, la perfeccionará hasta el día de Cristo Jesús» (Filipenses 1:6).

La aplicación de este versículo está ejemplificada en la vida de Pedro, y espero que este libro te esté ayudando a ver este perfeccionamiento del Señor en propia tu vida. Si se documentara toda tu vida de principio a fin, uno pudiera llenar más de 300 bibliotecas escribiendo cada pensamiento, y cada historia que haya pasado en tu vida.

Si se documentara todo lo que Cristo fue, es y será no habría espacio para los libros en este planeta, porque Él es eterno, y no depende del tiempo que está establecido para los seres humanos; por tanto, si se escribieran todas las cosas que Él ha hecho y que hará, los libros resultantes de tales escritos no cabrían en un planeta tan efímero y pequeño como el nuestro. Pido a Dios que tu fe sea puesta en este Jesús, en el verdadero y único que es digno de recibir toda gloria y honor.

Si tu mirada está puesta en otra cosa, o en otra persona que no sea Cristo, te encarezco que quites tu mirada de ahí, que mires hacia el cielo, que abras tus ojos y que clames a Él. Confía siempre que Él escucha y está atento al clamor de cada uno de nosotros. Nunca dudes, aún en la peor de las circunstancias de tu vida, recuerda que Jesús pasó por la peor prueba de todas, y que su triunfo en la cruz nos ha librado del juicio eterno. Recuerda también que todo lo de este mundo es efímero y temporal. Dios conoce tu necesidad, Dios conoce tu dolor; sin embargo, Dios te tiene ahí por alguna razón. Solo mira a Cristo, donde quiera que te encuentres en tu fe, pon tu mirada en los cielos, y no mires a ningún otro lugar. Recuerda lo que la Biblia nos ordena:

> «Puestos los ojos en Jesús, el autor y consumador de la fe, el cual por el gozo puesto delante de él sufrió la cruz, menospreciando el oprobio, y se sentó a la diestra del trono de Dios» (Hebreos 12:2).

Capítulo XI

LA APARICIÓN SOBRE EL MONTE EN GALILEA

Hemos visto ya múltiples apariciones de Cristo después de la resurrección, empezando por María Magdalena hasta la aparición a los siete discípulos en el mar de Tiberias. Ahora veremos una nueva aparición a los once. En esta ocasión, Jesús se aparece a ellos en el monte al que Él les había mandado ir (lo más probable después de su aparición en el mar de Tiberias). Este monte se encontraba en Galilea, lugar en donde Cristo comenzó su ministerio.

La Biblia menciona solo dos apariciones del Cristo resucitado en Galilea. Por otro lado, Juan claramente menciona que la aparición en el mar de Tiberias fue la tercera aparición a los discípulos (Juan 21:14). En el mar de Tiberias estaban solo cinco de los apóstoles (los que se mencionan por nombre) y no se conocen los nombres de los otros dos discípulos (Juan 21:2-3). Ahora estaban todos los apóstoles juntos esperando a Jesús, y probablemente había más discípulos, y aunque la Palabra no lo dice claramente, podríamos asumir que estaban las mujeres y otros discípulos de Jesús (como los discípulos del camino a Emaús, p. ej.).

Anteriormente vimos como Pedro fue confrontado por Jesús, y restaurado, y ahora todos juntos en un monte esperaban ver a su Señor otra vez. Es importante mencionar que Marcos 16:14-19 hace un resumen significativo de los eventos de la resurrección, aunque no detalla cada aparición como lo hacen los otros evangelios.

Ahora bien, si tratamos de reconciliar Mateo 28:16-20; Marcos 16:14-19; Lucas 24:44-53 y Hechos 1:6-11 (en este último pasaje es donde realmente terminan los evangelios y empieza el libro de los Hechos de los Apóstoles), parecería que se contradicen entre sí; sin embargo, en este capítulo veremos que la aparente contradicción realmente no existe. Les recomiendo tomar unos minutos y leer estos pasajes para que tengan una idea clara de lo que estaremos viendo ahora.

Al estudiar estos pasajes mencionados podemos ver que el evangelio de Lucas no habla de la segunda aparición de Cristo individualmente, ni tampoco de las apariciones del Señor en Galilea, sino que hace un resumen de las apariciones desde la primera de ellas para luego ir inmediatamente a la descripción de la ascensión de Cristo. Esta lectura parecería indicar que todo ocurrió en cuestión de unos cuantos días; sin embargo, es el mismo Lucas el único que dice —ya en el libro de los Hechos— que Jesús se apareció a los discípulos durante 40 días (Hechos 1:3). En cuanto a Marcos, él da poca información, y de Juan ya vimos cómo es que termina su evangelio. Pues bien, el único evangelista que verdaderamente detalla la aparición de Jesús en el monte de Galilea fue Mateo.

Ahora estaré hablando de uno de los mandatos más poderosos dado por Jesús a sus discípulos, el mandato que haría que todo el mundo fuera tocado por el evangelio. Este fue el mandato que movió a estos hombres a dar toda su vida por Cristo.

> «Pero los once discípulos se fueron a Galilea, al monte que Jesús les había señalado. Cuando lo vieron, lo adoraron; pero algunos dudaron. Acercándose Jesús, les dijo: Toda autoridad me ha sido dada en el cielo y en la tierra. Vayan, pues, y hagan discípulos de todas las naciones, bautizándoles en el nombre

del Padre y del Hijo y del Espíritu Santo, enseñándoles a guardar todo lo que les he mandado; y ¡recuerden! Yo estoy con ustedes todos los días, hasta el fin del mundo (Mateo 28:16-20).

El evangelio no menciona exactamente cómo se llamaba el monte. Según la tradición se trata del monte Tabor, que desde el siglo iv d. C. es el monte que se ha reconocido como el lugar de la transfiguración, y es posible que fue allí donde se encontraron (pues era un lugar conocido para ellos). El monte Tabor está ubicado a unas 10 millas al este de Nazareth, y a unas 30 al suroeste de Capernaum, que era donde vivía Pedro, y donde probablemente se estaban quedando los discípulos cuando se les apareció Jesús en el mar de Tiberias. Este monte también está de camino a Jerusalén, y fue en Jerusalén donde luego ellos vieron a Cristo por última vez, antes de su ascensión.

Cuando los discípulos vieron a Cristo, ellos inmediatamente lo adoraron, pero había dudas dentro de ellos. ¿Qué dudas podrían ser? Ellos no podían dudar de la resurrección ya que todos estaban viendo a Cristo resucitado. No podían dudar del poder de Cristo, pues les mostró que tiene poder aun sobre la muerte. No podían dudar de su Palabra, ya que todo lo que había dicho anteriormente se había cumplido.

Por el contexto (por el mandato que les da Cristo), lo más probable es que ellos tenían dudas de cuál sería el próximo paso. Ellos estuvieron caminando entre Jerusalén y Galilea, y luego regresaron una vez más a Jerusalén; su Maestro se aparecía de vez en cuando, y luego se desaparecía por una semana o dos. Ellos realmente no sabían qué era exactamente lo que tenían que hacer. Algunas de las dudas que ellos probablemente tenían eran estas: «¿Y ahora qué haremos? ¿Cuál es el próximo paso a seguir?» O quizás pensaban: «¿Seré capaz de completar este ministerio? ¿Podré seguir a Cristo y llevar a cabo lo que Él ha mandado?»

Este mandato no era exactamente lo que ellos tenían en mente cuando decidieron seguir al Mesías. Ellos esperaban posiciones de poder, no de persecución; esperaban honra, no humillación; esperaban riquezas, no pobreza; esperaban una vida abundante, no la muerte. Todo esto traía dudas de si realmente ellos querían esta vida, o si tendrían la fuerza y la voluntad de realizar esta tarea.

La duda consistía en no saber qué hacer. La indecisión y la falta de un camino claro tiende a crear mucha ansiedad en nuestros corazones. Si tienes incertidumbre de si tendrás o no trabajo mañana, o si podrás o no proveer para tu familia esto te producirá ansiedad. Quizás dudas si estas capacitado para el ministerio que Dios te ha ordenado realizar. La duda según el diccionario de Oxford es: «vacilación o falta de determinación ante varias posibilidades de elección sobre creencias, noticias o hechos».

Creo que no existe una persona que en algún momento de su vida no haya dudado en cuanto a qué decisión tomar. ¿Y qué de ti mismo? Quizás tuviste dudas cuando empezaste a caminar con Cristo, quizá respecto a cosas que están escritas en la palabra de Dios que te llevaron a dudar de su bondad, por ejemplo, ¿por qué Dios mandaría la matanza de niños en el Antiguo Testamento? (1 Samuel 15:3-4) ¿Porqué, por el pecado de un hombre como David, Dios mandó un espíritu que mató a miles de personas? (2 Samuel 24:25) Si Dios es todopoderoso ¿por qué no salva a todo el mundo?

Hay muchas preguntas que podríamos hacer que pudieran hacer vacilar nuestra fe si no conocemos al Dios que servimos y el propósito que tenemos que cumplir en esta vida. Lo contrario a la duda es la certeza, la confianza, la decisión. Así debe ser nuestra fe en Dios, que, aunque no entendamos bien muchas cosas, no dudemos de su plan, estemos confiados, y creamos con certeza que Él ha decidido hacernos a la imagen de su Hijo.

> «Estoy convencido precisamente de esto: que el que comenzó en ustedes la buena obra, la perfeccionará hasta el día de Cristo Jesús» (Filipenses 1:6).

Estos discípulos, a pesar de toda la evidencia dada por Cristo, y del sostenimiento claro que Él les había prometido, aun así, dudaban de si realmente querían hacer esta tarea o de si podrían realizar el ministerio al que Cristo les estaba llamando. Recordemos que estos discípulos no se imaginaban que ellos serían enviados por el mundo a predicar las buenas nuevas de la resurrección. Para ellos Cristo vendría a reinar literalmente de una vez, y lo haría en cualquier momento (o muy pronto).

Me parece interesante que, al examinar nuestro corazón, encontremos cómo la incertidumbre o duda puede abrumarnos aun teniendo a Cristo delante nuestro. Es increíble como, aun teniendo a Jesús frente a nosotros y viendo su cuerpo resucitado, aun así, nuestra fe pueda fallar. Y si eso sucedió con estos discípulos, ¿qué será de nosotros que nunca hemos visto a Cristo con nuestros ojos físicos? ¿Acaso tenemos esperanza?

Muchas personas ni viendo creen, y aun teniendo delante de ellos evidencias irrefutables, dudan. La verdad es que no somos omniscientes, no lo sabemos todo, y por ello, no podemos saber con total certeza si cumpliremos a cabalidad una misión que nos ha sido encomendada. Esta duda la tuvo Pedro, por eso es que se volvió a su antigua vida; ahora otros de los discípulos también estaban pasando por lo mismo.

¿Cuántos de nosotros hemos dudado de la palabra de Dios? ¿hemos dudado de nuestra salvación? ¿De nuestro llamado? Aun cuando su Palabra está clara delante de nosotros —como lo fue con estos discípulos—, nuestra pecaminosidad nos hace dudar. No obstante, con todo, estos discípulos estaban obedeciendo la voz de Cristo, estaban con Él, estaban ahí, tratando de hacer la voluntad de Dios. Dios no nos llama a tener todas las respuestas, y mucho menos si estamos empezando nuestra vida como creyentes; sin embargo, nos ordena que tengamos fe, que creamos que Él es quien dirigirá nuestros pasos para hacer su voluntad.

Esta duda (la de si eran capaces de realizar o no la tarea que Cristo les estaba encomendando) fue disipada por el Señor cuando les dijo: «Toda autoridad me ha sido dada en el cielo y en la tierra» (Mateo 28:18). En otras palabras, lo que Jesús les estaba diciendo era esto: «Yo tengo el control sobre ustedes y sobre todo lo que pasa en el mundo». Él tiene la autoridad, el poder sobre el bien y el mal en este planeta, en el universo, y todo lo creado.

La antigua potestad de satanás

Es interesante pensar que bíblicamente satanás tiene autoridad sobre este mundo (Juan 14:30; Juan 12:31-33; Efesios 2:1-3). Él es el príncipe de este mundo y tiene por el momento autoridad en esta tierra y en los aires, pues esa fue la autoridad que usurpó de Adán debido al pecado. Sin embargo, él no actúa por sí mismo, y tampoco tiene poder absoluto sobre la tierra. Él tampoco tiene poder para atacar a un discípulo de Cristo sin el permiso de Dios (Lucas 22:31-32). Satanás debe presentarse ante Dios y pedir permiso para aquello que tiene planeado hacer; no obstante, tiene libertad condicional para hacer lo que quiera hacer en esta tierra, especialmente en lo que concierne a los incrédulos.

¿Quién creo a satanás? Dios. Dios entregó la autoridad que fuera de Adán a satanás, incluso, Cristo mismo se refirió muchas veces a satanás como el príncipe de este mundo; sin embargo, siendo el príncipe de este mundo, no tiene autoridad por encima del Rey, Cristo Jesús.

«Ya está aquí el juicio de este mundo; ahora el príncipe de este mundo será echado fuera» (Juan 12:31).

También es mencionado en Juan 14:30, 16:11, y Pablo lo menciona como el príncipe de la potestad del aire en Efesios 2:2. Cuando Cristo estaba en el desierto, satanás le ofreció todos los reinos del mundo con la condición de que lo adorara (Mateo 4:8-9). Con estos versículos podemos darnos cuenta del poder que tiene satanás sobre todas las naciones del mundo.

No nos debe sorprender entonces que lo que reina en este mundo es el pecado, que los gobernantes se aparten de Dios, y hagan cosas contrarias a la ley de Dios. No nos debe sorprender que nieguen al Creador y cambien la verdad de Dios por la mentira. Satanás es quien ha influenciado este mundo usando sus tácticas de engaño y falsedad, buscando destruir la imagen de Dios en cada nación de esta tierra.

Satanás influencia a las naciones al alcoholismo, a la mentira, a la sexualidad perversa, al adulterio, a los celos, a las iras y contiendas, al homicidio, a la lujuria, a las drogas, a la avaricia, al egoísmo, al homosexualismo. En nuestros días satanás engaña a la gente haciéndole pensar que Dios se equivocó con su género y que debe empeñarse en cambiar su identidad sexual. Con todo esto, satanás trata de causar la máxima destrucción de la imagen de Dios en la humanidad para que sea tan inmunda como él, y así no herede la vida eterna (Gálatas 5:16-21). Satanás quiere que el ser humano se convierta a su imagen y semejanza. Él sabe muy bien que, llenando nuestra mente de esto, las naciones aborrecerán a Dios y traerán condenación sobre sí mismas.

Él utiliza todas las formas posibles para influenciar nuestro corazón, a fin de que sigamos los designios de la carne, esto es, de nuestros deseos, de nuestros deleites, de las cosas que queremos, de las cosas temporales que la carne anhela. El corazón, por causa de su naturaleza caída (heredada de Adán y Eva), es engañoso y perverso más que todas las cosas (Jeremías 17:9); por tanto, cuando no tenemos el espíritu de Dios en nosotros, es extremadamente fácil escuchar la voz del enemigo y obedecerlo en todo lo que este nos sugiere. Cosa que no sucede con las ovejas del Señor que caminan en obediencia, pues ellas reconocen la voz de su Pastor (Juan 10:27-28).

Satanás influye en todas las naciones y en casi todos los reyes, presidentes o gobernantes de este mundo, para que hagan su voluntad y se revelen contra Dios. Estos toleran y promueven políticas sociales que permiten el libertinaje sexual, el divorcio, el asesinato de bebés o el aborto, etc. Los gobernantes y autoridades de este mundo aplauden el pecado y atacan a los que quieren hacer el bien. Satanás no es omnisciente, pero usa el sistema del mundo para que los dardos o flechas hieran o invadan nuestra mente y nos aparten de Dios. Así fue como incitó a David a pecar contra Dios, como lo podemos constatar en 1 Crónicas 21:1, en donde dice: «Y se levantó Satanás contra Israel e incitó a David a hacer un censo de Israel».

No podemos negar la autoridad y el poder que Dios ha otorgado a satanás sobre este mundo. Ninguno de nosotros como humanos tiene la capacidad, la fortaleza, el poder, la destreza, la sabiduría e inteligencia que posee satanás, por esto es imposible que, en nuestras fuerzas, podamos vencerle. Por la misma razón, ninguno que no sea un hijo o una hija de Dios puede resistir a la tentación del pecado; y lo que ofrece el sistema de este mundo siempre le parecerá sumamente atractivo.

Es como si David fuese a pelear con Goliat con sus propias fuerzas, sin tener la ayuda de Dios. Es prácticamente imposible que un adolescente de entre 13 a 19 años (1 Samuel 17:55-56) como lo era David, que no tenía ni edad para pelear en la guerra (Números 1:3), venciera a un hombre de tres metros de altura con una piedra del arroyo. Goliat era un gigante experto en batalla, y por más diestro que David haya sido, era imposible que pudiera vencerle así nada más. Definitivamente la mano de Dios intervino ahí.

Cristo proclamado como el dueño de todo

La victoria que tenemos no descansa en nuestra destreza o capacidad, sino en el poder del Espíritu de Dios que obra en nosotros. En Mateo 28:18 (junto con otros versículos que ya he mencionado en este libro, p. ej. Juan 10:10), Cristo está diciendo a los discípulos (paráfrasis): «Yo tengo ahora toda autoridad. Satanás tiene el imperio de la muerte, yo el imperio de la vida. Satanás ha venido para destruir, yo para salvar, satanás quiere destruir la imagen de Dios, yo quiero restaurarla».

Esa autoridad de Cristo todavía no está en total efecto, ya que el príncipe de este mundo —satanás— sigue suelto, y continúa haciendo su maldad en el mundo. Satanás todavía no ha sido encarcelado; sin embargo, vendrá un día en que lo será. Dice el libro de Apocalipsis que satanás será atado por mil años (esto ocurrirá en la segunda venida de Cristo según Apocalipsis 20:2-3).

Cristo es como un presidente que ha ganado las elecciones, pero que está esperando el día en que tome las riendas del gobierno. Este «cambio oficial» está ya descrito en el libro de Apocalipsis. En Apocalipsis 5 leemos lo que sucederá en aquel día glorioso en el cual Cristo por fin quitará el poder de las tinieblas al diablo, y vendrá un nuevo gobierno; un gobierno glorioso, con un Rey Eterno que restaurará el mundo: aquel Cordero que es digno de abrir el libro, el libro que tiene el certificado de propiedad de la tierra.

> «Y vi en la mano derecha del que estaba sentado en el trono un libro escrito por dentro y por fuera, sellado con siete sellos. Y vi a un ángel poderoso que pregonaba a gran voz: ¿Quién es digno de abrir el libro y de desatar sus sellos? Y nadie, ni en el cielo ni en la tierra ni debajo de la tierra, podía abrir el libro ni mirar su contenido. Y yo lloraba mucho, porque nadie había sido hallado digno de abrir el libro ni de mirar su contenido. Entonces uno de los ancianos me dijo: No llores; mira, el León de la tribu de Judá, la Raíz de David, ha vencido para abrir el libro y sus siete sellos. Miré, y vi entre el trono (con los cuatro seres vivientes) y los ancianos, a un Cordero, de pie, como inmolado, que tenía siete cuernos y siete ojos, que son los siete Espíritus de Dios enviados por toda la tierra. Y vino, y tomó el libro de la mano derecha del

que estaba sentado en el trono. Cuando tomó el libro, los cuatro seres vivientes y los veinticuatro ancianos se postraron delante del Cordero; cada uno tenía un arpa y copas de oro llenas de incienso, que son las oraciones de los santos. Y cantaban un cántico nuevo, diciendo: Digno eres de tomar el libro y de abrir sus sellos, porque tú fuiste inmolado, y con tu sangre compraste para Dios a gente de toda tribu, lengua, pueblo nación. Y los has hecho un reino y sacerdotes para nuestro Dios; y reinarán sobre la tierra» (Apocalipsis 5:1-10).

Cristo les habló a los discípulos en tiempo presente. Les dijo que toda autoridad le había sido dada, y eso es totalmente cierto. Las profecías en la Biblia muchas veces son dadas en tiempo presente, o como un hecho que ya ocurrió, ya que es imposible que no suceda aquello que ya ha sido decretado por Dios. Por tanto, lo que Dios ha dicho se da por hecho, como si hubiese sido cumplido hoy mismo. Dios es quien declara el fin desde el principio (Isaías 46:10), y aquí vemos cómo le fue declarado al apóstol Juan el día en el cual Jesús tomaría las riendas del gobierno de este mundo.

Juan fue el único de los apóstoles que tuvo la bendición de ser testigo del día en el cual Cristo tomaría ese libro para abrirlo, y en ese momento, Cristo tomó la tierra como propiedad suya, decretando los juicios sobre las naciones que ocurrirían, antes de su venida.

Ante el panorama de que no existía ninguno digno de abrir el libro y desatar los sellos, Juan comenzó a llorar. Él sabía lo importante que era que ese libro fuese abierto y que se cumpliese lo dicho por el Señor respecto a los juicios de este mundo, porque entonces podría tener lugar la segunda venida de Cristo, y el Señor por fin se establecería como Rey sobre todo. Fue entonces que, en medio de este panorama sombrío, Juan vio a un Cordero como inmolado (sacrificado): ¡Este es el único digno de abrir el libro y desatar los sellos (que son los juicios de Dios)! Así, una vez que este libro fuera totalmente abierto, Jesús se establecería como el dueño y supremo gobernante de todo; Él vendría a reinar y gobernar la tierra con vara de hierro (Apocalipsis 2:27), en su gloriosa venida.

¿Por qué el ser humano, cuando recibe autoridad abusa de ella? Porque no la usa para la gloria de Dios sino para su propia gloria; y al buscar su propia gloria, los gobernantes se destruyen a sí mismos y a sus pueblos. En los libros de 1 y 2 Reyes se mencionan 38 reyes; y de estos solo cinco agradaron a Dios en alguna manera. La nación israelita era la nación escogida por Dios, y a esta le fue confiada la Sagrada Escritura para que sus ciudadanos siguieran al Dios vivo. Sin embargo, ellos fallaron. Y si estos reyes, quienes tenían la Palabra de Dios, fallaron, ¿que habrá sido de los demás reyes de la tierra que no tenían ningún conocimiento de Dios?

Pudiendo hacer lo bueno, los monarcas mencionados en 1 y 2 Reyes casi siempre hicieron lo malo; esa fue la historia que fue repitiéndose una y otra vez a través del tiempo (1 Samuel 8:11-22). Ahora bien, sucede en nuestros días, en tiempos de elecciones, que los ciudadanos de los países depositan su fe en un hombre, y no en el Dios que pone y quita reyes. Y luego, cuando el gobernante elegido se ha sentado en el trono de autoridad, este se gloría y se envanece. Sin embargo, el hombre no fue designado por Dios para recibir ninguna gloria, y cuando la recibe, lo único que esto ocasiona es que se envanezca su corazón y se aparte de Dios. Solo hay uno que es digno de recibir toda la gloria y autoridad: el Cordero de Dios, Jesucristo (Apocalipsis 4:11). Él es el único que es digno de toda gloria, porque Él y solo Él venció a la muerte en la cruz. Hay uno solo que, teniendo el poder supremo, estuvo dispuesto a vivir durante 30 años en el anonimato, y no hizo uso de sus derechos para perseguir ningún beneficio meramente personal. Asimismo, durante los tres años y medio de su ministerio, no buscó su propia gloria sino la gloria del Padre. También, solo hay uno que, teniendo el poder supremo, se sometió a la autoridad de este mundo, y cumplió toda la ley que Él mismo había dado a Moisés.

Cristo es el único digno, y por ello es el único que puede decir: «Toda autoridad me ha sido dada en el cielo y en la tierra». Cristo es quien es digno de abrir el libro, y es el único digno de adoración. Aun todos aquellos que estaban en el cielo, y todos los ángeles, doblaron sus rodillas ante el Cordero mientras Él abría el libro. El título de propiedad de la tierra le fue quitado a satanás.

Llamados a hacer discípulos

La duda de estos hombres hizo que Jesús les asegurara que a Él le había sido dada toda la autoridad. Y lo mismo nos dice a nosotros, por eso no tenemos por qué dudar de si podremos o no cumplir el propósito de Dios en esta vida. Cristo venció el imperio de la muerte, Él es el Cordero digno e inmolado, quien nos sostiene con su diestra de poder. Este poder dado desde el cielo es el poder del Espíritu Santo, y mediante ese poder, Dios nos sostendrá para hacer su obra aquí. Así que, seguidamente, Cristo dice:

«Vayan, pues, y hagan discípulos de todas las naciones, bautizándolos en el nombre del Padre y del Hijo y del Espíritu Santo, enseñándoles a guardar todo lo que les he mandado; y ¡recuerden! Yo estoy con ustedes todos los días, hasta el fin del mundo» (Mateo 28:19-20).

Jesús dio este mandato a estos hombres comunes, quienes incluso habían dudado de su llamado, ¡aun después de verlo resucitado! Estos hombres habían desertado de las filas de Cristo, lo negaron, lo abandonaron; sin embargo, con todo y eso, Cristo los mandó a que llevasen su mensaje. Jesús les mandó hacer lo que Él mismo había hecho durante todo el tiempo de su ministerio.

A ellos les fue encomendada la tarea de llevar el evangelio. A mí también me fue encomendada esta tarea, y si tú has creído en Cristo, a ti también te fue encomendada. Nosotros fuimos llamados por Aquel que tiene toda autoridad, a predicar al mundo las buenas nuevas de salvación.

«¿Cómo, pues, invocarán a aquel en quien no han creído? ¿Y cómo creerán en aquel de quien no han oído? ¿Y cómo oirán sin haber quien les predique? ¿Y cómo predicarán si no son enviados? Tal como está escrito: ¡Cuán hermosos son los pies de los que anuncia el evangelio del bien!» (Romanos 10:14-15).

Debemos guiar a otros que están empezando a caminar por el camino de la fe, y dejarnos guiar por aquellos que ya son maduros espiritualmente, y aprender de ellos. La tarea de hacer discípulos no solo consiste en predicar a la gente para que se arrepientan, sino también en enseñarles, como se enseña a un estudiante de primaria hasta que se gradué de la universidad.

Todo discípulo debe crecer en la fe, debe aprender a conocer la Palabra, a cómo vivir por ella, a amarla, a conocer lo que Dios le ha revelado mediante ella, y a ser como Jesús siguiendo su ejemplo. Cristo es el modelo, y cada uno de los discípulos es un imitador de Él. En 1 Corintios 11:1 Pablo dijo: «Sed imitadores de mí, como también lo soy yo de Cristo». En otras palabras, en aquello que yo soy como Jesús, imítame a mí, decía Pablo. Un evangelio sin hechos es un evangelio muerto, y para poder enseñar a otros tenemos que vivirlo primero.

Cristo encarnó la Palabra de Dios a la perfección, y a través de Él nosotros podemos ver claramente cómo Dios quiere que vivamos. Cristo ordenó a todos sus seguidores a que hicieran discípulos de todas las naciones; es decir, Jesús hizo a la Iglesia responsable de llevar el mensaje de salvación a todas partes del mundo; sin embargo, no le dio el mandato sin darle el poder para cumplirlo, pues al mismo tiempo ella tendría el apoyo total de Dios para este ministerio. Es por ello también que el bautismo es en el nombre del Padre, del Hijo y del Espíritu Santo, pues las tres personas de la Trinidad están involucradas en el proceso de salvación, y por esta autoridad de Dios es que el creyente —sin merecer la gracia y perdón de Dios—, es aceptado como hijo adoptivo del Todopoderoso (Juan 1:12).

Nosotros como discípulos de Cristo —aunque no seamos pastores, o tengamos una posición ministerial—, hemos sido llamados a su vez a hacer discípulos, y esto incluye a los hijos, los amigos, los compañeros de trabajo, etc. Estamos llamados a imitar a Jesús y llevar el evangelio de salvación. Esto no es un «Dios te bendiga», no es orar de vez en cuando por esa persona necesitada. Este mandato no significa simplemente enterar a los compañeros de trabajo de que eres un creyente, publicar cosas cristianas en el internet, o decirle a tu comunidad y familia extendida que ahora sigues a Jesús; esto ciertamente es necesario, y es señal de que no te avergüenzas del evangelio; sin embargo, debes aprovechar cada oportunidad que se te presente para hablar a otros de Cristo, para que crean, y después sean discipulados.

Aprender para enseñar

Todos debemos ser estudiosos de la Palabra, y la razón es esta: el mandato que Cristo nos ha dado es que enseñemos a otros a guardar todo lo que Él ha mandado. Por tanto, obviamente, para poder enseñar, primero tenemos que aprender. Es necesario escudriñar, prestar atención, discernir, interiorizar las enseñanzas, pasar horas dedicadas a conocer a Dios, para luego ir y enseñar a otros.

Ningún arquitecto se atrevería a dar una clase de anatomía a un grupo de médicos, igual que un médico no se atrevería a dar una clase de cómo diseñar un edificio a unos arquitectos. Para enseñar uno necesita preparación, y eso toma tiempo, dedicación, amor y pasión por lo que estudiamos.

Pablo dijo a Timoteo: «Procura con diligencia presentarte a Dios aprobado, como obrero que no tiene de qué avergonzarse, que maneja con precisión la palabra de verdad» (2 Timoteo 2:15). Esto es algo que debemos hacer diligentemente. Ser diligente en la Palabra quiere decir leerla, memorizarla; pero también escuchar sermones, y enseñanzas, etc., todo aquello que nos ayude a llenarnos de ella. La diligencia en la Palabra nos capacitará para discipular a otros en el camino de la fe con amor y gracia. El apóstol Pedro dijo: «... estando siempre preparados para presentar defensa ante todo el que os demande razón de la esperanza que hay en vosotros, pero hacedlo con mansedumbre y reverencia» (1 Pedro 3:15b).

Una de las razones por la que estás leyendo este libro es porque sientes curiosidad por aprender de la Palabra, y esa fue la misma curiosidad que sintieron los primeros discípulos. Fue así que, gracias a ellos, y debido a que estos obedecieron al mandato de Jesús, hoy nosotros también podemos ingresar en el camino que lleva a la vida eterna; y como ellos, llevar también el evangelio por todo el mundo. El precio de llevar este evangelio ha sido alto, y mucha sangre ha sido (y continuará siendo) derramada, a fin de que la semilla de esperanza, salvación y vida eterna sea sembrada en los corazones. Cristo respalda su Palabra, Él respalda a aquellos que son valientes para obedecerlo, amarlo y seguirlo, y entregan su vida al servicio de Dios.

Él dijo claramente: «y ¡recuerden! Yo estoy con ustedes todos los días, hasta el fin del mundo». También el mismo Jesús prometió enviarnos un Consolador/Ayudador que nos guiaría a toda la verdad (Juan 16:13). Aunque no lo veamos, aunque no lo toquemos, aunque no lo escuchemos, incluso, aunque no lo sintamos, Jesucristo estará con nosotros todos los días hasta el fin del mundo. Nuestro Dios nunca nos dejará solos. Él siempre honra su Palabra; honrémosla nosotros también, y que Dios ponga en nosotros el deseo ardiente de traer a otros a los pies de Jesús.

Capítulo XII

LA ASCENSIÓN

Este es el último capítulo de este libro. En este hablaré del último momento en que Jesús caminó sobre esta tierra, antes de su partida a los cielos. Este es el momento cuando Cristo volvió a su lugar de gloria y majestad. El Dios Eterno, el cual entró en el tiempo por treinta y tres años, regresó a su trono, victorioso sobre la muerte y el pecado; recibió la corona de vida, y el dominio sobre la tierra. En ese momento también nos es asegurada la esperanza de vida eterna, la cual descansa en la resurrección de Cristo.

Antes de comenzar, creo que es importante denotar las diferencias entre el evangelio de Marcos, Lucas y Mateo respecto al asunto de la ascensión. Si alguien lee superficialmente el relato de estos tres evangelios, podría asumir que existen contradicciones. Sin embargo, en este capítulo veremos que estas «contradicciones» son realmente aparentes. Comparemos entonces el relato de Marcos y de Lucas, ya que hemos visto ya lo que dice Mateo y Juan en los capítulos anteriores.

Diferencias entre los evangelios respecto a la ascensión

«Después Jesús se apareció a los once discípulos cuando estaban sentados a la mesa, y los reprendió por su incredulidad y dureza de corazón, porque no habían creído a los que lo habían visto resucitado. Y les dijo: "Vayan por todo el mundo y prediquen el evangelio a toda criatura. El que crea y sea bautizado será salvo; pero el que no crea será condenado. Y estas señales acompañarán a los que han creído: en mi nombre echarán fuera demonios, hablarán en nuevas lenguas; tomarán serpientes en las manos, y aunque beban algo mortífero, no les hará daño; sobre los enfermos pondrán las manos, y se pondrán bien". Entonces, el Señor Jesús, después de hablar con ellos, fue recibido en el cielo y se sentó a la diestra de Dios. Y ellos salieron y predicaron por todas partes, colaborando el Señor con ellos, y confirmando la palabra por medio de las señales que la seguían» (Marcos 16:14-19).

En el capítulo 16 de Marcos tenemos el relato completo de la resurrección del Señor, pero Marcos resume aquí los eventos de una manera muy abreviada. En los primeros ocho versículos Marcos habla de las mujeres que llevaban especias aromáticas para ungir el cuerpo del Señor y de cómo se les apareció el ángel. Luego, en los versículos 9-11 Marcos menciona la aparición del Señor a María Magdalena y del testimonio de ella a los demás discípulos. Entonces Marcos menciona de paso a los discípulos de Emaús (vv. 12-13), y, por último, describe la aparición a los once discípulos (como si hubiese sido una sola aparición) —sin decir nada sobre Tomás específicamente—, y culmina con la mención breve de que Jesús fue tomado al cielo. Marcos no menciona nada respecto a la aparición de Cristo en Galilea, en el mar de Tiberias, ni de lo que sucedió en el monte de Galilea. Por tanto, si leemos únicamente el relato de Marcos, quedaríamos con la impresión de que Jesús solo se apareció ante sus discípulos una sola vez.

El evangelio de Marcos va narrando los acontecimientos rápidamente, y las historias que se incluyen son más cortas en comparación con los otros evangelios. El evangelio de Marcos no da lujo de detalles, sino que se enfoca en los eventos más cruciales. Jesús resucitó, hubo testigos, les dio el mandato de predicar el evangelio, los empoderó para el ministerio, y luego se fue al cielo. Básicamente esto es lo que Marcos resume en el capítulo 16.

LA ASCENSIÓN

En Marcos 16:14 se resumen las primeras dos apariciones de Jesús a los discípulos, ocasiones en las cuales Cristo los reprendió por su incredulidad. Estas dos apariciones fueron: cuando el Señor se apareció a los discípulos sin Tomás (Juan 20:19-23), y cuando Tomás estaba presente (Juan 20:24-28). Marcos menciona estos dos eventos como si fuesen uno solo; y después de estas dos apariciones, los discípulos no dudaron más de la resurrección de su Maestro. Luego, Marcos pasa a la Gran Comisión, la cual quizá fue pronunciada por Jesús mientras los discípulos estaban en Jerusalén, en el aposento alto, antes de la ascensión (Hechos 1:12), tal como lo relata Lucas. O bien, también podría ser que él está resumiendo lo ocurrido en el monte de Galilea (Mateo 28:18-20), este también podría haber sido el lugar en donde Cristo encomendó a sus discípulos a ir y predicar el evangelio.

Después de esto, Marcos habla de inmediato de la ascensión, de manera que parecería que ocurrió como un acto seguido después del primer encuentro de Jesús con sus discípulos (si solo leyéramos el evangelio de Marcos); sin embargo, por el evangelio de Lucas sabemos que la ascensión ocurrió en el monte de los Olivos (Hechos 1:12). Veamos ahora lo que describe el evangelio de Lucas.

«Después Jesús les dijo: "Esto es lo que Yo les decía cuando todavía estaba con ustedes: que era necesario que se cumpliera todo lo que sobre Mí está escrito en la ley de Moisés, en los profetas y en los Salmos". Entonces les abrió la mente para que comprendieran las Escrituras, y les dijo: "Así está escrito, que el Cristo padecerá y resucitará de entre los muertos al tercer día; y que en Su nombre se predicará el arrepentimiento para el perdón de los pecados a todas las naciones, comenzando desde Jerusalén. Ustedes son testigos de estas cosas. Por tanto, Yo enviaré sobre ustedes la promesa de Mi Padre; pero ustedes, permanezcan en la ciudad hasta que sean investidos con poder de lo alto". Entonces Jesús los condujo fuera de la ciudad, hasta cerca de Betania, y alzando Sus manos, los bendijo. Y aconteció que mientras los bendecía, se separó de ellos y fue llevado arriba al cielo. Ellos, después de adorar a Jesús, regresaron a Jerusalén con gran gozo, y estaban siempre en el templo alabando a Dios» (Lucas 24:44-53).

LA RESURRECCIÓN DE JESÚS

En Lucas 24:36-42 se relata que Cristo apareció a sus discípulos la primera vez (así como Marcos), y luego, en los vv. 44-49 parecería como que Cristo les da la Gran Comisión y luego asciende al cielo (narración parecida a la de Marcos). Podemos entonces notar que Lucas y Marcos resumen todos los acontecimientos después de la resurrección en un solo relato como si se tratase de una sola interacción; y Lucas aquí narra la primera aparición, la segunda y la del monte de Galilea, para seguir de inmediato con la ascensión. Por tanto, si leemos el texto sin poner mucha atención, los relatos de Marcos y Lucas podrían parecen estar en contradicción con los de Mateo y Juan. Sin embargo, esto no es así.

A diferencia de Juan 21 (que termina con la aparición de Jesús a siete discípulos en el mar de Tiberias), Mateo 28 termina en el monte de Galilea, con la Gran Comisión. Por su parte, Lucas relata una conversación que Jesús tuvo con sus discípulos antes de la ascensión en donde el Señor. les dice a sus discípulos que permanezcan en Jerusalén hasta que reciban el Espíritu Santo (Lucas 24:49). Atando algunos cabos podríamos deducir que los discípulos no estaban en Galilea en este momento, sino probablemente ya habían regresado de Galilea y se encontraban en el aposento alto en Jerusalén (Hechos 1:12). Dicho lo anterior, terminaré este libro concentrándome solamente en el recuento de Lucas —el médico e historiador— dados en su evangelio y en el libro de los Hechos, y creo que no debe haber duda de que estos fueron los hechos antes de su ascensión.

La Gran Comisión

«Después Jesús les dijo: "Esto es lo que yo les decía cuando todavía estaba con ustedes: que era necesario que se cumpliera todo lo que sobre mí está escrito en la ley de Moisés, en los profetas y en los Salmos". Entonces les abrió la mente para que comprendieran las Escrituras, y les dijo: "Así está escrito, que el Cristo padecerá y resucitará de entre los muertos al tercer día; y que en Su nombre se predicará el arrepentimiento para el perdón de los pecados a todas las naciones, comenzando desde Jerusalén. Ustedes son testigos de estas cosas. Por tanto, Yo enviaré sobre ustedes la promesa de Mi Padre; pero ustedes, permanezcan en la ciudad hasta que sean investidos con poder de lo alto» (Lucas 24:44-49).

Ya he comentado en capítulos anteriores de la interacción que Jesús tuvo con los discípulos de Emaús; de cómo Jesús les explicó todo lo que Moisés, los profetas y los salmos decían de Él, es decir, lo que el Antiguo Testamento habla sobre Él. Vimos cómo era importante que todo esto ocurriera, ya que había sido un plan orquestado por Dios desde antes de la fundación del mundo (Efesios 1:4).

Cristo les mostró la importancia de su muerte y resurrección vista desde el Antiguo Testamento. Muchos pasajes en el Antiguo Testamento hablan del Señor, pero tomemos como ejemplo el libro de Job (que es el libro que posiblemente se escribió primer). Pues bien, aún en el libro de Job, cuya historia pudiera haber tenido lugar durante el tiempo en que vivió Abraham o incluso antes, ya se expresaban vestigios del deseo de Dios del establecimiento de un Mediador entre Él y los hombres; un Mediador que pudiera restablecer la relación entre la humanidad caída y el Dios Santo.

> «Si tan solo hubiera un mediador entre nosotros, alguien que pudiera acercarnos el uno al otro. Ese mediador podría hacer que Dios dejara de golpearme, y ya no viviría aterrorizado de su castigo» (Job 9:33-34).

Y este Mediador es Cristo Jesús, quien, por su sacrificio y muerte por nosotros, reestableció nuestra relación con Dios, y quitó la pena de muerte (resultado del juicio divino) que había en nuestra contra (Romanos 5:1). La resurrección es el evento más importante del evangelio, ya que sin esta no habría evangelio, todos estuviéramos todavía en nuestros pecados (1 Corintios 15:13-17), y toda nuestra predicación —desde los apóstoles hasta ahora— habría sido en vano. Quien niega la resurrección corporal y física de Jesús se convierte automáticamente en un reo de juicio eterno, aunque crea todo lo demás que está escrito en la Biblia. *La doctrina de la resurrección* es una doctrina fundamental de la palabra de Dios, y negarla es igual que seguir en pecado y no ser un verdadero creyente (Gálatas 1:8).

El concepto del líder que tenían los discípulos

Sabemos que incluso luego de la resurrección, los discípulos no tenían una idea clara de la misión de Cristo; ellos esperaban que Jesús se convirtiera en ese momento en el rey de Israel, y libertara a la nación del yugo de Roma. Ellos no sabían tampoco el propósito que Dios tenía con ellos: que fuesen por el mundo entero a predicar el evangelio. Hasta este momento, y durante todo el tiempo que caminaron con Cristo en su ministerio terrenal, ellos no esperaban ir a las naciones paganas a predicar. Para los judíos, la salvación era solamente para Israel, y para aquellos gentiles que aceptaran convertirse en judíos. Sin embargo, Cristo claramente les dice ahora que este mensaje *empezaría* en Jerusalén, pero después sería esparcido a todo el mundo.

A pesar de esto, ellos lucharon con este concepto aún después de haber recibido el Espíritu Santo; aún después de ser testigos de la conversión de millares en el primer sermón que Pedro dio luego del Pentecostés (Hechos 2:37-41). Por ello Dios mismo tuvo que revelarle a Pedro que la salvación era para todo el mundo (Hechos 10:9-16). Pedro no había entendido que la salvación era también para los gentiles hasta que Dios lo mandó a predicar a casa de un gentil llamado Cornelio. Fue en casa de este gentil que el Espíritu Santo se derramó, y se convirtió él y toda su casa. Finalmente, después de que esto sucediera, Pedro dijo: «Ciertamente ahora entiendo que Dios no hace acepción de personas, sino que en toda nación el que le teme y hace lo justo, le es acepto» (Hechos 10:34-35).

Cristo jamás habló del establecimiento de un reino terrenal, sino de la proclamación de las buenas nuevas de salvación para todo aquel que creyera en Él. Las buenas nuevas son estas: que Dios ofrece gratuitamente perdón de pecados por medio de Cristo Jesús. Es decir, para que todo aquel que verdaderamente se arrepiente ante Dios, que cree en la muerte y resurrección de Jesús, y que reconoce que Él es el Salvador quien vino a reestablecer nuestra relación con Dios; este —mediante su gracia— recibirá el perdón de sus pecados (Juan 14:6).

Un reino espiritual en el corazón humano

Es increíble pensar que Dios nos haya amado tanto, que, siendo criaturas hechas por sus manos y vivificadas por su aliento, pero que, por causa de nuestro pecado, estábamos condenados al juicio eterno. Es increíble pensar que Él, en la persona de su Hijo, decidiera hacerse hombre y morir por nosotros en una cruz. Y no solo eso, sino que nos haya dado una posición inmerecida dentro de su reino, siendo que nosotros éramos hijos del diablo (1 Juan 3:10). Jesús, mediante su muerte, nos abrió la puerta para ser constituidos hijos de Dios. Cristo derrotó en la cruz a ese ser malévolo, quien es padre de mentira y homicida (Juan 8:44), abusivo, acusador (Zacarías 3:1-2), inmoral, engañador (Hechos 13:8-10); a ese ser lleno de odio, que gobernaba en nuestra vida, al cual adorábamos con tanto amor, siendo nosotros igual de mentirosos, fornicarios, asesinos, inmorales, adúlteros, blasfemos y ciegos a nuestro propio pecado que él; y aunque quizá aparentáramos ser buenos, éramos pecadores (2 Timoteo 3:1-5).

Nosotros no somos todos hijos de Dios sino hasta el momento en que nacemos de nuevo, pues la palabra dice en Juan 1:12 «pero a todos los que lo recibieron, les dio el derecho de llegar a ser hijos de Dios, es decir, a los que creen en su nombre».

No hay salvación fuera de Cristo, y si partimos de este mundo sin haber aceptado el regalo de la salvación, la realidad es que pasaremos la eternidad en un lugar de tormento y sufrimiento eternos (Apocalipsis 20:10). Pero el temor a este castigo no es lo que debe de movernos a acercarnos a Él, sino el deseo de estar con Él por siempre. Por tanto, nuestro deseo de estar con Cristo por la eternidad nos motiva cada día a honrar al Padre celestial por encima de todo. Y aún si el infierno no existiera, un verdadero creyente honraría al Padre de la misma manera.

Lucas 24:47 dice que el nombre de Jesús se predicaría a las naciones para el perdón de pecados. Aquí, la palabra *naciones* se traduce del griego *ethnos*, raíz de la palabra española *etnicidad*. Cristo está diciendo aquí que el mensaje de salvación se predicaría a todos los grupos étnicos del mundo. A toda lengua, raza, tribu, pueblo y nación en todos los confines del mundo.

La visión de Jesús: una visión distinta

La ascensión de Jesús es descrita principalmente en tres lugares: en el evangelio de Marcos, en el de Lucas y en el libro de los Hechos de los apóstoles. Si leyéramos solamente el pasaje de Mateo 28 (en donde Jesús les da la gran comisión mientras estaban en el monte de Galilea), uno pensaría que después de esto Cristo ascendió al cielo; pero Mateo no habla de la ascensión. Jesús ascendió al cielo desde Judea, en un lugar cerca de Betania (Lucas 24:50), cerca de donde Lázaro fue resucitado; y según Hechos 1:12, Jesús ascendió en el monte de los Olivos, cerca de Jerusalén. La distancia entre Betania y el monte de los Olivos es solo 1.6 km (1 milla).

¿Cómo podemos estar seguros de que esta fue una quinta aparición de Jesús a sus discípulos (esta vez en Jerusalén)? Cristo les dijo en Lucas 24:49 que permanecieran en la ciudad hasta que hayan recibido el Espíritu Santo, y luego los llevó a las afueras de la ciudad. En Hechos 1:13 se lee que los discípulos estaban quedándose en un aposento alto en Jerusalén (lugar a donde regresaron después de la ascensión).

> «Entonces los que estaban reunidos, le preguntaban: "Señor, ¿restaurarás en este tiempo el reino a Israel?". Jesús les contestó: "No les corresponde a ustedes saber los tiempos ni las épocas que el Padre ha fijado con su propia autoridad; pero recibirán poder cuando el Espíritu Santo venga sobre ustedes; y serán Mis testigos en Jerusalén, en toda Judea y Samaria, y hasta los confines de la tierra"» (Hechos 1:6-8).

En Hechos 1:4 se repite el mandato de Cristo de no salir de Jerusalén hasta que hubiesen recibido la promesa del Padre, esto es, el bautismo en el Espíritu Santo. Dado que se trata del mismo tema, la conversación de Jesús con sus discípulos que leemos en Hechos 1:4-6 probablemente tuvo lugar cuando Jesús les habló de la Gran Comisión. Asimismo, Lucas también, en su evangelio, les habla de lo mismo en Lucas 24:49.

Lo que podemos pensar en este caso también, es que los discípulos nunca imaginaron que Cristo se demorara en regresar —como ha sucedido hasta ahora— casi dos mil años. Ellos esperaban que Jesús se fuera y regresara pronto, mientras ellos estuviesen vivos. Es por ello que la pregunta que tenían para Él tenía mucho sentido: *«¿Acaso restaurarás en este tiempo el reino de Israel?»* Por el otro lado, esto nos informa también que el enfoque que los discípulos tenían no era la predicación del evangelio a todo el mundo, sino —este seguía siendo— la restauración de Israel como nación libre, soberana y líder del mundo. Esto es muy importante entenderlo.

La ceguera espiritual que existe sin la ayuda del Espíritu Santo es total. Sin el Espíritu es imposible discernir las verdades espirituales incluso si el mismo Jesús resucitado nos habla cara a cara (como fue el caso con los apóstoles). El plan de Cristo iba mucho más allá del pequeño territorio de Israel. En aquel entonces el área en donde había israelitas tenía quizás unos 15-20 mil km2 en total. Mientras que la superficie de la tierra tiene unos 150 millones de km2. La visión del Señor era 10 mil veces más grande que la que tenían los discípulos.

Una tarea global

Cada uno tiende a pensar de manera local. Pensamos en la cultura y en el contexto social en donde vivimos, y esto es normal. Ahora, si hoy es difícil pensar globalmente (aun con toda la tecnología y los avances en materia de globalización que han tenido lugar en las últimas décadas), es difícil imaginar la pequeñísima visión que tenían los discípulos de Cristo en aquel tiempo; y mayor aun si hablamos en términos de evangelización. Por ejemplo, si vivo en Estados Unidos, es difícil sentir carga por la salvación de las personas que viven en Sudáfrica, Mongolia, Tanzania, Tailandia, Indonesia, etc. Lugares que jamás hemos visitado y quizá jamás pensamos visitar algún día; países que apenas si sabemos que existen y cuyos nombres no mencionamos en el día a día. La verdad no lo consideramos tan importante, pues sabemos que la iglesia local tiene la gran responsabilidad de levantar el nombre de Cristo en su propio contexto social y cultural, y en el momento histórico en que le ha tocado vivir. Esto es su prioridad.

Sin embargo, creo que las misiones son también algo extremadamente importante, y las iglesias locales han sido llamadas por Dios a cooperar con la difusión del evangelio apoyando a aquellos creyentes que han decidido entregar su vida a tan importante labor. Ir al campo misionero no es un llamado para todo creyente, ya que, si fuera así, las iglesias estarían vacías, y todos los pastores se irían a las misiones. No obstante, aquellos que no estemos llamados a este ministerio, debemos apoyar a los que sí lo están, en oración y con nuestro dinero. Pero algo es seguro: todos los cristianos pertenecientes a una iglesia local debemos llevar el evangelio en el entorno donde vivimos, y ser ejemplos de fe para todo aquel que nos conoce.

Los cristianos están normalmente enfocados, atados y regidos por el tiempo, el lugar y los problemas sociales que enfrentan en su época. Esto se puede apreciar con claridad en las cartas a las siete iglesias de Apocalipsis 2 y 3. Cristo llamó a sus discípulos básicamente a ser misioneros en donde quieran que se encontraran. Ya fuera en sus casas (Jerusalén); con sus vecinos más cercanos: Judea; con sus enemigos más odiados: Samaria; y, finalmente, a todos los confines de la tierra, esto es, en cualquier lugar en donde estemos debemos levantar en alto la bandera del Señor Jesús.

Es necesario mostrar con humildad, con nuestras palabras y hechos, que servimos al Rey de reyes y Señor de señores. Y debido a esto, surge ahora una pregunta: ¿Por qué Cristo nos mandó a predicar con tanta firmeza, y justamente antes de irse de esta tierra? ¿Por qué es este mandato dado ahora y no mucho antes (mientras anduvo con los discípulos haciendo el ministerio)?

Ahora es cuando estaba por descender sobre ellos el poder de Dios. El sello que garantiza nuestra entrada al cielo (Efesios 1:13), y que nos guía a toda la verdad (Juan 16:13-15). El Espíritu de Dios es quien haría posible que el evangelio tuviera el impacto que tuvo, ya que solo con el poder del Espíritu Santo es que las personas podrán creer el mensaje del evangelio.

Antes de esto, hubiera sido imposible para ellos [y para nosotros] llevar a cabo una tarea tan gigantesca. Sin el Espíritu Santo todos seríamos guiados a la mentira, y simplemente la Iglesia no podría existir. El Espíritu de Dios es quien nos dirige a Cristo, y luego, en todo nuestro caminar hacia la patria celestial.

El monte de los Olivos

Estado ya para ascender al cielo, Cristo llevó a los discípulos fuera de la ciudad, al monte de los Olivos. Veamos:

> «Entonces Jesús los condujo fuera de la ciudad, hasta cerca de Betania, y alzando Sus manos, los bendijo. Y aconteció que mientras los bendecía, se separó de ellos y fue llevado arriba al cielo. Ellos, después de adorar a Jesús, regresaron a Jerusalén con gran gozo, y estaban siempre en el templo alabando a Dios» (Lucas 24:50-53).

> «Después de haber dicho estas cosas, fue elevado mientras ellos miraban, y una nube lo recibió y lo ocultó de sus ojos. Mientras Jesús ascendía, estando ellos mirando fijamente al cielo, se les presentaron dos hombres en vestiduras blancas, que les dijeron: "Varones galileos, ¿por qué están mirando al cielo? Este mismo Jesús, que ha sido tomado de ustedes al cielo, vendrá de la misma manera, tal como lo han visto ir al cielo".

LA ASCENSIÓN

Entonces los discípulos regresaron a Jerusalén desde el monte llamado de los Olivos, que está cerca de Jerusalén, camino de un día de reposo» (Hechos 1:6-12).

Lucas escribió en estos dos pasajes partes distintas de la misma historia sobre la ascensión. Por cierto, ¿Porque Jesús habrá elegido el monte de los Olivos para de ahí ascender al cielo? Este fue el lugar en donde David subió llorando; triste y humillado (llevando la cabeza cubierta y los pies descalzos) debido a la traición de su propio hijo (2 Samuel 15:30). Este también era el lugar que Jesús frecuentaba para orar (Juan 8:1). Fue también en este lugar donde Jesús oró antes de ir a la cruz, en Getsemaní, que se encuentra en la falda del monte de los Olivos (Mateo 26:30). Asimismo, este era el lugar en donde Jesús solía enseñar a sus discípulos (Marcos 13:3) y el lugar en donde Jesús dio a los discípulos las señales del fin (Mateo 24:3-4). Es bastante impresionante que este haya sido precisamente el lugar desde donde Jesús ascendió al cielo (Hechos 1:12).

Jesús bendijo a sus discípulos, y fue elevado al cielo delante de todos ellos. Muchos piensan que el monte de los Olivos es probablemente el lugar en donde más de 500 personas fueron testigos de la resurrección de Jesús (1 Corintios 14:4-7); pero la Biblia no dice categóricamente dónde fue que estas 500 personas lo vieron vivo.

Mientras sus ojos estaban fijados en el cielo se aparecen dos ángeles con vestiduras blancas, las cuales representan pureza y santidad, entonces dijeron a los discípulos: «Varones galileos, ¿por qué están mirando al cielo? Este mismo Jesús, que ha sido tomado de ustedes al cielo, vendrá de la misma manera, tal como lo han visto ir al cielo» (Hechos 1:10-11). Aquí encontramos otra razón por la que el monte de los Olivos era importante para Jesús: este es el mismo lugar a donde Jesús regresará cuando venga a reinar sobre la tierra. De la misma forma que lo vimos irse, asimismo volverá. Ya lo había profetizado el profeta Zacarías, cuando predijo que Jesús regresaría a la tierra como Rey y posaría sus pies en el monte de los Olivos.

«He aquí, viene el día del Señor cuando serán repartidos tus despojos en medio de ti. Y yo reuniré a todas las naciones en batalla contra Jerusalén; y será tomada la ciudad y serán saqueadas las casas y violadas las mujeres; la mitad de la ciudad será desterrada, pero el resto del pueblo no será cortado de la ciudad. Entonces saldrá el Señor y peleará contra aquellas naciones, como cuando Él peleó el día de la batalla. Sus pies se posarán aquel día en el monte de los Olivos, que está frente a Jerusalén, al oriente; y el monte de los Olivos se hendirá por el medio, de oriente a occidente, formando un enorme valle, y una mitad del monte se apartará hacia el norte y la otra mitad hacia el sur. Y huiréis al valle de mis montes, porque el valle de los montes llegará hasta Azal; huiréis tal como huisteis a causa del terremoto en los días de Uzías, rey de Judá. Y vendrá el Señor mi Dios, y todos los santos con Él. Y sucederá que en aquel día no habrá luz; las luminarias se oscurecerán. Será un día único, conocido solo del Señor, ni día ni noche; y sucederá que a la hora de la tarde habrá luz. En aquel día sucederá que brotarán aguas vivas de Jerusalén, una mitad hacia el mar oriental y la otra mitad hacia el mar occidental, será lo mismo en verano que en invierno. Y el Señor será rey sobre toda la tierra; aquel día el señor será uno, y uno su nombre» (Zacarías 14:1-9).

Este pasaje es una visión maravillosa e impresionante de la venida del Señor. Esta es la misma visión que se menciona en Apocalipsis 19:11-14. Cristo desciende del cielo junto con sus santos vestidos con vestiduras de lino finísimo, blanco y limpio, para pelear contra los reyes de la tierra y el anticristo (19:19). El sol se oscurecerá, la luna no dará luz, y las estrellas dejarán de ser (Mateo 24:29, Apocalipsis 21:23). Y el Señor será Rey sobre toda la tierra (Apocalipsis 19:11-16).

Cristo, el único digno de abrir el libro y desatar sus sellos

¿Quién más sino Dios —quien conoce el fin desde el principio—, puede hacernos ver y entender esta preciosa verdad? Creo que lo importante de su ascensión es que nos recuerda claramente la asombrosa promesa de su regreso. Nuestro Dios vive fuera del tiempo. Para Dios un día son como mil años, y mil años como un día (2 Pedro 3:8-10). Esto lo vemos nítidamente cuando pensamos en el momento de la ascensión. Luego, cuando leemos el libro de Apocalipsis, encontramos el punto culminante. El momento en que el fin de los tiempos está por cumplirse, y que Cristo por fin habría de cumplir esta profecía. Pero existe un problema: los sellos del libro (los juicios de Dios) necesitan venir primero. Observemos el pasaje:

LA ASCENSIÓN

> «Y vi en la mano derecha del que estaba sentado en el trono un libro escrito por dentro y por fuera, sellado con siete sellos. Y vi a un ángel poderoso que pregonaba a gran voz: ¿Quién es digno de abrir el libro y de desatar sus sellos? Y nadie, ni en el cielo ni en la tierra ni debajo de la tierra, podía abrir el libro ni mirar su contenido. Y yo lloraba mucho, porque nadie había sido hallado digno de abrir el libro ni de mirar su contenido» (Apocalipsis 5:1-4).

Es increíble imaginar este momento. Imaginar el sufrimiento profundo que sentía Juan en este momento. Él tenía un gran deseo de que estos sellos fueran abiertos, y era posiblemente el mismo deseo que tendrían aquellos que presenciaban esta portentosa escena. Aquí estaba delante de Juan el punto culminante de los tiempos: que Dios por fin vengara a sus enemigos, enviara juicios a la humanidad, y descendiera Jesús a reinar sobre la tierra con sus santos reunidos con Él. Mientras Juan miraba esto, no había nadie digno que pudiera abrir los sellos. Esa era la grave preocupación de Juan.

> «Entonces uno de los ancianos me dijo: No llores; mira, el León de la tribu de Judá, la Raíz de David, ha vencido para abrir el libro y sus siete sellos. Miré, y vi entre el trono (con los cuatro seres vivientes) y los ancianos, a un Cordero, de pie, como inmolado, que tenía siete cuernos y siete ojos, que son los siete Espíritus de Dios enviados por toda la tierra. Y vino, y tomó el libro de la mano derecha del que estaba sentado en el trono» (Apocalipsis 5:5-7).

En la escena no había nadie digno, pero de pronto apareció un Cordero inmolado. No había nadie digno, y ahora apareció la raíz de David; no había nadie digno, y de repente, apareció Aquel que asesinaron, que también resucitó de entre los muertos, y que cuarenta días después ascendió al cielo (1 Corintios 15:3-7; Hechos 1:3). Habían pasado por lo menos unos 50-60 años desde que Jesús había ascendido al cielo; y quizás Juan pensó algo así como: «*Si Cristo murió, resucitó, y ascendió al cielo, ¿cómo es que no hay nadie digno? ¿Entonces mi predicación fue en vano? ¿No hay salvación para el mundo? ¿Dónde está el Jesús que yo vi ascender al cielo hace tantos años?*». Quizás estos pensamientos plagaron tanto el corazón de Juan que lo llevaron al punto de la desesperación, de manera que no pudo contener el llanto.

Sin embargo, Dios existe fuera del tiempo; por ello vemos a Juan (que para entonces tendría unos 80-90 años de edad), viendo este hecho como si el tiempo nunca hubiera pasado. Juan tuvo la visión del momento justo en que este Cordero inmolado llegó victorioso al cielo; justo después de que él le hubo visto ascender al cielo. Es casi como si hubieran pasado tan solo unos instantes desde que Cristo ascendió y el momento en que Él empezó a abrir los sellos.

Unas de las doctrinas o enseñanzas más importantes de nuestra fe es la resurrección. Sin la resurrección no hay evangelio, no hay ascensión, no hay quien abra el libro y tome posesión de la tierra. Si Cristo no hubiera vencido a la muerte, Cristo no volvería otra vez, y nuestra fe no tendría ningún sentido, pues sin la resurrección todavía estaríamos en nuestros pecados. Pero, ¡gloria a Dios! ¡Cristo ha resucitado! Por tanto, Él nos ha dado esta gran promesa —la cual llena nuestro corazón de esperanza—: «Ciertamente vengo en breve» (Apocalipsis 22:20).

Lo que detiene el regreso de Jesús

Solo hay una cosa que detiene el regreso de Jesús, y no es satanás, ni el anticristo, ni el apocalipsis o fin del mundo. Muchos se podrán burlar de nosotros diciendo: «Ya han pasado dos mil años. ¿Dónde está Cristo? ¿Todavía creen en esa fábula? ¿Dónde está Jesús que no viene?». Démosle gracias a Dios que no ha venido, porque si Cristo hubiera regresado antes del 1ro. de julio de 2005, yo hubiera permanecido en mis pecados y no fuera salvo. Esto es lo que detiene la llegada de Jesús.

> «Ante todo, sabed esto: que en los últimos días vendrán burladores, con su sarcasmo, siguiendo sus propias pasiones, y diciendo: ¿Dónde está la promesa de su venida? Porque desde que los padres durmieron, todo continúa tal como estaba desde el principio de la creación. Pero, amados, no ignoréis esto: que para el Señor un día es como mil años, y mil años como un día. El Señor no se tarda en cumplir su promesa, según algunos entienden la tardanza, sino que es paciente para con vosotros, no queriendo que nadie perezca, sino que todos vengan al arrepentimiento» (2 Pedro 3:3-4, 8-9).

Pedro, escribiendo a la Iglesia de todos los tiempos, dice que no es que Jesús se tarde en venir, sino que, lo que los burladores tienen por tardanza es una señal de su paciencia y bondad. Él no quiere que nadie perezca, y por ello espera con paciencia para que todos vengan al arrepentimiento. Esto es lo que impide que Cristo regrese. Pero claro, eso no significa que todos los habitantes del mundo se arrepentirán en un día; por cierto, ya millones han muerto sin Cristo. Pero también la Biblia dice:

«Y esta es la voluntad del que me envió: que de todo lo que Él me ha dado yo no pierda nada, sino que lo resucite en el día final» (Juan 6:39).

«Según nos escogió en Él antes de la fundación del mundo, para que fuéramos santos y sin mancha delante de Él. En amor nos predestinó para adopción como hijos para sí mediante Jesucristo, conforme al beneplácito de su voluntad» (Efesios 1:4-5).

Si unimos el pasaje de 1 Pedro con estos otros, podemos comprender que Jesús no ha regresado aún debido a la paciencia de Dios. Debido a que Él, por su gracia, ha esperado que todos aquellos que en un futuro iban a creer en Él, aquellos que Él escogió desde antes de crear todo lo que existe, aquellos que por amor predestinó para adoptarlos como hijos, aquellos que Dios Padre dio a Jesús para que de ellos ninguno se perdiera sino que los resucitara en el día final, por amor a ellos, el Señor aún no ha regresado. Pero pronto regresará.

Nunca dejes de pensar, anhelar y meditar en Cristo. Que el poder de su resurrección te llene de gozo y regocijo. Gózate al pensar que ya el aguijón de la muerte para nosotros no existe, y que nuestro caminar en la fe no es en vano. Hasta que puedas llegar al punto de considerar la muerte como una bendición, ya que aquellos que han puesto su fe en Cristo irán a su presencia (aunque la muerte será una cosa espantosa para aquellos que mueren sin el Señor). ¡Confía en Aquel que venció la muerte! ¡Es por su resurrección que tenemos la confirmación de que un día resucitaremos con Él también!

****

LA RESURRECCIÓN DE JESÚS

Espero que este libro haya sido de bendición para ti. Puedo decirte que escribirlo me cambió la vida. Me hizo apreciar de una manera distinta el amor que Cristo tiene por nosotros. Me hizo apreciar el inmenso sacrificio de su muerte, y ver el gran valor que tiene la resurrección en la vida de cada creyente. Nuestro Cristo resucitó, y nosotros también resucitaremos con Él. Que no haya duda en tu corazón de que Aquel que ascendió al cielo, que prometió volver, un día volverá, y los muertos en Cristo resucitarán primero, y los que estén vivos serán llevados a encontrarse con Él en el cielo.

Que Dios te bendiga, y te guie por la senda de la verdad. Que la pasión, y el amor por Dios y su Palabra sean más fuertes que tu pecado. Quiera Dios que te decidas a humillar tu corazón ante el Todopoderoso diariamente, y nunca te apartes de Cristo, ni vuelvas a caminar por el camino que lleva a la perdición. Ama a Dios con todo tu ser, y nunca dejes que el mundo te engañe, pues el mundo ofrece basura: cualquier cosa de este mundo es basura en comparación con la maravillosa presencia de nuestro Jesús.

El diablo siempre te ofrecerá felicidad, libertad y gratificación, pero recuerda que él es un mentiroso. El pecado siempre es algo efímero, y siempre te dejará un gran vacío. Apartados de Dios no somos nada. Dios nos ofrece un camino más excelente; es la senda de amor, de justicia, de paz y de gozo en su presencia. Un camino estrecho que lleva a la vida, donde hay plenitud de gozo, y una fuente de agua que salta para vida eterna. Y quien beba de esta agua no volverá a tener sed jamás. Pido a Dios por tu fe, para que sea fortalecida, y que se encienda una llama en tu corazón que nunca sea extinguida por los afanes de este mundo.

Si terminaste este libro, compártelo con otros que quizás necesiten también entender la importancia de la resurrección de Jesús, que necesitan también saber que nuestro Cristo no está muerto, sino que vive y reina por los siglos de los siglos, por siempre y para siempre. Él reina sentado en un trono alto y sublime, gobernando sobre todos, y siempre pendiente de aquellos que claman de todo corazón a Él día y noche. Que nuestro más profundo deseo sea estar en la presencia de Dios y anhelar el regreso de nuestro amado Jesús.

> «El que da testimonio de estas cosas dice: Ciertamente vengo en breve. Amén; sí, ven, Señor Jesús. La gracia de nuestro Señor Jesucristo sea con todos vosotros. Amén.» (Apocalipsis 22:20-21).

www.ingramcontent.com/pod-product-compliance
Lightning Source LLC
Chambersburg PA
CBHW070051080526
44586CB00013B/1010